# TEVHİD SIRLARI

## Mevlâna Öğretisini Kavramak

# KEVSER YEŞİLTAŞ

Designed, Published and Distributed by Bookcity.Co

**Bookcity.Co**

ISBN: 978-1-912311-04-0

*Erdemli Gönüllere...*

# İÇİNDEKİLER

*Önsöz* ..................................................... vii

*Giriş* ........................................................ 1

Tasavvufi Eğitim ve Mevlevilik ....................... 9

Hz. Mevlâna Düşünce Derinliği ..................... 33

Hz. Mevlâna Felsefesinde Kavramlar............... 51

    Sem'â Kavrayışı................................... 51

    Benliğin Dönüşümü ve Miracı Kavrayışı........ 64

    Cennet ve Cehennem Kavrayışı.................... 98

    Belâ ve Keder Kavrayışı.......................... 105

    Evrim Kavrayışı.................................. 118

    Rezonans ve Sempatizasyon Kavrayışı.......... 125

    Rüya Kavrayışı.................................. 134

    Saba Melikesi, Hz. Süleyman ve Hüthüt Kuşu
    Kavrayışı........................................ 145

    Sebep- Sonuç Kavrayışı......................... 152

Hz. Mevlâna Felsefesinde Karşıtlar............... 159

    İkinin İkincisi Kavrayışı....................... 159

Âşk ve Âşka Ulaşma Kavrayışı.......................... 169

Mansur Şarabı Kavrayışı................................. 181

İnsan, Beden, Ruh ve Can Kavrayışı............... 182

Akıl ve Bilgi Kavrayışı.................................... 191

Reenkarnasyon ve Enkarnasyon Kavrayışı....... 198

Nefsaniyet Kavrayışı....................................... 207

Uyanış Kavrayışı............................................ 209

Zaman Kavrayışı............................................ 211

Dünya Hayatı ve Kader Kavrayışı................... 216

Keramet ve Sırlar Kavrayışı............................ 227

Gece Kavrayışı............................................... 230

Sonuç......................................................... 237

# ÖNSÖZ

Işık Tek'tir. Kaynağından çıkar ve yansır. Spektlere ayrılması için ikinci bir objeye ihtiyaç duyar. Bu da demek oluyor ki, her Tek'liğin özü, çokluk olarak görülebilmesi için, ayırd edici bir unsur gerekiyor. Işığın özündeki çoğulu görebilmek için ayırd edici unsur Kristal olabilir. Işığı bir kristale tuttuğunuzda yedi renge ayrıldığını görürüz. Ama bizim gözümüz ışığı Tek olarak görür. Kristal burada ayırd edici bir obje. Kısaca Tek'liğin içindeki çoğulu görebilmek için ayırd edici bir unsur şart.

Kutsal Kur'an-ı Kerim İnşirah Suresi 5. ve 6. Ayetlerinde bu konuya iyi bir örnek vardır. Zorluk ile Kolaylık kavramlarının "beraber" olduğunu vahyeder. Bizi Tekliğin içindeki Çokluğun beraber yansıdığından haberdar eder ve böylelikle bir şifrenin açılımını sunar.

Rahmet, Allah Zatı'ndan Tek ve Bütün olarak yansır.

Işığın Tekliğini, yedi renge ayıran Kristal gibi, İnsan da Allah Rahmetinden yansıyanı Hayır ve Şer olarak ayırd eder ve yorumlar. Bu da insan sayısı kadar yorum demektir. *Tevhid Sırları* kitabında, İlahi Tek'liğin Özündeki Çoğulu ayırd edebilen, sistemleştiren, kategorize eden, insan anlayışına uygun olarak aktaran, Aşk ile yorumlayan Sufilerimizden biri ile tanışacağız. Hz. Mevlâna Celâleddîn-i Rûmî.

Hz. Mevlâna, ayırd edici özelliğini, Tanrısal Özden ve İlahi Kaynaktan süzerek ustalıkla yorumlayan sufilerimizden biridir. Bu kitapta onun felsefesini ve batini yönlerini bulacaksınız. Sözlerindeki sır perdeleri aralandı ve anlayışlarınıza sunuldu. Okuyan tüm gönüllere, aydınlanma yolunun kapılarını araladı. O sese kulak verelim. Dünyaca tanınmış Aşk Sözlerinin Sahibi, Tevazu ve Hoşgörü Ustadı, Anadolu'nun en önemli Sufilerinden biri olan Hz. Mevlânanın bize gizli mesajlarını Tevhid Sırları kitabından okuyalım.

# GİRİŞ

Modern zamanda, "değişim" sözcüğünü eksik anlıyoruz. Dolayısıyla da bu bilincimize eksik bir kavrayış olarak yansıyor. Değişim, bukalemun gibi renkten renge girmek, hamur gibi şekilden şekile bürünmek değildir. Bir ve Bütün olan varlığın, anlayışında vardığı önemli duraklardır. Bu duraklar Tasavvufta "nefes" olarak bilinir. Her durakta varlıkların kavrayışı bir üst boyuta sıçrama yapar. Daha doğrusu yapmalıdır. Fakat her sıçrama yaptığında ulaştığı kavrayış, bir önceki kavrayışlardan daha yeni değildir. Bir önceki kavrayışları da eski değildir.

Kavrayış bir bütündür. Kavrayış halkası genişlemez, bilakis içe doğru daralır ve Öz noktaya ulaşır. Bu hemen olabilecek bir durum değil. Belki milyonlarca yıl alabilir. Burada da zamanın ne kadar izafi olduğu ortaya çıkar. Kısaca zaman da sayısal bir değer değil, kavramsal bir ölçüdür.

TEVHİD SIRLARI

Eski ve yeni, değişmek ve değişim kavramları, insan zihninin anlayabileceği şekle bürünür. Her insanın zihninde bu kavramlar farklıdır.

Nasıl ki orijinal atomlar değişmez fakat bir araya gelişlerinde bir değişim meydana getirirler. Orijinal kavramlar da değişmez, fakat bir araya gelişlerinde bir değişim meydana getirirler.

Kutsal Kur'an-ı Kerim İnşikak Suresi 19. Ayette işaret edildiği gibi "halden hale geçmek" ve yine Kutsal Kur'an-ı Kerim Tin Suresi 5. Ayette işaret edildiği gibi "Sefillerin en sefiline iade ettik" kavramları İnsanın Orijinal yapısının ve Hakikatinin değişmez olduğunu vurgular. Fakat dünya ortamlarında bir değişimde olduğunu en güzel biçimde hatırlatan ayetlerdir.

Kısaca, İnsanın dünya ortamında görünmesi, Öz Hakikatinden yeni değildir. Öz Hakikati de, dünyasal bedeninden eski değildir. İnsan kavramı bir bütündür. Kademe kademe, aşağıların aşağısına karanlıklara da iade edilse, Sefillerin en sefiline, halden hale de bürünse, Özü değişmez, fakat bir değişimde olduğu gerçeğini de sunar.

Çağlar boyunca Velilerimiz ve Ariflerimiz, insanlara bir değişimde oldukları gerçeğini, eserlerinde ve sözlerinde anlattılar. Bu anlatımlar, halk arasında "Gizli İlimler" olarak anıldı. Kitaba konu ettiğimiz Velimiz ve Arifimiz de bir gizli ilim ustadlarındandır. Hz. Mevlâna. Zaten kendisi de eserlerinde bu konuyu önemle vurgulamıştır:

# GİRİŞ

"Ben bunu tamamıyla söyleyemiyorum, çünkü Peygamberler men ediyorlar." / Hz. Mevlâna Celâleddîn-i Rûmî, Mesnevi, c. I, 1680.

"Akılların alacağı kadar aşağı mertebeden söylemekteyim. Bu ayıp değil, Peygamber'in işidir." / Hz. Mevlâna Celâleddîn-i Rûmî, Mesnevi c. I, 3810-3811.

Halktan kişiler bu sözlerin anlamını kavrayamaz. Ve dile de getiremezler. Sembolleştirilerek ve üstü kapalı anlatılır. İşte bu üstü kapalı ve sembolleştirilerek aktarılan bilgiler Gizli Öğretiler veya Gizli İlimler olarak bilinir.

Gizli Öğretileri anlayabilmek için, bâtıni öğretinin birçok alanlarını öğrenmiş olmak gerekir. Ariflerin tek bir sözünde bile çok derin bâtıni sırlar, üstü örtülü bir şekilde durmaktadır. Üstü örtülü sözlerin ustası Hz. Mevlâna'nın batini tarafını *Tevhid Sırları* kitabında bulacaksınız.

İlk başta önemle belirtmeliyim ki, Gizli İlim, aramakla bulunmaz, istemekle elde edilemez ve kitaplardan öğrenilemez. Kitaplar, Gizli Öğretiler hakkında yüzeysel bilgi aktarabilir. Okuyanlara bir yol veya bir işaret gösterebilir.

Gizli İlimleri idrak edebilmesi ve kavrayabilmesi için, kişinin hakkedişi ve liyakati çok önemlidir. Bu hakkediş, Hakk etmek ile ilgili değildir. Hakk etmek ile Hakkediş kavramları farklı anlamlar içerir. Hakkediş İlahi bir Yasa'dır. İnsanın, sadece bir hayat değil, hayatlar boyunca edindiği sonsuz tecrübelerin öz-kavram haline gelmesi ve kendisinin de bu özü yaşamına indirgemesidir. İşte bu yüzden Gizli İlimler öyle kitabi bilgi değildir. Hakkediş ve liyakat içinde olan kişinin bir yaşam biçimidir. Hangi hayatında ve o

3

hayatının hangi zaman diliminde bu hakkediş ile karşılaşacağı, bunu bir yaşam tarzına dönüştüreceği bilinmezdir. Bu yüzden "aramak", "beklemek", "arayış" daima sürecektir. Hz. Mevlâna'nın yaşamı, kerametlerle ve sırlarla doludur. Yaşadığı bir çok açıklanamayan olay, kulaktan kulağa anlatıla gelmiş ve eserlere konu edilmiştir.

Ben de Hz. Mevlâna'nın kerametlerinden, duyular dışı bazı olayları tertip etmesinden, olağanüstü güçlerinden, hayret uyandıran bazı mucizelerinden bahsetmedim. Bu konulara girmememin tek bir sebebi var: Hz. Mevlâna'nın felsefe düşüncelerine daha önem vermek ve içsel aktarımlarındaki gizli sırların üzerini açarak yorumlayabilmekti. Fakat insanoğlu bu rivayetlerin gerçek amacını bilmek, anlamak istiyor. Hatta ve hatta bunların gerçekte olup olmadığına dair kesin kanıtlar da bekliyor. Bizler geçmişte yaşanmış mucizeleri bir şekilde okuyor ve merak ediyoruz. Gerçekte yaşanıp yaşanmadığına dair elimizde çok fazla kanıt olmadığını da biliyoruz. Kulaktan kulağa gelen bazı söylentiler, anlatımlar, şahit olanların aktardıkları ile yetiniyoruz.

Kutsal kitaplarda da bu türden mucizevî olaylara geniş yer verilmiş ve ayetlerle aktarılmış. Biz bu yaşanmış mucizelere, görmeden iman ediyor, inanıyor, "nasıl olduğuna" dair sorular üretiyoruz.

Nasıl gerçekleştiklerine dair belki Bilim bize bu konuda merakımızı giderecek bir takım teoriler, kuramlar, varsayımlar sunabilir. Hatta kesin bulgular ile de aktarabilir.

Günümüzde duyular dışı yetenekleri olan çok sayıda insan var. Güçlerini ve yeteneklerini sergiliyor, gösteriler düzenliyorlar, hatta bilim adamları tarafından da çok sıkı incelenip takip ediliyor.

Duyular dışı yetenekler konusunda yüzlerce kitap yazılıyor, örnekler gösteriliyor, bilimsel çalışmalar da aktarılıyor. Laboratuvar çalışmaları, deneysel tıp incelemeleri de bir bir toplumun anlayacağı düzeyde anlatılıyor. Konferanslar düzenleniyor, çalışmalardan detaylar veriliyor. Birçok kişinin şahit olabileceği gösteriler de düzenleniyor.

Bunca çabaya rağmen, aklımızı ikna edecek, bizi bilgi düzeyinde tatmin edecek henüz kesin bir yargıya varılamadığını da biliyoruz.

İnsan varlığını anlamak çok güç. Çünkü anlamak için insanlığın elinde yeterli materyal yok. Felsefe, tıp, din, bilim, teoloji gibi birçok alan insanı farklı bakış açılarından incelese de henüz kesin ve net bilgilere ulaşılamamış. Her konuda ne kadar ilerlesek de, birçok sorunun cevabı henüz verilemedi. Bizler kâinatı araştırıyor, başka gezegenler hakkında bilgi topluyoruz, fakat kendi dünyamızın yer altında neler olduğunu bilmiyoruz. Okyanus derinlikleri hakkında gerçek bilgilere ulaşamıyoruz. Henüz tam bilgisine varabildiğimiz, açıklamak için yeterli bilgilere ulaştığımız çok az şey var. O az şeyler de teknoloji ilerledikçe, anlayışlar değiştikçe değişime uğruyor.

Kısaca, dünya, doğa, insan, evren, ruh, mucizevî olaylar ve varlık konularında elimizde neredeyse yeterli bilgi yok. Artık yeterli bilgi aramaktan da vazgeçmemiz gerektiği gerçeğine ulaşıyoruz. Çünkü hiçbir zaman yeterli bilgi olmayacak. Gelişen, değişen, değişime uğrayan bilgiler olacağını bilmeliyiz.

## TEVHİD SIRLARI

Her arkeolojik kazılarda yeni bir bulguya rastlandığında, tarih yeniden yazılıyor. Her yeni bilimsel buluşa imza atıldığında bilimsel çalışmaların yönü değişiyor, farklılaşıyor. Her yeni gezegenler keşf edildiğinde, uzay ve evren hakkında yeni bilgilere ulaşıyoruz ve eski katı fiziksel bilgilerin değişime uğradığını görüyoruz. İnsan idraki ve anlayışı geliştikçe, felsefik konuların içerikleri de değişime uğruyor. Henüz ölüm hakkında bile yeterli bilgilere sahip değiliz. Bu gibi cümleleri arttırmak mümkün.

Kısaca, her şey değişimdedir. Sürekli değişimde, gelişimde ve dönüşümde olan bir evrende bazı şeyleri kesin kanıtları ile açıklamak mümkün de olmuyor. Bizler dünya insanları olarak "gerçek"lere ulaşabiliriz. Fakat bu gerçeklerin "Hakikat"leri ile henüz tanışmadık. Bizler, "gerçek" ile "Hakikat" kavramlarını iyi anlamamız ve bu iki kavramı ayırt etmemiz gerekiyor. Her ulaştığımız gerçek, bir Hakikat olmayabilir. Gerçek kavramı, değişebilir, gelişebilir, dönüşebilir olandır. Hakikat ise cevher ve özdür. Değişmez ve Som'dur. Hakikat, yansımalar yaparak, Gerçeklik görünümüne bürünür. Öz olan Hakikat kavramı sonsuz kere yansımalar yaparak, Gerçeklik kavramına bürünerek, değişimde olduğunu ifade eder. Şu da var ki Milyon sayıda tespit edilen, ulaşılan Gerçeklik, Hakikatin kendisi olmayacaktır!

Tabiatın insan üzerinde etkisi kadar, insanın da tabiat üzerinde etkisi var. Bunu bilinçli ya da bilinçli olmayan bir hal ile yapabilir.

Bilinçli olmayan hali biraz açacak olursak, insanların şuurlarında meydana gelen benzer "istek ve arzu"ların toplam yekünü baz alınacak şekilde tabiat üzerinde etkili olabilir. Bunu tetikleyen, o insanların ihtiyaçlarının ortak noktalarıdır. Ortak noktaların çoğunluğu, tabiat olaylarının meydana gelişine bir "hareket" kazandırabilir. Bilim bunu kısaca şöyle açıklıyor. Eğer bir yerde başıboşluk, düzensizlik oluşmuşsa, hemen başka bir yerde bir düzen meydana gelir. Ve denge sağlanır. Düzensizliğin baş gösterdiği yerde insanların hırsları, nefsani hareketleri kaba titreşimlerin en üst boyutuna ulaşmışsa mutlaka tabiatın dengesini tehdit etmeye başlamıştır. Tabiat da kendi kanunlarını uygulayacaktır. Düzeni sağlamak için bu nefsi ve negatif düşünce enerjilerini düzene sokmak ve bertaraf etmek için kendini yenileyecektir. Sıradışı ve ardı sıra olan, peşi sıra gelen doğa olayları gerçekleştiğinde insanlar bunu ceza olarak niteler. Kısaca: Doğa, tabiat, kendini yenilerken, üzerinde bulunan insanlar bunu bir "ceza" gibi algılayabilir. Aslında bu bir ceza değil, Tabiatın tazelenmesidir. Negatif enerjileri bertaraf etmek için verdiği bir çabadır. Bunun dışında, Tabiat olayları varlıklar için bir ceza değil, aslında bir ödüldür. Çünkü yaşamın devamlılığını sağlayan bir erdem içerir. En başta Rüzgârlar, Bulutlar, Okyanuslar, Çöl kumları, Polenler gibi. Onlar olmasaydı, dünyada eko sistem yok olup gidebilirdi. Tozutup savururlar, esip bir yerden bir yere nakil ederler, incelerler, devamlılığı sağlarlar. Ağır yük taşıyan bulutlar ki, onlar tonlarca ağırlıkta olan su buharı sayesinde gökyüzünde havadan hafif oldukları halde öylece durabilirler. Onlar devamlılığı sağlayan en önemli tabiat olaylarıdır. Rüzgâr ve bulut olmadan, hayatın devamlılığı sağlanamaz. Yazı müjdeleyen, kışın yağan kardır. Buzulların oluşmasına sebep olan Çöl fırtınaları ile taşınan çöl kumlarıdır. Tüm bu olup biten tabiat olayları insanlar için birer mükâfat olarak algılanmalıdır.

Belirtmek istediğim şu ki: Dünya, titreşimi olan bir varlık. Dünyanın titreşimini üste çeken ya da aşağı çeken de yine üstünde yaşayan varlıkları. Bu varlıkların en önemlisi insan. Çünkü şuurludur. Bitkinin veya hayvanın bulunduğu konumdan değişmesi mümkün değil. Ama insanda değişebilirlik var, dönüşebilirlik var. İnsan dünya planetini kendi ile beraber yükseltebiliyor. Beraber yükselecek. Bunun için hakkediş çok önemli. İnsanların düşünce enerjilerinin ortalaması çok önemli! Kavrayışlarındaki ortalama değer bu.

*Tevhid Sırları* kitabı, kavrayışlardaki ortalama değeri yükseltici bir özelliğe sahip. *Tevhid Sırları* kitabıyla anlayışlarımızdaki idrak düzeyinin çıtasını biraz olsun yükseltebilir ve öz farkındalık düzeyine ulaşabiliriz.

Hz. Mevlâna, Batini sırlarını, çok iyi gizlemiş ve sırlamıştır. Mistik gönül sandukasını da çok iyi korumuştur.

Hz. Mevlâna'nın Gönül Sandığındaki sırlar ve kapalı bohçalar bir bir açıldı, derlendi ve *Tevhid Sırları* kitabında buluştu. Kitabın ilerleyen bölümlerinde okuyacağınız, kendi yazdığım dört adet tasavvuf öyküsü ve öykülerin açıklayıcı bilgileri de, bu gizemlere birer ışık tutacak niteliktedir.

Yeni Anlayış düşünceleri oluştuğunda, Yeni kavramları, kavrayışları ve Hakikate uzanan Beka yolculuğunun da kapılarını aralayacaktır.

# TASAVVUFİ EĞİTİM ve MEVLEVİLİK

Mevlevilik Tarikatı, Çelebi Hüsamettin döneminde başlayarak, Sultan Veled ve onun oğlu Ulu Arif Çelebi zamanında toplanan Hz. Mevlâna Âşıkları tarafından oluşturulan, sistemli hale getirilen, kendine özgü kuralları ve törenleri olan bir tarikattır. Hz. Mevlânanın düşünceleri temel alınmıştır. "Bizim kapımız umutsuzluk kapısı değil, nasılsan öyle gel" prensibi ile oluşturulmuş, sistemli ve kuralları olan bir eğitim sistemidir. İnsanların gönüllerine ışık götürmek için, amaca en uygun tekkeler kurulmuş, vakıflar oluşturulmuştur. Hz. Mevlânanın, düşüncelerini sistemleştirerek ve belli çerçeveler içerisine kuralları ile birlikte oturtarak yaymaya çalışan oğlu Sultan Veled, Mevlevilik'in asıl kurucusu ve ikinci piri sayılır.

Hz. Mevlâna, hayatı boyunca tarikata özgü bir takım kurallar koymadı, geliştirmedi ve uymadı da. Kendisine gelenler için, hiçbir kural koymadı, tören düzenlemedi, herhangi özel kıyafetler de öngörmedi. O bunu tamamen Âşkla ve sevgi ile ayinsiz, kuralsız ve akış halinde icra etti. Hz. Mevlâna sadece insanların gönüllerine ışık götürmek ve onların kendilerini bilerek, Rablerini bilmelerine olanak sağladı. Oğlu ise, bu mizanseni sistemleştirerek bir tarikata dönüştürdü ve Mevlevilik çatısı altında eğitim sistemine tabi tuttu.

Mevlevilikte, tasavvufi eğitimin amacı insanın kendini bilmesi, kendine gelmesi, kendi ile tanışması, barışması, kendine kavuşması ve bunun sonucunda da Rabbini bilmesi, gelişmesidir. Yöntem, gerçeğe ulaşmak için, tüm maddesel ve dünyevi cezbedici ve caydırıcı tesirlerden arınmadır.

Manevîyatta en önemli ölçü, nefsin kontrolüdür. Nefs insanı kör eder, maddeye boğar, tamamen madde olarak gösterir. Oysa insan tamamen maddeden oluşmamıştır. Manevî tarafı ona Can vermektedir. Canlılığını ve diriliğini sağlamaktadır. İnsan nefse tabi olduğu müddetçe sadece nefes aldığı ve kalbinin attığını düşünür ve yedikleri içtikleri ile yaşadığını düşünür. Madde toprağından meydana geldiğini ve dünyalık işlerle meşgul, dünyalığı arttırmaya ve hırsla hareket etmeye çalışır. Oysa manevîlikte ise, can ona yaşamı sağlar. Bunu farketmesi, tanıması, öğrenmesi için, gömüldüğü madde toprağından başını çıkarması, manevîliğin güzelliğini görmesi ve gerçeğe en yakın duruma gelmesi ve gerçekle tanışması sağlanır. Bunun için en önemli eğitim, kendini bilme eğitimidir.

## TASAVVUFİ EĞİTİM ve MEVLEVİLİK

İnsan, hem şehvetten hem de nur dan yaratılmıştır. Dünyaya doğduğu andan itibaren, dünyanın çekim alanına tabi olur. Ve dünyanın ona sunduğu tüm imkânlarla varolduğunu düşünür. Çünkü şehvet dünya toprağını besler ve her türlü tesirle kuşatır sarar sarmalar.

Nur tarafının keşfedilmesi ise, uzun eğitimler ve çile denilen yöntemlerle sağlanır. Nur tarafı, insanın en önemli canlılığın ve diriliğin beslenme kaynağıdır. Sürekli nefs tarafına yönelen için dünya, tamamen bir bedende yaşama biçimidir. Beden olduğunun düşüncesidir. Oysa insan Nur tarafını kendini bilerek, kendini tanıyarak keşfedebilir. Nur tarafını keşfederek, Rabbini tanıyacak, Rabbine en yakın, yaklaşma durumunda olacak ve tekâmül ederek gelişecektir. Gönlünde ışığı farkedecek ve o ışığı olabildiğince dünya toprağına akıtacak, varoluş gerçeğine uygun, amaca uygun bir insan konumuna gelebilecektir. Nura yönelmek, Allah Âşkı ile olacaktır.

Âşk, manevî âlemlerin kapısını açan, insanı, kemâlete ulaştıran, ulvî bir yoldur. Ulvî olduğu kadar çileli, ıstıraplı bir yoldur. Çünkü gömüldüğü madde dünyasından farkındalık yolu ile uyanması, Âşk yoluna girmesi ve halen daha dünyada yaşaması, beden içinde olması, insana huzur sağladığı gibi, acı, ıstırab ve keder de sağlayacaktır. Çünkü Âşk yolu çetindir, kıldan ince ve kılıçtan keskindir. Ulaşma, her ne kadar ıstırap verse de, manevî anlamda huzur sağlayacaktır. Bir tırnağın ete batması ne kadar ıstırap verse de, alışılabilir bir durumdur. Çünkü insan uykudadır. Ancak tırnağın sökülmesi icap eder. İşte bu ıstırap verici bir durumdur. Ancak sonunda ulaşılacak huzur ve yeni bir tırnağın daha düzgün bir yol ile görevini yapması için çıkması da zaman alacaktır. İşte bu çileli durum, sonunda huzura götürecektir. Beden içinde, yeni bedenin doğuşu, zihin içinde yeni bir zihin kıvamına gelmesi, gönül ışığının yanması ve manevî güzelliklere doğulması, yeni bir doğuşun, uyanışın ve kendini bilmenin en temel yoludur.

Ölen, toprağa karışan, bedendir. Beden insanın hayvan tarafıdır. Akıl, ruh, gönül ölümsüzdür. Âşka yol bulan insan gönlü ölümsüzleşir, can olur. Can olan her zerrede titreşir, diri olur. Can olmak için, Âşk yolunda bedeni beden içinde öldürmek, hayvansal bedenin ölmeden, nefsin beden içinde ölmesi gerekir. Nefs ölürse kurtuluşa ulaşılır. Nefsini öldürmeyen, saklayan, gizleyen, örten, nefsin kurbanı olan ise, fiziki titreşim döngüsünde yerini alır ve nefsi bertaraf edene kadar çarkın içinde döner.

"Özünü kirleten zarara uğrar." / Kutsal Kur'an-ı Kerim, Şems Suresi 10. Ayet.

Yeniden doğmak, farkındalık sonucunda oluşan bir uyanıştır. Bir bedende olduğunu farkeden, bedenin imkânları ile etrafını yeniden yorumlayan, maddeye gömülmüşlüğün verdiği uyumanın tüm tesirlerinden kurtulan için yeniden doğuş, beden içinde bedende ölmek ve beden içinde manaya doğmaktır. Madde dünyasında Rabbin bilinmesidir. Her şeyi bilen ve duyan, her zerreye nüfuz etmiş, her zerrede mühürlenmiş Rabbin, gönül gözü ile görülmesi uyanıştır. Kendini bilen, ancak Rabbini bilecektir. Kendini keşf eden, manevîyatı açığa vuran insan için, her zerrede kendini açığa vuran Rabbinin de bilinmesi, uyanışı ve tekâmül etmesini sağlayacaktır. Tüm varolanları, varlıkları, kâinatı kuşatan Rabbin varlığının bilinmesi ile madde gibi aldatıcı ve varmış gibi görünen her zerrenin aslında Rabbin enerjisi olduğunu bilmesi ile uyanış gerçekleşecektir.

Âşk yolu, "Kendini bilme" yoludur. Âşk yolu, "Rabbi Bilme" yoludur. Âşk yolu, "gerçeğe en yakın olma, yaklaşma" yoludur. Her yeri, tüm varlıkları, her zerreyi kuşatan Rabbin bilinmesi, farkedilmesi ve varoluş gerçeğine en yakın "bilme" halidir. Kendini açığa vuran, her zerreden bakan ve gören, her şeyi bilen Rabbin bilinmesi, uyanış gerçeğidir.

# Tasavvuf Öyküleri 1

*Efendim bir gün bana;*
*"Her şeyi gören ve her şeyi bilen yüceler yücesi Rabdir. Söyle bakalım, Her şeyi gören göz Rab manasında "her" neyi ifade eder?" diye sordu.*
*"Efendim, her an yanınıza bu kapıdan girerken kocaman bir dağ oluyorum. Ancak yanınızdan ayrılırken ise nokta kadar hiçleşiyorum. Varlıktan yokluğa geçiyorum. İzin verin düşüneyim."*

*Derin tefekkür halinde iken sorular peşimi bırakmıyor.*

# TEVHİD SIRLARI

*O her yerde olan, her zerreden gören, her zerreden bakan yüceler yücesi Rab. Benim baktığımda gördüğüm ise, çanak, çömlek, ağaçlar, kuşlar, gökyüzü daha ötesi ne olabilir? Ben de onlar gibiyim, maddeden yaratılmışım. Ne farkım var. Toprağım ve topraktan yaratılmışım.*

*Tek bir Noktadan çıkan, sayısız kabarcık görüyorum, rengârenkler, hepsi farklı renkler her birini net görüyorum, net bir şekilde seçiyorum. Renkler birbirine karışmıyor, hepsi kendi sınırlarını koruyorlar. Fakat uyum içindeler. Ne güzel diyorum büyü gibi. Sayısız kabarcık irili ufaklı hiçbiri birbirine benzemiyor her biri farklı. Ne çeşitlilik diyorum. "Özgür irade!" diyor içimden bir ses, birden onun varlığını hissediyorum, öyle kapılmışım ki kabarcıkların büyüsüne. "Dokun!" diyor tekrardan, ruhumda yankılanıyor bilgisi.*

*Uzanıyorum, birden elimin olduğunu farkediyorum. Dokunmak bilgisi ile elimin oluşması aynı anda. Yakalamaya çalışıyorum çok çaba sarfediyorum, zihnimdeki düşünceler dağılıyor birden. O büyü bozuluyor sanki, sadece düşünce oluyorum, neden yakalayamıyorum ki, oysa yanımdan geçip gidiyorlar.*

*Kimi elime yaklaşınca yön değiştiriyor, kimi yanımdan teğet geçiyor kimi elimin içinden öylece gidiyor. Fakat her biri, renginin bir parça zerresini elime bırakıyor. Tatlı hoş bir renkler bütünü oluşuyor elimin içinde. Şeffaf, birbirine karışmayan, adeta dans eden renkler. Neden yakalayamıyorum düşüncesiyle kaybolduklarını görüyorum. Üzülüyorum o anda. Neden yapamıyorum diyorum tekrardan. Ben böyle düşünceler ürettikçe, kabarcıklar yön değiştirmeye devam ediyorlar. Artık hiç yaklaşmaz oldular. Öyle büyülüler ki, renkler, dans edişleri bari birine dokunayım diyorum, ama her düşüncemde daha uzaktan geçip gidiyorlar.*

TASAVVUFİ EĞİTİM ve MEVLEVİLİK

*"Etrafına bak" diyor ses, ruhumda yankılanan bilgisiyle. Bakınıyorum, binlerce el ve binlerce rengârenk kabarcık. Bazı eller kabarcıklara dokunmuş o renklerle bezenmiş. Bazı ellerin yanından teğet geçiyor kabarcıklar, bazıları ise tutmuş yakalamış, kabarcık elin içinde kaybolmuş erimiş, birleşmiş.*
*"Zihnin engel" diyor ses. "Düşün!"*
*Düşünüyorum, taa yüreğimin derinlerinde bir bilgi dönüyor ve tüm düşüncelerimi tutsak etmiş adeta. Her şey o düşüncenin etrafında pervane, dönüyor dönüyor. Elimi yüreğimin içine dokunduruyorum. Yüreğimde o kemikleşmiş, farklı renkteki düşünceye dokunuyorum, ruhumda bilgisini beliriyor birden "her yerde olan, her şeyi duyan". Özgür irade kudreti!*
*Hatırlıyorum! Zihnimde her şey akıp gidiyor, yok oluyorum uzay boşluğunda. Hatıralarla dolup taşıyorum, evrenin ruhuyla aynı anda nefes alıyorum. Bir oluyorum.*
*"Tamam!" diyen sesle kendime geliyorum adeta. Elimi görüyorum, renkli kabarcıklar sonsuz sayıda, biri geliyor ve ben ona dokunuyorum. Renkleri elime oradan yüreğime ve ruhuma zerk oluyor. Kayboluyorum şimdi. Yokum artık ben, yok oldum.*
*Kendime geliyorum. Hemen koşup efendimin yanına gidiyorum. Bana "cevabı bulduğuna memnun oldum" diyor. Şaşırıyorum "nasıl anlamış olabilir" diye düşünüyorum.*
*"Sadece sesler mi duyulur. Sadece baktığın mı görülür" diye cevap veriyor düşünceme adeta. "Ruhtan ruha köprüler vardır, her biri ayrı gibi görünse de, her zerre arasında kopmayan bir bağ vardır ve her biri birbiri ile konuşur, seslenir, anlaşır." "İşte senin cevabını aradığın "her" budur. "Her" çok mudur? Değildir. Her aslında birdir ancak biz öyle çok görürüz. "Her" bir bedenin cüzzi noktalarıdır.*

15

*Her nokta bedene aittir. Bedeni yöneten candır. Cüzzi nokta, bedene aittir. Bedene can verenden beslenir. Cüzzi noktalar, Candan beslenir. Bedenin bütünlüğünü sağlar. Candan beslenir, ancak dokunduğu tüm cüzzi noktaları da besler. Can bedeni besler, beden cüzzi noktaları besler, cüzzi noktalardan akar tüm dokunduğu noktalara can verir. İnsan bir kâinattır, ancak kâinatta insandadır. Tek tek bakarsan çok görürsün, bütün bakarsan Tek görürsün. Her zerreden gören duyan, Tekten bakan görendir. Zerre de O'dur, Tek de O'dur. Görüşe engel nedir? Zihindir. Zihnin ötesine geçip, gönlün ile görebilirsen gerçeğe yaklaşırsın"*

✤

Rabbini tanımayanlar için, altın ve gümüş, her kapıyı açan, yaşamak için en gerekli olandır. Kıymetli maddeye değer verenler, maddeye tamamen gömülmüşlüğü simgeler. Çünkü bedenin doyurulması gerekir, zevk ve eğlence bedeni besleyen unsurlardır. Bu ancak gerçekten dünyaya doğduğu ve dünyada yaşadığı gerçeğini benimseyenler içindir. Zıdlar âlemi olan bu dünyada, bunlar yapılmaz ise ölünür bilgisi hâkimdir. Sadece bedenden ibaret olduğunu düşünenler, yeyip içenler, zevk ve sefa içinde olanlar için bir uyuma hali mevcuttur.

Uyanış, yaşamın bu saydıklarımızın dışında manevîyatın varlığını da keşfedenler için gerçekleşebilir. Uyanma Âşk yoludur. Uyanma ve Âşk yolu, tek başına yürünecek bir yol değildir. Mutlaka bir yol göstericiye, ışık tutana ihtiyaç duyulur. İşte Tasavvufi eğitimlerde her öğrencinin bir öğretmeni vardır.

## TASAVVUFİ EĞİTİM ve MEVLEVİLİK

Öğretmen, kendini bilen, Âşk yolunda olan, nefsini öldürmüş, tüm gizli sırları öğrenmiş ve ruhu ile gören, gönlü ile duyan, yolu yordamı iyi bilen ve maddede fakirleşmiş, ruhta zenginleşmiş, aurası, hayat zenginliği ile sevgi yayan, kilometrelerce alana nüfuz eden bir enerji alanına sahip, manevîyatı zengin, her yerde olan ancak hiçbir yerde bulunmayan bir Zat konumuna gelendir.

Öğrencileri Mürşidine, Öğretmenine itaat eder, O'nun ruhunda, gönlünde, bilgisinde, gözlerinin içinde adeta erir ve yok olur. Yanına gelirken bir benlikte, yanından ayrılırken yoklukta olur. Aradığı her cevabı, kendi liyakati derecesinde, Mürşidinin ruhundan çekip alabilir. Bunu yapabilme liyakatine erişebilmek için de, çok çalışması, önce nefsini öldürmesi sonra cevaplara ulaşması için yeterli manevî kıvama gelmesi beklenirdi. Öğretme şekli bilgiyi vererek değil, belli bir anlayışa ulaşabilmesi için çalışması ve gayret sarf etmesi idi. Bu manevî eğitim sistemi Çile Sistemi olarak adlandırılır.

Mevlevilikte, manevî eğitim, Çile eğitimi sistemine girecek kişinin buna canı gönülden istekli olması en baş şarttır. Çünkü bu eğitim sistemi göründüğü kadar kolay değildir. Binbir gün sürecek bir eğitim sürecidir. Katlanılması çok zor şartlar altında iradesinin güçlülüğü ve manevîyatının sürekliliği öngörülür. Kabul buyrulanlar ise "matbah" denilen eğitim bölümünde, kapıdan girince, kapı dibinde olan postta üç gün oturtulur. Üç gün içinde iki diz üstünde başı eğik olarak oturan kişi, yapılanları seyreder, konuşmaz, mecbur olmadan da kalkıp bir yere gidemez. Postta oturma bir aşamayı geçme direncidir. Direncin kırılma meselesidir.

Çünkü zevk ve sefaya alışık, rahata düşkün bir insanın üç gün aynı yerde oturması ve olanları seyretmesi ne kadar katlanabilir bir durum olduğunun kararına varma aşamasıdır. Tüm alışkanlıklardan vazgeçme, manevîyatın zenginliğine ulaşmak için bedenin arzularına karşı koyma ve onlara hükmetme yetisini ancak bu karar aşaması belirleyecektir.

Kararlı olan kişi üçüncü günün sonunda huzura çıkar ve isteğinin gücünü sunar. Kararlı olduğu görülünce, on sekiz günlük ikinci aşamaya geçilir. Diğer aşamaya geçmek, öğrencinin iradesi ile mümkündür. Öğrenci ne kadar istekli ne kadar liyakatli ise verdiği kararın güçlülüğü o derecede belli olur. Kabul edilme, öğrencinin kararıdır. Çünkü hasta iyileşmek isterse, doktor onu tedavi edebilir. İyileşmek istemeyen bir hasta için dünyanın en iyi doktorlarının bile yapabileceği bir şey yoktur.

Uyanmak isteyen her kişi için bir öğretmen hazırdır. İsteyen için, öğretmen, üstad, mürşid yol bulur ulaşır. Öğrenci arayarak öğretmenini bulamaz. Öğrenci istekli ise, öğretmeni onu bulacaktır. Çünkü her birey, her kişi, kendi özgür iradesinin kudreti ile donatılmış ve yeryüzünde bulunmaktadır. İşte bunun farkedilerek uyanılması için, Âşk yolu ve eğitim sistemi gereklidir.

Üstadlar, öğretmenler her yerdedir ancak bulunulması en zor kişilerdir. Öğrenci hazırsa, öğretmen onun yanında belirir. Çünkü öğrenmeye hazır olanın gözü ancak öğretmenini görecek liyakate erişmiştir. Bu, dünyada olan en büyük ikiliktir. Ancak ikiliğin tekliğe erişmesidir. Çünkü öğrenci, öğretmeninin ruhunda erimeli, onun buyruklarını yerine getirmeli, ne istiyorsa yapmalıdır. İkiliğin tekliğe, iki bedenin tek bedene erişmesi durumudur. Kimin kime gönderildiği bilinmezdir. Bazen öğrenci, öğretmeninden çok daha üstün vasıflara sahiptir. Ancak bunu göremez ve bilemez, öğretmeni bunu anlar ve bilir. Bunun ortaya çıkması için gayret içine girer.

İkinci aşamada öğrenci, on sekiz gün boyunca, getir götür işleri yapar, alış verişe çıkar, odun taşır ve bir sabır sınavından geçer. "Ben buna mı layıkım" düşüncesi ile boğuşur, Şeytanını hatmeder ve düşüncesinde kararlı olduğunu ispatlarsa ve kendine güvenli olarak bunu ifade ederse, artık Mevlevi kıyafetleri giydirilirdi kendisine. On sekiz gün boyunca yaptığı tüm işleri yapmaya devam eder, ortalık temizler, ancak artık sema meşk eder, mesnevi okur, yeteneklerini keşfeder. Resme ve hat sanatına ya da musikiye olan yetenekleri ortaya çıkmaya başlar. Hangisine meyilli ise o konuda eğitim görür. Bu eğitime öncülük eden, çilesini doldurmuş, bir "hücre" sahibi olmuş "dedeler" bulunur.

# Tasavvuf Öyküleri 2

*Efendim bir gün yanına çağırdı. "Bir şeyi bulmama yardım etmeni istiyorum" dedi. Gözlerindeki pırıltı ile neyi kaybettiğini anlamaya çalıştım. "tespihi, kaşığı, kıymetli bir eşyası".*

# TEVHİD SIRLARI

*"Hayır"* dedi, *"Kaybettiğim değil, göremediğim birşeyi bulmanı istiyorum. Onu kaybetmedim, ama bulamıyorum."* *"Kaybedilmeyen bir şey nasıl bulunabilirdi? Ya vardır ya yoktur. Eğer görebiliyorsan oradadır, bulamıyorsan kayıptır"* diye düşündüm. *"Bulunamayan şey kayıptır"* ifadesi ile kendime geldim. *"Bulamamak, görememektir. Çünkü bakarsın ancak göremezsin. Zihin engeldir görmene. Bulmanı istediğim şey benim özel bir eşyam değil. Sensin. Bana kendini bul getir."* *"Kendimi bulup getirmemi istedi benden. Ben burdaydım kayıb değildim. Tam karşısındaydım ancak beni nasıl göremediğini ifade etti, neden kendimi bulmamı istedi"* düşünceleri ile yoğruldum.

Tüm bahçeyi dolaştım, çiçeklerde böceklerde, bal yapan arılarda aradım kendimi. Esen rüzgârın sesini duydum, dağlarda uçan kartalları seyrettim, güneşin doğuşunu ve yine doğmak üzere batışını gördüm. Soğukta kar yağardı, kar toprağı örter, dinlenmesine yardım eder, tohumları gizlerdi. Ama yine yine baharda uyanırlar güneşe doğru yönelirlerdi toprağın engin derinliklerinden. Her gece ne kadar karanlık da olsa mutlaka seherde aydınlanırdı heryer. Her zaman döngü içindeydim. Ben de onlar gibi dönüyordum. Farkım neydi? Ben neydim? Bir kayıb. Farkım farketme yetisindeydi. Bir tohum biliyordu tohum olduğunu, ne zaman çıkacağını karanlıktan, ne zaman büyüyeceğini. Güneş ne zaman doğacağını, dünya nasıl döneceğini, kuşlar nasıl uçacağını, arı nasıl bal yapacağını biliyordu. Ancak ben biliyor muydum ne olduğumu? Bulunmak istiyordum. Kim bulacaktı beni. Yine ben. Peki! Görmem gereken neydi? Zihnim insansın diyor, gönlüm ise manevîyatsın diye parçalıyor adeta tüm hücrelerimi. Çıkmak istiyorum kabuğumdan artık zamanı gelmiş, kur-

*tulmak istiyorum tüm yüklerimden, binlerce yıldan beri biriktirdiğim yürümeme engel olan kamburumdan. Uçmak istiyorum ötelere, engin denizleri, zirvelere ulaşan dağları aşmak, yücelere erişmek istiyorum. Yol bulmak, yol olmak, erimek ve yok olmak, yanmak her zerremin küle dönüşmesini seyretmek ve her külden yeniden bir bedenle doğmak istiyorum. Çokluğa erişmek ve teklikte birleşmek istiyorum. Ötelerden görmek istiyorum kendimi, ne olduğumu, kaybettiğim kendimi bulmak istiyorum. Küçük bir bedene sığışmış, koca kâinat olduğumu ve aynı zamanda o koca kâinatın bir noktası olduğumu nasıl anlayamadım. Kayıplıktan kurtulmak ve kendim olmak için ne kadar çaba göstersem azdır.*

*Koşup efendimin ellerini öpmek istiyorum. Bana kayıplığın verdiği acıyı ve bulunmuşluğun sarhoşluğunu, huzurunu gösterdiği için. Yanına ulaşıyorum hiçlik içinde, gözlerindeki o pırıltı ile kendime geliyorum.*

*"Her âleme dalacaksın, kâinatın her zerresinde olacaksın ama aynı anda yine burada olaraktan. Çünkü bu sensin, senin sınırlılığın. Rabbin sınırının bittiği senin bedenin sınırı başladığı noktada var olacaksın. Ve o noktayı her daim koruyacaksın. Kaybolmadan, her anı hissederek ulaşacaksın varlığınla yokluğuna. Her baktığına aldanma, çünkü o gerçek değildir. Gerçek onun arkasına gizlenmiştir. Nefes almadan yaşayamazsın, ancak aldığın nefes hava mıdır? Hava olduğunu zannedersin. Görebilir misin havayı, yoktur, ancak etrafa verdiği zarar ziyanla onu bilebilirsin. Yaprağı yukarıya kaldırışıyla tanırsın, ağacı eğişi ile görürsün, tozu toprağı birbirine katışı ile anlarsın havanın varlığını. İşte sen gerçekte busun. Hava gibisin. Yoksun ancak etrafa verdiğin hizmet ile varoluşun ile ifade edersin açığa vurursun kendini. Kaybol ama hep kendinde olarak. Zihninle, manevîyatınla kaybol, derinle-*

*re dal ama yine bedeninde dimdik ayakta duraraktan arz üzerinde. Arayan da sen, aranan da sen ol daima. Aradığın gerçeklik bazen tam yanı başındadır da göremezsin, çünkü mükemmeldir o, yaratılış gibi. Her mükemmelliğin sorunu bilinmez oluşudur. Sonsuzdur ancak sonsuza kadar uzanırken, hangi hadiselerde vuku bulacağı bilinmezdir. Ne zaman en mükemmele ulaşır işte bu sonsuzluktur. Diri olmanın manası budur evlat. Aradığın gerçekliğin sende olduğunu unutma. Çünkü gerçek oralarda bir yerlerde değildir, sendedir. Onu kaybetmedin ancak bulamıyorsun. Bulmana yardımcı olacak gönül gözün daima açık olsun."*

❊

Çile adı verilen eğitim sistemi esnasında, öğrenci kendi ile yüzyüze gelir, kendini tanıma yolunda meşakkatli olaylar yaşadığı adımlar atardı. Âşk yoluna giren öğrenci artık kendini bulması gerekirdi. Ne olduğunun, neyin içinde olduğunun, görünenin ardında görünmeyenin nasıl ceryan ettiğini, nasıl vuku bulduğunu, sebebin sonuçlarını, aynı zamanda sonuçtan sebebe nasıl gidileceğini idrak edebilirdi. Hem bilgi alır, hem de yaptığı fiziksel işlerde, kendi zihni ile başbaşa kalırdı. Zihninden geçen egosal caydırıcı düşünceleri tek tek izler, onlara kapılmadan nasıl baş edebileceğini, susturabileceğini ve susturmanın ötesinde onları nasıl eğitebileceğini de öğrenirdi. Yaptığı günlük işlerde, zihin ona her bakımdan galip gelebilirdi. Kışkırtarak, yolundan alı koyarak, caydırarak her türlü nizamı ve mizanseni hazırlayabilirdi. İğvaya düşürücü tüm etkileri ile baş edebilmek, kendinde olan ancak kendine ait olmayan bu tür düşüncelerin bedenden kaynaklandığını, maddi çekim alanından kaynaklandığını anlaması için günlerin geçmesi belli bir kıvama gelmesi gerekirdi. Zaman vardı, günler uzundu, yaşam sonsuzdu. Ancak her zaman uyanış için bir zamanı belli olmayan ölçülemeyen bir zaman vardı. Çünkü zaman bizim bildiğimiz, günlerin günleri kovaladığı bir kavramdan öte idi. Her an her saniye zaman mevcuttu. Yine de dergâhlarda zaman kavramı için bir süre konmuştur. Çünkü insanın kendini tanıması aşamalarında, zihnin belli bir kıvama ulaşması ve alışkanlıkların bertaraf edilmesi, şeytanınla yüzyüze gelebilmesi için süre şarttır.

Bu yüzden, üçgün, onsekizgün ve binbir gün gibi kavramlar karşımıza çıkmaktadır. Bu süreler, direncin kırılması için gereklidir. Doksandokuz kere taşa vuran taş ustası, yüzüncü vuruşunda taşı ikiye böler. Doksandokuz kere vuruş, taşın kırılma direncini bertaraf etmek içindir. Yüzüncü vuruş ise amaca ulaşmak için son bir gayrettir. Amaca ulaşmak için gayret sarfetmek, alın teri dökmek gerekir. Yoksa bilgiler bize gökten yağsa bile ulaşmaz. Onu alabilecek, kavrayabilecek, idrak edebilecek kıvama gelebilmek için liyakat gereklidir.

# Tasavvuf Öyküleri 3

*Bir gece efendim yanına çağırdı. "En düzgün odunu bul getir bana." Büyük sevinç içinde yanından ayrıldım, benden birşey istenmişti, hemen yapmalıydım. O gece uyudum, başımın tam üstünde yastığım üzerinde havada duran şeytanı farkettim. "işini bozacağım" dedi. Uyandım terler içindeydim. Sabah oldu, gittim en düzgün odunu getirmek için, ağaçların arasına daldım. Tek tek bakıyordum etrafa en düzgün dal hangisidir diye. İlerlerde bir çoban gördüm. Ona sordum "en düzgün odun nerde olur, hangi ağaçtadır?" "Boşver odunu sen, gel bana şu hayvanları gütmem için yardım et, uzun zaman oldu uyuyamıyorum, evladım hasta, geceleri ona bakıyorum, ancak gündüzleri de yaşamak için çalışıyorum, çok yorgunum, biraz uyuyayım, sen de hayvanlarıma göz kulak ol? Ne dersin?" Acıdım çobana ve yardım etmek istedim. Bir köşeye çekildi ve uykuya daldı, ben de hayvanlarına göz kulak oldum. O sırada uzaktan bir uluma sesi işittim, bir kurt sürüsü yaklaşıyordu sanki. Ne yapacağımı şaşırdım hayvanları mı koruyacaktım kendimi mi, çobanın canını mı? Söz vermiştim çobana. Uyandırmadım onu. Hemen hayvanları toparlayıp sürü halinde yola sürdüm. Sıra sıra gidiyorlardı yol üzerinde. Çoban ise geride kalmıştı, unutmuştum sanki onu. Hemen koştum yanına, ölü gibi uyuyordu. Uyandırmadım kaptığım gibi sırtıma vurdum. Onu da taşıyordum sırtımda hem hayvanları da kontrol ettiriyordum.*

*Epey zaman geçti, hiç takatim kalmamıştı yürümeye. Ancak kurt sürüsünün uluması kesilmiş, uzaklarda kalmıştı. Neredeyse kurtulmuş, köye yaklaşmıştık. Yakınlarda durup bir gölgeliğe çobanı bıraktım "hem kendisi ağır hem uykusu" diye içerlendim. Güneş de batmak üzereydi, en düzgün odunu bulamadım diye çok üzüldüm. Şimdi ben ne diyecektim. O sırada çoban uyandı. "Kardeş neresi burası, köye kadar yaklaşmışız nasıl oldu bu?" Durumu kendine anlattığımda çok sevindi, kendisini ve hayvanlarını koruduğum için bana binlerce dua etti. Ve yavru bir keçiyi bana hediye etti. Almak istemedimse de kabul etmek zorunda kaldım. Omuzladığım gibi yavruyu döndüm kendi ait olduğum mekâna, vardım efendimin huzuruna. Yine o parlayan gözleri bu sefer gülüyordu adeta.*

*"Düzgün odun nerede?" diye sordu. "Bulamadın mı yoksa onu".*

*"Bulamadığımı söyleyemedim. Bana bir görev vermişti, bunu yerine getiremedim diye acı ve ıstırap dolu olduğumu anlatamadım. Yarın bulurum getiririm diyemedim."*

*"Kaldır başını, gözlerini eğme yere. Neden utanç içindesin. Sen en düzgün odunu getirmişsin işte."*

*"En düzgün odun keçi yavrusu mu idi? Nasıl olurdu bu?" diye düşündüm.*

*"Şeytanıyla yüzleşmek, yükseliş yolunda, Âşk yolunda olanlar için bir kıymettir. O dürter insanı, caydırır, yolundan alı koyar. Ancak o yolda ne gibi kıymetler insanı bekler bilmez, bilemez. Çünkü onun derdi ancak ve ancak caydırmak saptırmaktır. Aklını kullanan, o caydırıcı yolda iyiye yönelmek yine bir liyakat meselesidir. Sen yolundan saptın ancak bunu iyiye kullandın. Odun ararken keçiyi buldun. Ancak o esnada arada olan hadiseler, senin gönül zenginliğindi. Yardım ettin, mükâfatı da benim istediğim bir şeyin farklı bir yansıması oldu. Bazen aradığımız şey için yollara düşeriz, ancak yüzlerce yol çıkar önümüze, her birinde bir sınav, her birinde bir belâ peşimizi bırakmaz. O yolda aklını, vicdanını, gönlünü kullananlar için*

25

*nice nimetler gizlidir. Aradığından uzaklaşır, aradığın hariç başka şeyleri de keşfedersin. Bu bir olumsuzluk değildir, insan da böyledir. Dünyaya doğar belli bilgilerle. Ancak o bilgileri unutur da, başka şeylere yönelir. Ancak bu da bir gerçekliktir. O yöneldiği şeylerden nice zenginlikler elde eder, manevî duygular elde eder, gönlünü huzurla doldurur. Tabii, aklını vicdanını bir tutup iyiye yönelebildiği müddetçe! Keçiyi götür ait olduğu yere. Ve benim isteğim vuku bulmuştur, yerine gelmiştir."*

*Huzur içinde yine bir bilgi ile donatılmış, ayrılıyorum yanından, geçiyorum o bilinmez, bulunmaz yüce kapıdan. Her şey ait olduğu yere döner. Keçi hayvanlar arasına, insan insanlar arasına, ruh ruha, can cana, beden toprağa karışıp gider. Yollar nicedir, ancak elde edilen manevî kıymetler ise paha biçilmez.*

⚜

Hz. Mevlâna büyük bir din ve sanat bilginidir. Gönlünü şiir, musiki ve sem'a gibi üç güzel sanata vermiş, ulvîyet ve kudsiyetine erişmiştir. Musiki, Hz. Mevlâna için, maddi ve fiziki her şeyin ötesinde, ilahi bir anlayış ve seziş olarak tutmuştur. "Elest Bezmi'nin avazesi" diye tarif etmiştir. Elest Bezmi, ruhların henüz madde kâinatına doğmadan önce, Rabbe verilen bir sözdür, akiddir. Rabbin ruhi sesi ile seslenişi ve ruhların bu seslenişten mest olmaları, daha sonra cevap vermesi manasındadır. Rabbiniz değil miyim, ruhi sözüne karşı, evet diyerek bir akid anlaşmasıdır. Ve daha sonra ruhlar madde kâinatlarına bedenlenirler. Ve o ruhi sesi unuturlar. Hatırlama yeteneğinin tekrar vuku bulması için, Hz. Mevlâna, "ney" sesinin kullanılmasını uygun görmüştür. Çünkü yanık "ney" sesi, ruhi seslenişe en yakın bir avazedir yani seslenişin titreşimini taşır. Bedendeki ruhların, ruhi sesi tekrar hatırlamaları ve manevîyata tekrar yönelebilmelerine kolaylık sağlamak için "ney" sesi kullanılır. "Ney"in kullanılması, bedendeki ruhların özlemini arttırmak, hatırlamalarına olanak sağlamak içindir. Eğitimlerin genel amacı, Ruhi dünyada ne kadar temiz ve Rabbe en yakın durumda iken, madde âlemlerine bedenlenerek, kirlenen, madde tesirleriyle kuşanan ruhların arınmaları, cezbeden etkilerden kurtulmaları ve Rablerine yaklaşmalarına olanak sağlamaktır. Mevlevihaneler, manevî eğitim yerlerinin dışında, devrin güzel sanatlar fakültesi ve konservatuarlarıydı. Mevlevilerin zikri olan sema, musiki eşliğinde yapılır. Türk Klasik Müziğinin temelinde, mevlevihanelerde geliştirilen müziğin etkisi çok büyüktür.

Hz. Mevlâna'nın tasavvufunda amaç Âşktır. İnsanın yaratılışındaki sureti ile değil, sireti ile ilgilenmiş, manevîyatının geliştirilmesi için eğitimin gerekliliği üzerinde durmuş, açığa çıkarılacak olan gönül zenginliği üzerinde durulmuştur. Ruhi bir tezahür olan, şiir, musiki, raks, hattat, insanı manevîyata götüren, manevîyatını açığa çıkaran en büyük tesirlerdir. Çünkü güzel olan her şeyin, musiki, şiir, güzel yazı, raks gibi sanatların, ruhi tesirlerle rezonansa, titreşime girilmesine yardım edici unsurlar olduğu bilinirdi. Bu titreşime giren, kontakt kuran kişi, kötülüklerden uzak durup iyiye yönelecek, ışığı alabilecek ve aktarabilecek bir gönül zenginliğine ulaşabilecektir. Bu yüzden bu saydıklarımız, Mevleviliğin en önemli temel eğitim sistemleri olmuştur.

# Tasavvuf Öyküleri 4

*Yine bir akşamüstü, efendimin anlattıklarını dinlerken kendinden geçtim adeta. Nasıl bir tesirle dopdolu ve ruhi olarak zenginleşmişken, bunları sadece benim duymam bir ayrıcalık mıydı yoksa başkaları için büyük bir eksiklik miydi? Düşünceler içinde zihnimle meşgul iken kendime getiren sesi ile irkildim.*

*"Etrafına bir bakın". Bakındım, minderler, pencereler, perdeler, divanlar. Yan odadan gelen musiki insanı kendinden geçiren bir eda ile adeta büyülüyordu. "Ne gördün?"*

*"Efendim ben, normal eşyaları görüyorum, müziği duyuyorum. Bir de, siz ve ben varız."*

*Gülümsediğini gördüm. Bazen öyle büyük bir enerji hissediyordum ki, adeta hıçkırıklarla boğazıma düğümleniyordu her cümle. Söylediğim her cümle, ağzımdan çıkıp, bağrıma saplanıyordu hançer gibi.*

*"Sadece sen mi dinliyorsun tüm anlatılanları. Buraya geldiğinde hiçbir şey bilmediğini sanıyordun oysa kendi ruhunda olan bilgileri alıyor, akseden karşı taraftan yansımalarını görüyor ve öğreniyorsun. Bir şey duymuyorsun, çünkü duymak için, çarpma oluşması gerek. Bir çarpma olması için de varlığın olması gerek. Hiçlikte ve yoklukta varlık yok ki, çarpma olsun duyma gerçekleşsin. Sen ruhundan gelen sesleri, karşındaki yansımadan alıyorsun. Çünkü karşında da senin yansıman var. Sadece açığa çıkmak için bekleyen bilgiler, yardım vasıtası ile senden akıyor ve öğreniyorsun. Senden olan sana geliyor. Senin içinde olan sana geliyor. Ve bu gelişten sonsuz varlık sebepleniyor."*

# TASAVVUFİ EĞİTİM ve MEVLEVİLİK

*Sonsuz varlık sebeplenmesi de nedir diye düşünüyorum. Kendimden başka kimseyi görmediğim için. Benim varlığımla başka kim sebeplenebilir diye düşünürken. "Etrafına baktığında eşya mı gördün? Oysa bu oda varlıklarla dopdolu. Sen öğrenmeye geldiğini düşünüyorsun, oysa öğrenmeye gelen sonsuz varlıklarla iç içesin ve onlar da senden öğreniyorlar. Her şey gördüğümüzle kısıtlı ve sınırlı değildir. Baktığında gördün gerçek değildir. Göremediklerin gerçekliktir. İhtiyacı olan, liyakati olan tüm varlıklar senin etrafında kol geziyor, çekiliyor. Aynı pervanenin ateşe çekildiği gibi, güne bakan çiçeklerinin güneşin izlediği yolu takip etmesi gibi, bir bebeğin annesinin kokusunu duyunca ağlaması gibi! Sadece beslenmiyorsun, her an besliyorsun da. Bu bir rezonanstır. Çekimdir. Dünya da ihtiyaca uygun olanları çeker bu yüzden doğar ve bedenleniriz. Gelen için, çağıran daima hazırdır. Çağıran bilmese de, gelen beslenir. Her şeyi her zaman görmemiz mümkün değildir ve bilmemiz de gerekmez. Ancak beslendiğimiz oranda beslediğimizi, beslendikleri oranda beslediklerini bilmek yeterlidir. Bu bir zincirleme reaksiyondur. Rezonanstır, ilahi bir akıştır. Bencilce sadece kendimize olduğunu sanmak ise bir zandır. İnsan çok ulvî bir yaratılmışlıktır. Hem kâinattan beslenir, hem kâinatı besler. Küçük bir kalp atışı gibidir. Yanıp söner. Belki önemsizdir, küçük bir ayrıntıdır ancak muhteşem bir bedenin muhteşem bir hücresidir. Ve bir o kadar da değerlidir. Olmaz ise olmazıdır. Hem kâinata vücud verir, hem kâinat insana vücud verir. Bu veriş alış da, tüm varolanlar sebeplenir. Hiçbir olan, boş değildir. En küçük bir zerrenin bile kıymeti, tüm fiziki zenginliklerin ötesindedir."*

Mevlevilikte, mürid yani öğrenci, mürşidinde yani öğretmeninde kendini öldürmeli, yok etmelidir. Kendine baktığında eğitici ve öğreticisini görmelidir. Çünkü her ikisi birbirinin yansıması haline gelmiştir. Ona tam olarak güvenmeli ve itaat etmelidir. Çünkü kendini bilme yolunda en emin ve en güvenli yolu mürşidi gösterecektir ona. Ancak bu, öğrencinin yani müridin liyakatine bağlıdır. Kendi sıreti, iç dünyası, ruhu ne kadar müsaade ederse, nefsini ne kadar bertaraf edebilir ve hırsını aklından öteye almaz ise, o oranda gelişecek ve tekâmül edebilecek, Rabbini bilecek duruma gelecektir. Dergâhta, normal halk arasında konuşulmayan gizli sırlar, gizli bilgiler aktarılır. Bu öğrencinin alma kapasitesine, ya da ruhundan ne kadar açığa çıkarabileceği bilgilerin istidadına göre yapılır. Kapasitesi oranında eğitim görür. Mücadele her andır ve hiçbir zaman gayret elden bırakılmaz.

Üçgün post üzerinde oturan, kararlı olarak onsekizgün kendi kıyafeti ile hizmet eden için, binbir gün sürecek olan çile eğitimini, kendi ile başbaşa kalarak kendini bilme yolunda halve eğitimini tamamlayana derviş adı verilir. Bu eğitim sisteminden çıkan, kendi bedenini kendi ruhunda öldürmüş, binlerce cenaze namazını kılmış ve yine kendi bedeninde yeniden doğmuş bir derviş olarak ayine katılır. Tac ve hırka giyme için küçük bir tören düzenlenir. Mürid başını, şeyhin dizine koyar. Şeyh mürid için duada bulunur. Allahtan, müridi için "fakirlik yolunda başarılı kılması, başına manevî bir taç giydirmesini" diler. Kutsal Kur'an-ı Kerim'den Fatiha Suresi okunduktan sonra, hırkası ayakta giydirilir. Dualar eşliğinde, hırkasını giyen mürid şeyhinin ve orada bulunan dedelerin ellerini öper.

Binbir çileli günden çıkmış, halveti tamamlamış, belli bir manevî olgunluğa erişmiş, müridlikten dervişliğe erişmiş için, üç türlü halifelik vardır. Suret-i Hilâfet, bir dervişe tekkenin yönetimini yürütmesi amacıyla verilen bir halifelik, yetkinliktir. Mana-yı Hilâfet, İnsan-ı Kâmil, yani gerçek insan olma tasavvufi yolunda makam ve mertebeleri iyi bilen, Rabbini tam anlamıyla tanıyan ve halkı bilgilendirmesi, bilinçlendirmesi, ışığı aktarması, gönüllerde ışık yakması için verilen bir halifelik, yetkinliktir. Hakikat-ı Hilâfet ise, doğrudan şeyhin yetkisindedir. Boş olan şeyhlik makamlarına atanması için şeyhlerin seçimi ile dervişlerin, halifelendirilmesi, yetkinleştirilmesidir.

Mevlevilikte, dervişliğe geçemeyenler, muhib ismi ile adlandırılır, seven kişi manasına gelen kişilerdir, büyük bir çoğunluğu oluşturur. İkinci derecede dede denilen dervişler yer alır. Onlar tüm aşamaları geçen, üçgün post üstünde oturan, onsekizgün hizmet eden verdiği karar doğrultusunda binbir gün çile eğitiminden sonra dervişliğe geçenlerdir. Dede olarak tabir edilirler. Üçüncü aşama ise, Şeyhlerdir. Bir tekkeyi yönetmek, muhibleri ve dervişleri yetiştirmek, eğitime tabi tutmak yetisine ve yetkisine sahip kişilerdir. Mevlevilikte son dereceyi halifeler meydana getirir. Halifeler, başkasına halifelik verme yetkisine sahip şeyhlerdir.

Sultan Veled'ten sonra, bütün Mevleviliği temsil eden Konya'daki merkez tekke şeyhliğinin babadan oğula geçmesi ile gelenekleşti. Şeyhlik makamına oturana Çelebi ünvanı verildi. Daha sonra büyük çekişmeler yaşandığı için,

Çelebileri, Osmanlı padişahları atadı. Mevlevi tekkeleri, tarikat ve eğitim faaliyetlerinin yanısıra, sanat ve kültür merkezleri görevlerini de yerine getirdiler. Türk düşünce ve manevî sanatlara önemli katkılar sağladılar. Çok geniş bir alana yayıldılar, görevlerini başarı ile sürdürdüler ancak daha sonra toplanmaya başladılar. 13 Eylül 1925 tarihinde bu tekkelerin görevlerine son verilmiştir. 1926'da ise, Konya'da merkez tekke ve Hz. Mevlâna türbesi müze olarak yeniden açıldı.

# HZ. MEVLÂNA DÜŞÜNCE DERİNLİĞİ

Batını anlamak için, önce zahirin ne olduğunu bilmemiz gerekir. Zahir ve Batın aslında arapça kelimelerdir. Zahir görünen, Batın ise görünmeyen manasındadır. Ancak bunlar elbette ilk anlamlarıdır. Her mananın, sonsuza kadar inen anlayışlara uygun olarak anlam içeren açıklamaları olur. Zahire sadece görünen, batına ise görünmeyen demek ilk manadır. Oysa daha derinlerde ise bu iki mananın birbirinden farkı yoktur. Hz. Mevlâna'na "küfür ile iman arasında sadece bir berzah vardır" der.

> "Küfürle iman, yumurtanın akı ile sarısına benzer! Aralarında bir berzah vardır; birbirlerine karışmazlar!" / Hz. Mevlâna Celâleddîn-i Rûmî, Divan-ı Kebir, cilt 2, 882.

Hz. Mevlâna, berzah tanımı ile inanılmaz bir durumu ortaya koymaktadır. Çünkü yaşadığı çağda henüz bilinmeyen bir durumu çok güzel ifade etmektedir. Çünkü tüm ol emri ile yoktan var edilen Varlıkların ve yaratılanların hepsinin bir sınırı vardır. Etrafımıza baktığımızda gördüğümüz her cismin, maddenin, gökyüzünde bulunan tüm gök cisimlerinin bir şekli ve sureti vardır. Bunlar hep sınırlar içindedir. Birbirlerine asla karışmazlar. Hatta Hz. Mevlânanın bahsettiği gibi yumurtanın içinde sarısı ile beyazı arasında bir sınır vardır ve birbirine karışmazlar diye ifade etmiştir. İnsan da böyledir, Varlıkların ortak buluşması ve ifadesi olan insan da sınırları iyi belirlenmiş bir surettir. İnsan organizması da organlardan oluşur ve her biri kendi görevlerini icra ederler ve hiçbiri birbirine karışmaz. Zahir ile Batın da böyledir, sınırları iyi tayin edilmiştir ve asla birbirlerine karışmazlar.

Bu karışma ve karışmama meselesi, bilimsel manâda da çok iyi ifade edilmiştir Hz. Mevlâna tarafından. Özgür iradeyi ve seçme özgürlüğünü ifade eder. Tüm varlıkların ve yaratılmışların kendi özgür iradeleri vardır ve asla birbirlerine tahakküm ve müdahalede bulunmazlar. Günümüz biliminin yeni keşiflerinden olan Kuantum Fiziği Kuramı da ortaya koymuştur ki, atom parçaları arasında da boşluk vardır ve hiçbir parçacık bir diğeri ile birbirine dokunmaz, birbirine yaklaşamazlar. Herbirinin birbiri ile ortak alanı haberleşmesi ve etkileşimi vardır fakat asla birbirlerine yapışıp iç içe giremezler. Atomlar ve parçacıklar arasındaki boşluk, dengeyi sağlamaktadır. Çekim gücü dengede kalmaktadır.

# HZ. MEVLÂNA DÜŞÜNCE DERİNLİĞİ

Berzah manası ile ifade eden Hz. Mevlâna aslında çok güzel bir gerçeği de ortaya koymaktadır. Zahir ile Batın arasında da bir berzah vardır ve asla birbirlerine karışmazlar. Birbirleri ile iç içedir ancak özgür iradeleri doğrultusunda müdahale ve yapışma söz konusu değildir. Spiritüalistlerin bahsettiği "yukarısı aşağıya, aşağısı yukarıya benzer" sözü ile zahir ile batının arasındaki berzah yani sınır da, birbirine benzer ancak aralarında sınır vardır. Ufuk çizgisi gibi, kanın damarlarda serbestçe dolaşması gibi, kilometrelerce alanı kaplayan bir okyanusun kara ile arasındaki sınır gibi, ne okyanus karaya, ne kara okyanusa karışır aralarında özgür irade mevcuttur. Havanın suyun içinde olması ancak yine de kendini ifade etmesi gibi. Her şey her şeyle beraberdir iç içedir, ancak sınırları çok iyi tayin edilmiştir, birbirlerine asla karışmazlar yitip gitmezler.

Atomlar ve parçacıkları arasındaki boşluk, gökcisimleri arasındaki boşluk, dünyanın içindeki cisimler arasındaki boşluk, cisimlerin atomları arasındaki boşluk ve atomların parçacıkları arasındaki boşluk gereklidir ve bu sınırlar varlığın bütünlüğünü, özgür iradesini belirler. Çünkü yaratıcı kendi suretinde yaratmıştır sözünü destekler. Yaratıcı sonsuz ve irade sahibi ise, yarattıkları da Ondan'lık taşır. Yaratıcının mükemmelliği ve sonsuzluğu, yaratılanların özünde mevcuttur.

Ne zaman manaların ve kavramların gerçekliğine inebiliriz işte o zaman anlayışlarımız da değişecek ve görünenin ardındaki görünmeyenleri de hissedebileceğizdir. Çünkü görünen her şeyin ardında görünmeyeni vardır.

Zahir ile Batın arasında ince bir sınır mevcuttur. Gözlerimiz perdeli olduğu için bunu görmemiz ve fark etmemiz mümkün değildir, ancak hissedebiliriz, tahmin edebiliriz, merak edebiliriz. Fark etmek ancak çok üstün anlayışlara sahip olanlar içindir. Hz. Mevlâna zahir ile batını görebilen bir gönül anlayışına sahiptir. Olmasaydı bu kadar sırları ifşa etmesi mümkün olamazdı. Çünkü "öteler"den gelmiş ve ötelerden aldığı görkemli bilgileri arzımıza akıtmıştır. Zahir ile Batını bir görebilen, aradaki sınırı aşabilen ötelere geçebilen bir anlayışa sahip Zatlar için her yerde o mührü görmeleri mümkündür. Çünkü hakikatin hakikati, her yarattığı zerreye kendi nurunun mührünü de basmıştır. Her zerre, Hakkın mührünü taşır. Çünkü erdemli ve yüce bir Haktır ki, her zerreye kendi nurunu mühürlemiştir. Bunu görebilmek ancak ve ancak Hz. Mevlâna anlayışına sahip biri için mümkündür. Çünkü Yaratıcı, her şeyi duyan ve bilendir, her yerdedir ve her zerrededir, Hak olarak zahir olandır. Rab ne kadar batında gizli olan ise, Hak görünende her zerreye nüfuz eden mühür nur'dur.

Gayb, gizli, batın, görme duyusunun dışında olan her şey anlamındadır. Gizli olan her şey yani görülmeyen âlem ya da âlemler olarak geçmektedir. Elbette bu gizli ve görülmeyen âlemler sadece insan için geçerlidir. Rab için gizlilik yoktur, o gayb ve görülen âlemin yaratıcısıdır. Ve bu gizliliğe vakıf olanlar da yine Rabbin katından kudretle onurlandırılmış olan seçilmişlerdir. Seçilmişler, öz dostlar, sevgililer, ziyaretçiler, misafirler olarak arz âlemlerine, kudretle donatılarak, rahmetin yayından gerilen ok misali, hedeflerini tam on ikiden vuran nurlu oklardır.

Görülmeyene iman etmek, gaybe iman etmektir. Görülen âlem, yani şahid olunan âlem, bizim kâinatımız, gözümüzle gördüğümüz, beş duyu ile algıladığımız her şeydir. Görülen âlem olarak üstünde önemle durulan durum budur. Görülen âlem, zerre olarak atomun yapı taşı olan her şeydir.

"Gaybın anahtarları ise onun katındadır." / Kutsal Kur'an-ı Kerim En'am Suresi 59. Ayet.

Ancak Arapça "şehâdetil" ya da veş "şehâdet" diye geçer Kutsal Kur'an ayetlerinde. Görülen ya da görünen kelimesi için. Şahit olunan âlem, şahitlik edinilen bir durumdur bu. Şahit olduğu, şahitlik ettiği bir kâinat, âlemdir görünen âlem. Aslında âlemi görmüyoruz, şahitlik ediyoruz. Şahitlik edilen bir durum gözlemci manasını taşır. Biz gözlemciyiz ve âleme şahitlik ediyoruz.

Bir örnekle açıklamak gerekirse, bilimadamları, atomaltı partikülleri incelerken, oynak oldukları ve yerlerinin tespit edilemediği bilimsel çalışmalarda ortaya konmuştur.. Aslında bilim adamı, atomaltı parçacıklarına şahitlik edememektedir, yani yerlerini tespit edememektedirler. Oysaki bu oynak atomaltı parçacıkların bütününe baktığımızda katı bir madde görmekteyiz, yani şahitlik etmekteyiz. Görmek sadece bütüne baktığımızda gerçekleşir, oysaki derine indiğimizde soyut ve yeri tespit edilemeyen ışıktan ve enerjiden meydana gelmiş bir dünya mevcuttur.

Şahitlik ettiğimiz görülen evren, âlem, sadece bütüne bakıldığında gerçekleşir. Oysaki gayb yani gizli olan, maddenin kökenine indikçe, yeri tespit edilemeyen boşluklardan meydana gelmiş, enerji ve çekim alanı inanılmaz boyutlarda olan bir âlem daha mevcuttur. Bu âlem gizli bir âlemdir ve yeri tespit edilememektedir. Gerçek şu ki, görülen ve görülmeyen âlem iç içedir, bakıldığında şahitlik edilen, manasına indikçe gizlenen bir âlem bütünü. İkisi de aynı ve ikisi de bir bütündür.

Âlemler olarak bahsedilen ise, ya her ikisi için geçerli bir bütünlükten bahsetmektedir ya da bizim gaybın yani gizli âlemlerin dışında da âlemlerin olduğu gerçeğidir.

Şahitlik edilen âlem yani kâinatımız, gayb âlemi gizli olan yani görülmeyen âlem, âlemler yani başka boyutlar ve bütün âlemler yani bu bahsedilen tüm yaratılmış olan âlemler olarak bahsedilen bütün kavramlar aslında sonsuzluğun bir işaretidir. Burada bahsedilen sadece görülen bir âlemin yani şahitlik edilen bir âlemin dışında da sonsuz seçenekte âlemlerin varlığının bir delili olarak sunulmaktadır. Ve bizim bilmediğimiz nelerin yaratıcısı olduğu da özellikle vurgulanır.

Zahir ile Batın konusu, sadece görünen ve görünmeyeni içermez. Zahir sadece gördüklerimiz değildir. Gözlerimiz ancak dünyada olanları ve gökyüzünde olanları görmektedir de, ötelerde olanları göremez. Yani insan gözü, her göröneni de göremez. Hz. Mevlâna bunu şu şekilde çok iyi ifade etmiştir:

"Ey insanlar; kalkın, dışarı çıkın! Atlarınıza binin ve kırlara açılın; bağlara bahçelere gidin! Onlar; ötelerden, çok uzak yollardan geldiler! Onları karşılamak, onlara; "Hoşgeldiniz!" demek adettir! O yeşillikler, yüklerini, denklerini bağladılar; yokluk ülkesinden kalktılar, deniz tarafından geldiler! Denizden gelirken güneşin yüzünden havaya çıktılar, göklere buse verdiler! Onlar; burç burç bütün gökleri dolaştılar, her yıldızdan yararlandılar, sermaye aldılar! Ve nihayet bize, şu toprak âlemine birçok armağanlarla geldiler! Onlar, birkaç gün şu yeryüzünde misafir olarak kalırlar; sonra yine giderler! Bu hep böyledir; böyle gelir, böyle gider, böyle sürer! Onların sofraları, rüzgârın başındadır; kâseleri de seher rüzgârının elindedir! Onların yedikleri yemekler, o sofraya oturanlardan başkasından gizlidir! Çünkü yemek kaplarının üstünde kapaklar vardır! Sofralar gelince herkes; "Tabaklarda ne var?" diye soruyorlar! Soranlara hal dili ile diyorlar ki: "Herkes bu sırlara mahrem olsaydı, tabaklar hiç örtülür müydü? Canın gıdası, can gibi gizlidir; bedenin gıdası ise, ekmek gibi meydandadır! Ekmeğin zevkini, ancak aç kimse bilir; tok olan, o zevki, hiç bilmez." / Hz. Mevlâna Celâleddîn-i Rûmî, Divan-ı Kebir, c. IV, 1940.

"Ötelerden" gelen "misafirler" diye anlatmıştır Hz. Mevlâna. Onlar resullerdir, ötelerden gelirler ve yeryüzünde birkaç gün kalan misafirlerdir. Yeryüzüne geldiklerinde ise birçok armağanla gelirler diye bahseder. Bu anlamlarla, bizden gibidirler, insan gibi görünürler ancak yedikleri yemekler ve tabakları içinde olanları kimse göremez. Gizlidir. Çünkü her gördüğümüz gerçek değildir. Biz insanlar, ancak beynimizde olan kodlar dâhilinde görürüz ve biliriz, bundan öteye geçebilenler, anlayışlarını genişletenlerdir. Ötelerden gelen yeryüzüne armağanlar getiren misafirleri görebilenler de ancak Hz. Mevlâna gibi anlayışa sahip olanlardır. Perdeli olmak manası, sınırlı olmak anlamındadır. Çünkü uyuyan insan için görünenin bile ne anlama geldiğini bilmesi mümkün olmayabilir ki, batını bilmek ve hissetmek ise çok uzak bir durum oluşturur.

Bu satırları okuyanlar bir anlayış farkına erişmiş kişilerdir. Çünkü burada anlatılanlar "öteler" bilgileridir. Ve okuyanların uyanışa ulaşma gayretinde bir yol ve ışık oluşturacak ifadelerimiz daha zengin bir mana anlayışına ulaşma için en gerekli olanlardır. Çünkü Batın ile bizim yani görünenin arasında ince bir çizgi vardır. Ve Batını hissetmek o kadar da zor değildir, sadece şartlandırmalardan, kodlardan ve bize verilen her türlü yaptırım ve tahakkümlerin dışına çıkabilen bir farkındalığa, uyanışa ulaşma yolunda gayret sarfettiğimiz sürece. Devamında ise, herkes bu sırlara erişse idi, gizlemeye gerek kalmazdı denmektedir. Herkesin bu sırlara erişmesi için çok gayret sarf etmesi gerekir. Olmuyorsa başa dönecektir, anlayışa ulaşana kadar çarkın içinde dönecektir. Ta ki her türlü anlayışa, yavaş yavaş dem olarak idrak ederek ulaşabilecektir. Sırlara ulaşmak o kadar kolay değildir, ancak çok zor da değildir. Bunun için liyakatli olmak ve istidatlı olmak gerekir. Yol uzundur, zaman sonsuzdur, hayat ve yaşamlar ise diri ve sayısızcadır. Her an vakit vardır ve her vakit ise ortamı oluşturur. O ortamlara geçiş yapacak olanlar ise her daim hazırdır.

"Ey Âşıklar! Bizler yıldızlar gibi tamamıyla ateş halini almışız. Bütün gece o ay parçasının, o güzeller güzelinin etrafında dönüp durmadayız.(c. III, 1594) Güneşim, yıldızım suretten, şekilden üstün olduğu için manalar âleminden manalar âlemine geçer dururum. Bu yüzden ben pek hoşum, pek mutluyum." / Hz. Mevlânâ Celâleddîn-i Rûmî, Divan-ı Kebir, c. 111. 1590.

# HZ. MEVLÂNA DÜŞÜNCE DERİNLİĞİ

Hz. Mevlâna bu kelâmında, âşık olanın tamamen yandığını ve hiç bitmeyen bir enerji ile ışıdığını, şekilsiz ve suretsiz olduğunu anlatmaktadır. Ki günümüz zamanda ancak keşf edilen bir durumdur bu. Yıldızların kendi enerjilerini üreten ve suretsiz olduğu bilimsel olarak bilinir. Hz. Mevlânanın kerametlerinden olan bu bilgi ise, ona "ötelerden" verilen bir bilgidir, çünkü O, manalar âleminden manalar âlemine geçen, zahir ile batın arasındaki sınırı aşabilen enerjisi ile hoş ve mutlu olduğunu ifade etmektedir. Ve bu halinin şekilsiz olduğunu vurgulamaktadır. Oysa beden içinde şekil halindedir. Ancak bize yine çok önemli bir mesajı da vermektedir. Beden olarak görülen Hz. Mevlânanın, mana olarak görünmeyen mana âlemlerinde dolaştığı ve ötelerden aldığı armağanları da aktardığını anlatmaktadır.

"Gökyüzünde ateşler içinde yanan Nesr-i Tair yıldızını görünce, kolu kanadı yanmış gönül kuşunun yanışını hatırla!" / Hz. Mevlâna Celâleddîn-i Rûmî, Divan-ı Kebir, c. IV, 1944.

Uçan yıldız, yani hareket eden ışıklı cisimden bahsetmektedir Hz. Mevlâna. Bu kelâmı da onun kerametlerinden biridir. Çünkü yıldız olarak bahsettiği uçan cisim, kendi ateşleme sistemine sahiptir ve kendi enerjisini yakıtını üretmektedir manasına gelir. Yıldız olarak bahsetmesi bunu ifade eder. Çünkü yıldız kendi enerjisini üretir ve uçan cismin de kendi enerjisini ürettiğini anlatır. Gönül kuşu benzetmesi ise bir hayli ilginçtir, çünkü gönül kuşu kanatsız uçandır. Çünkü uçmak için kanada ihtiyacı yoktur

gönlün. İnsanların gönül kuşları büyük gönül kuşuna bağ-
lıdır. Büyük gönül kuşuna uçan gönül kuşunun da kana-
da ihtiyacı kalmamıştır. Çünkü kanatlı olanlar görünende
ulaşmaya çalışırlar, görünmeyen mana âlemlerinde hiçbir
organa ve kanada ihtiyaç yoktur, heryere ulaşmak anlık me-
safede mümkündür. Hz. Mevlâna, uçan ve kendi enerjisini
yakıtını kendi ateşleyen üreten o cisim ile kanatsız gönülün
benzetmesini yapmaktadır. Gönüllerimizden Âşk ateşi ile
ulaşılan yer ile uçan cismin benzer nitelik taşıdığını anlaya-
biliriz. Ötelerden gelen misafirlerin uçan cisimler içinde de
mesafeleri an zamanda kat ettikleri, boyut atlayarak ulaştık-
larını anlatmaktadır. Kendi gönlünde Âşk ile yandığını ve
mesafeleri an zamanda kat ettiğini ve âlemleri, mana boyut-
larını da gezdiğini anlatmaktadır aynı zamanda.

"Yıldızların ardında yıldızlar vardır ki onlarda ihtirak
ve nahis olmaz." / Hz. Mevlâna Celâleddîn-i Rûmî, Mes-
nevi, 1. cilt 750.

Görünen de yani zahirde gördüğümüz yıldızların ardın-
da da yıldızların varlığından bahsetmektedir Hz. Mevlâna.
Gözümüzle baktığımızda ışığını gördüğümüz yıldızlar as-
lında gerçek yıldızların şu anki ışığı değildir. Binlerce yıl
öncesine ait ışıklarını görmekteyiz. Görüşlerimiz çok yanıl-
tıcıdır. Çünkü ışığın da bizim gözümüze ulaşması için bir
yol kat etmesi ve zaman geçmesi gerekmektedir. Aradaki
mesafeler uzaklaştıkça, algılarımız da bizi yanıltmaktadır.
Gece gökyüzüne baktığımızda gördüğümüz gözkırpan ışık-

lar da binlerce yıl öncesine ait yola çıkmış ve günümüze ulaşmış yıldızların ışıklarıdır.

Hz. Mevlâna batın bakışı ile inanılmaz bir fikri ve bilgiyi yine kendi zamanından aktarmıştır. Görünen yıldızlar artık yanma durumunda olmayabilir demektedir. O yıldızlarda ihtirak yani yanma olmaz demektedir. Çünkü ışığını gördüğümüz yıldız binlerce yıl öncesine ait bir ışıktır ve artık günümüzde o yıldız yanmasını bırakmış ve sönmüş bir yıldız da olması mümkündür. Bu bilgiyi ancak günümüz zaman teknolojisinde anlayabiliyoruz, oysa Hz. Mevlâna kendi zamanında bu bilgiye sahipti.

Bu sözünü başka türlü de yorumlayabiliriz. İhtirak ve nahis olmaz demesi de, bizim bilmediğimiz yaşam formlarına işaret etmektedir. Yanma olmayan yıldızlardan bahsetmektedir. Ve o yanma olmayan yıldızlarda egonun olmadığı, mükemmel yaşam formlarının olduğu kıtlığın bulunmadığı yani perdelerin olmadığı tam bir görüşe sahip anlayışı olan yaşam formlarının varlığını da işaret etmiş olabilmektedir.

"Yıldızların içinde ay nasıl görünürse başkaları arasında Allah da öyle görünür." / Hz. Mevlâna Celâleddîn-i Rûmî, Mesnevi, 1. cilt 1400.

Hz. Mevlânanın bu kelâmı ile de yine kendi zamanının çok ötesinde bir anlayışa sahip olduğu, batını tarafının izlerini görmekteyiz. Yıldızların kendi enerjisini üreten mükemmel enerjiye sahip olması ile Ay uydusunun arasındaki farkı görebilen bir bilgiye nasıl sahip olduğunu bilmiyoruz.

Ancak bir yıldız ile bir uyduyu fark edebilecek bir bilgiye sahip olması şaşırtıcıdır. Bu da Onun batını yani gizli tarafının, ötelerden gelen bilgilerle donatılmış olduğunun kanıtıdır. Yıldızı Allah ile benzetmesi ise bir başka özelliğidir. Çünkü Yaratıcı, yaratma eylemi ile kudretli olduğunu vurgulamaktadır. Farklı bir bakış açısı ile yorumlarsak, insanlar arasında Hakkı görebildiğini de vurgulamaktadır. Çünkü Şems her yerdedir ancak onu görebilen Hz. Mevlânalar yok kadar azdır. Her zerrede Hakkı görebilmek, tamamiyle üstün bir liyakat gerektirir. Hz. Alinin "görmediğim Rabbe inanmam" meselesi ile çok anlam taşımaktadır. Bu söz bir kâfirlik sözü değil, her zerrede mühürlenmiş Hakkı görebilmek üstün bir anlayış ve üstün bir liyakat gerektirir. Çünkü Rab, Hak, her zerreye mühürlenmiştir, her zerrede bulunur ve kendini açığa vurur. Bunu görebilmek için liyakat gerekir. Ve açığa vurulan Hakkın her zerresi, gökyüzünde yıldız ile ay arasındaki ayrım gibi farkedilebilir. Ve bunu farkeden de yine Hz. Mevlâna gibi olanlara nasip olmaktadır. Çünkü Şems yani güneş, yıldız, yani Hak nuru her zerrededir ve görünende zuhur etmiştir. Bunu görebilenler ancak Batın tarafında manalanan ve ötelerden gelen bilgiler ile donatılmış Zatlara nasip olmuştur. Hz. Mevlâna böyle bir Zattır.

"Gökyüzünden, Ülker yıldızından cana şöyle bir ses geldi: "Sen, yeryüzüne mensup değilsin; sen, ötelerden geldin! Bu yüzden, aklını başına al da, yücelere yüksel, tortu gibi dibe çökme!" / Hz. Mevlâna Celâleddîn-i Rûmî, Divan-ı Kebir, c. IV,1898.

# HZ. MEVLÂNA DÜŞÜNCE DERİNLİĞİ

Hz. Mevlâna'nın "cana" olarak bahsettiği, batındaki gönül gözünün hissedişidir. Çünkü ortada bir sesleniş yoktur, akis yoktur. Gönül âlemi bir mana âlemidir ve kulağına gelen bir ses değildir, cana gelen bir sestir. Yani gönlüne, batındaki kulağına seslenendir. Ötelerden geldiği ile verilen bu bilgi, onun doğmadığını ancak dünyaya fırlayan nurlu bir ok olduğunu anlatmak içindir. Çünkü Hz. Mevlâna dünyaya bir vazife için gelmiş, doğmamış ve ölmemiştir. Ancak kaynağından çıkan bir ok gibi arza saplanmış, ışımış ve kaynağına yine geri dönmüştür. Tortu gibi dibe çökenler ancak kendini beden gören insiler yani beşerler içindir. Beden gördükleri sürece de tortu olmaktan öteye geçemeyeceklerdir. Ve ayaklarını başının üstüne koyabilenler ancak yıldızlara ulaşabilirler. Yıldız için Hak benzetmesi yaptığını yukarıdaki örneklerde bahsetmiştim. Hakka ulaşmak için her türlü nefsani arzuları ve şehveti kontrol etmek ve yenmek gerekir ki, arzın tüm çekiciliğinden ve caydırıcı etkisinden kurtulmak ve bir öteye geçebilen anlayışa ulaşmaktır bu. Aşağıdaki kelâmda Hz. Mevlâna, yükselmek, ancak ve ancak dünyanın azdırıcı etkisinden kurtulmakla mümkün olabileceğini ve böylece yıldızlara yani Hakka ölmeden önce kavuşmak olduğunu açıklamaktadır. Ölmeden ölmek, yaşamda ölümü, ölümde yaşamı bulabilmek içindir. Bedende maddenin bilgisini alan ancak Tanrısal aklı ile gönlünü birleştirerek manalar âlemine dalan bir üstün insan modeline ulaşmanın formülüdür bu. İnsanın en büyük savaşıdır nefsaniyet ile arasındaki. Çünkü yenik düşen ve sürekli zaaflarını bertaraf edemeyen bir beşeri topluluk mevcuttur. Gökyüzünde nice yollar vardır görmesini bilenlere ve ayaklarını başının üzerine alabilenler için. Gönül yolundan ulaşılan manalar âlemlerini tek tek dolaşabilenler için zaman ve mekân kavramı yoktur. Hz. Mevlânanın kerametlerinden ve batını yönünden en büyük örnek budur. O gönül yolu ile nice âlemleri ve boyutları an zamanda dolaşmaktadır, bedenli görünümünü koruyarak.

"Ayağını başının üstüne koyunca yıldızların üstüne ayak basarsın, nefsanî arzularını, şehveti yendiğin zaman havada yürürsün; haydi adımını at, ayağını havanın üstüne koy da yüksel!.. Şehvetini ayakaltına aldığın, nefsanî isteklerini yendiğin zaman göklerde havalarda sana yüzlerce yol belirir ve sen seher vaktinde yapılan dua gibi göklere yükselirsin." / Hz. Mevlâna Celâleddîn-i Rûmî, Divan-ı Kebir, c 1. 19.

"Güneş de, ay da, yıldızlar da, gökyüzünde ilahî Âşk ile dönmekte; adeta oynamaktadırlar. Üzerinde yaşadığımız dünya da dönmekte, oynamaktadır. Biz bunların ortasındayız. Haydi, şu ortadakileri de oynat!" / Hz. Mevlâna Celâleddîn-i Rûmî, Divan-ı Kebir, c.1. 196.

Dönmenin bir enerjisi olduğunu, hareketsiz kalan insanın enerji üretemediğini anlatmaktadır bu kelâmında. Ve kendisinin en büyük ifadesi ilahiler eşliğinde mevlevi törenlerinde dönen insanlardır. Çünkü insan kâinatın tam ortasındadır. Ve tüm yoktan var olan Varlıkların yönettiği tatbikat yaptığı ortak alandır. Ve ortadakini oynat demesi bundandır. Bunların farkına varması, yüceliğinin, nurlu olmasının farkına varmasıdır. Bunun için gören gözlerinin dışında gönül gözünün de görmesi ve uyanışa geçmesi gerekir ki, ayaklarını başının üzerine alabilmesi ile mümkündür.

# HZ. MEVLÂNA DÜŞÜNCE DERİNLİĞİ

Ayakları baş üstüne alanlar, nefsani etkilerden uzak, caydırıcı ve azdırıcı arz çekim alanından kurtulmuşlar demektir. Hz. Mevlânanın kerametlerini nasıl yapabildiğini, bu anlatımlardan sonra anlamak mümkündür. Çünkü o dünya insanı gibi görünen, gönlü zenginliklerle dolu, manalar âlemlerinde dolaşan bir seçilmiştir. Batın tarafının zenginliklerini ve görkemliliğini, bedenli iken, beşerlere aktarmıştır. Ve en önemli olan ise, beden içindeyken de batın tarafın nasıl kullanıldığını ve bunların sırlarına nasıl vakıf olunabildiğinin bilgisini de aktarmıştır. Ancak anlaşılabilmiş midir bilemeyiz. Anlaşılsaydı, dünyamız mükemmel bir Hakikatlerin Hakikati bilgisi ile dopdolu, özgür iradelerin yaşandığı bir dünya olacağı kesindi. Nice Hz. Mevlânalar geldi gitti ancak anlaşılamadılar. Söyledikleri sözler ezberden öteye gidemedi, anlayanlar ise kendi çaplarında bilgileri yaydılar, iyi insan olabildiler. Fakat bütün değişmeden yol almak imkânsızdır. Herkesin tek tek gayret göstermesi ve bütünsel bir anlayışın ortaya çıkması mümkündür. Hz. Mevlânayı anlayabildiğimiz kadar aktarmaya çalıştık. Umarım bilgiler her zihinde yerine ulaşmıştır.

"İnsanoğlunun kulağı da, gözü de hangi toprakla doludur? Arayıp durduğun hazineyi, görülmesi gereken inciyi sen, balçığa bulaşmış baş gözünden sorma! Sen onu gönül gözünden sor!" / Hz. Mevlâna Celâleddîn-i Rûmî, Divan-ı Kebir, c.III 1212.

İnsan topraktan yaratılmış olduğu yani maddenin en küçük yapı taşı olan atomdan yaratıldığını kutsal kitaplarda bahsedilen durum ve bilim gerçeğinin ışığında artık biliyo-

ruz. Kuru balçıktan yaratılmıştır insan. Yani organizmasın-
da çeşitli atomların bir araya gelişleri mevcuttur. Tüm ele-
mentlerin atomları organizmasında karışım halde bulunur.
Kâinat insanın içindedir sözü ile sadece mana olarak değil,
madde olarak da anlayabiliriz. Çünkü kâinatta bulunan
tüm elementler ve atomlar insan organizmasında bütünlük
sağlar. İnsanoğlunun kulağı ve gözü toprakla doludur der-
ken bunu kendi zamanının anlayışı ile ifade etmiştir Hz.
Mevlâna. Arayış içinde olduğu ve aklını kullanarak delil-
ler peşinde koştuğu gizli olan hazineyi de nerede aradığı-
nı sormaktadır. Balçığa bulaşmış baş gözü ile ifade ettiği
ise, atomların bir araya geldiği organizması ile sadece ışığın
yardımı ile retinaya düşen görüntü ile gerçekleşen bir gör-
me hali ile görülemez olduğunu ifade etmektedir. Çünkü o
görüş sınırlı bir görüştür. Algı görüşüdür. Sadece ışığın ve
retinanın yardımı ile yansıyan görüntüdür. Aldatıcıdır, ya-
nıltıcıdır. Çünkü beyin kodlarının imkânı ile sınırlı olarak
bir görüş mevcuttur. Yansıyan görüntünün, akıl ile yorum-
lanması da sınırlı kalacaktır. Çünkü baktığını gören bir in-
san ancak yanılsama içindedir. Bu yüzden asla gizli hazineyi
dünyasal gözü ile balçıkla yaratılmış organı ile göremeyece-
ğini ifade etmektedir.

Gönül gözü ise, manadır. Görünenin ardındaki görün-
meyeni keşf etmektir. İnsanın zahir tarafı ile gördüğü her
şeyin gerisinde, batında, gönül gözü ile görebileceği ve aklı
ile yorumlayacağı zenginlikle çeşitlilik vardır. Ancak gizli
hazineyi arıyorsa insanoğlu, bunu gönül gözüyle yapabilir.
Gönül gözü de batında yani gizlide olan gözüdür. O gözün
dünyasal ışığa ve retinaya ihtiyacı yoktur. Bilgiye ve sezgiye

ihtiyacı vardır. İlham, sezgi, rüyalar, hissedişler ise batından gelen ilahi dokunuşlardır. İyi değerlendirilmeli ve peşinden gidilmelidir. Gayret gösterildiği takdirde, gizli hazineye yani gönülden gidilecek bir yola girilecektir. Bu yol, Hz. Mevlânanın bahsettiği Âşk yoludur. Gönülden keşf edilerek girilen Âşk yolu ise, gidişi olan ancak dönüşü olmayan bir yoldur. Manalar o kadar derindir ki, bir anlam değil binlerce anlam ortaya çıkmaktadır. Bedende iken manalar denizine dalan kişinin yorumu, bakışı, sözleri, düşünceleri de büyük oranda değişecektir. Artık o Âşk yolunda olan, görünenin ardında görünmeyen manaları da gören, zahirde bedende iken, batında manâda olandır. Bu yol her ne kadar çetin ve zorlu ise de, insana huzur ve sükûnet veren bir haldir. Hz. Mevlâna tüm deyişlerinde gizliden bu halin oluşmasını aktarmıştır. Çünkü kendisi Batında manalar denizinde, sonsuz deryalarda kulaç atan ve ötelerden aldığı bilgiyi, arz âlemine kelâm olarak aktarabilen üstün anlayışa sahip bir Zattır.

"Kalp görünmez, kayıptır. Onun hali, nabızdan anlaşılır, çünkü nabızla ilişiği vardır. Ey emin kişi, yel de gizlidir; kopardığı tozdan, uçurduğu yapraklardan anlaşılır. Sağdan mı esiyor, soldan mı? Onu sana yaprakların hareketi söyler. Gönül sarhoşluğu nerededir? Görmezsin. Onu nergise benzeyen mahmur gözlerde ara. Allahın zatından da uzak olduğun için onu Peygamberlerle mucizelerden bile bilirsin." / Hz. Mevlâna Celâleddîn-i Rûmî, Mesnevi, Cilt 6.

Hz. Mevlâna burada görünen yani zahirde olanlarda da gizlilik mevcuttur ancak onları hareketlerinden ve etrafa verdikleri ses, hareket, ışık gibi yan öğelerde tayin edilebilir halini anlatmaktadır. Kalb gizlidir onu görebilmek için göğsü yarıp içine bakmıyoruz. Ancak nabız atışından kalbin attığını biliyoruz. Hava da görünmezdir, ancak nefes alabiliyoruz, yaşamımızı idame ettiriyoruz. Tozları yaprakları uçurduğunda hava ve rüzgârı farkedebiliyoruz. Daha ileri boyutlarda, hortum ve kasırgalarda gizlidir asla görünmezler. Onları ancak etrafa verdikleri zararlar doğrultusunda tespit edebilir ve gücünü tayin edebiliriz. Gizli olanı anlamak için yan öğelerin hareketlerinden tayin edilebilirliğini çok güzel ifade etmiştir Hz. Mevlâna bu kelâmı ile. Yaratıcıyı da göremeyiz ancak onun Peygamberlerini ve arzda meydana gelen mucizelerinden bilebilirsin demiştir. Onu görmek için etrafına bakman yeterli. Çünkü her türlü mucize an be an gerçekleşmektedir. Gizli olan açığa çıkmıştır. Bir bebeğin karanlıklarda anne karnında belli bir süre nefessiz kalması ve dünyaya geldiğinde nefes almasından daha mucize ne olabilir. Kilometrelerce uzunluktaki okyanusun bir kitle halinde durması ve karaya karışmaması nasıl bir mucizedir. Aralarında gizli bir mesafe ve belirlenmiş bir sınır vardır. Bunu ancak aklınla ve gönlünle yorumlayabilir ve bilebilirsin. Yaratıcını da, ancak meydana gelişlerin sırrında anlayabilirsin demektedir Hz. Mevlâna. Çünkü Allahı dünyasal gözlerinle göremezsin. Onu ancak içinde olan gönül gözünle ve Âşk yoluyla keşf edebilirsin. Bu keşfin gönül gözünün açıklığına ve arzda olan her zerrede kendini açığa vuran Rabbin mucizelerinde bulabilirsin demektedir.

# HZ. MEVLÂNA FELSEFESİNDE KAVRAMLAR

## SEM'Â KAVRAYIŞI

Hz. Mevlâna, Divan-ı Kebir eserinde, Sem'a tanımını şöyle yapmaktadır:

> "Sem'â nedir? Gönüldeki gizli erlerden haberler almaktır. Onların mektupları gelince garip gönül, rahata kavuşur. Bu haberler rüzgârıyla, akıl ağacının dalları açılır, uykudan uyanır. Bu sarsılısla beden, darlıktan kurtulur, genişler, huzura kavuşur. Bedende tuhaf, görülmemiş bir tatlılık başlar. Ney sesinden, mutribin, çalgıcının dudaklarından dile damağa hoş, manevî zevkler gelir. Dikkatle bak da gör, su anda Sem'â edenlerin ayakları altında binlerce gam akrebi ezilmede, kırılıp ölmede. Binlerce ferahlık ve nese hali aramızda kadehsiz dolaşmada, bize

mana şarabı sunmadadır. Her taraftan bir Yakub, kararsız bir halde, neşeyle kalkar, sıçrar. Çünkü burnuna Yusufun gömleğinin kokusu gelmededir. Canımız da; "Ona ruhumdan ruh üfürülmüştür" sırrıyla dirilmiştir. Bu ruh üfürülüşünü, yemeye, içmeye benzetmek doğru değildir. Çünkü bunun bedenle ilgisi yoktur. Mademki bütün yaratılmış varlıklar, surun üfürülmesiyle haşr olacaklar, surun üfürülmesinin zevkiyle ölüler uykularından uyanacaklar, sıçrayıp kalkacaklardır; sen de "ney"in feryadıyla uyan, kalk, kendine gel! Sem'â musîkîsinin tesirine kapılmayan, dönüp, buz kesilen, ölüp yok olanlardan da aşağı olan kişinin toprak başına olsun! Çünkü o, gerçek bir insan değildir. Gezip dolasan bir ölüdür. Sem'ânın kadehsiz verilen bu helal şarabını içen beden, bu şarapla mest olan gönül, ayrılık ateşinde kavrulur, pişer, tam olgunlaşır. Gayb âleminin güzelliği, söze sığmaz, anlatılamaz, övülemez. Onu görebilmek için ödünç olarak binlerce göz al, binlerce göz! Senin içinde öyle parlak bir ay vardır ki, gökyüzündeki güneş bile ona; "Ben sana kulum, köleyim" diye seslenip duruyor." / Hz. Mevlâna Celâleddîn-i Rûmî, Divan-ı Kebir, c. IV, 1734.

"Bizi Hakk'a yükselten Sem'â merdiveni, göğün damını da aşar geçer." / Hz. Mevlâna Celâleddîn-i Rûmî, Divan-ı Kebir, c. 111, 1295.

Sem'â kavrayışı, işitmektir! Musiki nameleri ile kendinden geçip, belli bir düzen ve ahenk içerisinde, kendi etrafında dönmektir.

İşitme manası, tüm semavi dinsel tradisyonlarında kullanılmıştır. İşitme bir vibrasyon, titreşimin algılanmasıdır. Aslında kulak duyar, kulağın duyma yeteneği vardır. Ancak işitme, bir algılama ve idrak sonucu gerçekleşebilir. Bilgiyi alan insan, onu idrak edecek kıvama geldiğinde, dinlediği müzik titreşimleri ile bir vecd hali içerisinde kendinden geçerek raks eder, kendi etrafında dönmeye başlar. Ahenk ve düzen bir tesir akışını da kendiliğinden oluşturur. Çünkü ruh, beden, akıl ve idrak birliği oluşunca tüm hücrelerle beraber, hisler, algılama, manevî duyguların coşkunluğu, bütünlüğü oluşturur. Sema bir bütünlüktür. Bedenin ve ruhun ahenkli olarak birleşmesi kavuşması, birbirine yollar bulması, köprüler kurması manasındadır.

Kâinatta en küçük zerre olan atom ve atom altı partüküllerden, kütlesel olarak en devasa yıldız topluluklarına, galaksilere kadar her şey belli bir ahenk ve nizam içerisinde titreşir ve kendi etrafında döner. Ve her biri kendi titreşimsel boyutunda bir müzik ritmini oluşturur. Müzik eşliğinde kendi etraflarında dönerek, varoluşu Selâmlayarak, kendi varlıklarını ispatlarlar adeta.

Kâinatta her makro varlık kendi etrafında, çekim alanında olduğunun etrafında ve en büyük çekim alanının olduğu, bağlı bulunduğu varlık etrafında döner.

Kâinatta her mikro varlık (atom ve atomaltı parçacıklar) çekirdek etrafında ve kendi etraflarında dönerler.

İnsanın da bir yörüngesi vardır ancak bunu gözle göremez.

Her insanın yay genişliğinde bir yörüngesi vardır, tam tur döner, döngüyü tamamladığında, yine başa döner ve yine döner. Her dönüş bir farkındalık sıçraması yaratır. Her insan, çekim alanına dâhil olduğu güçlü çekim alanının etrafında döner.

Ve dâhil olduğu dünya ile birlikte dünyanın etrafında, güneşin etrafında ve galaksinin etrafında döner. Önemli olan husus, insanın çekim alanına girdiği "şey"lerdir.

O şeyler zahiri ben ise, dünyasal madde çekim alanındadır.

Ve tüm dönüşü, zahiri ben odaklıdır. Zahiri ben odaklanmasından özgürleştiği ve ruhsal ile maddesel ortaklaşa alanı dengelediği sürece ise, zahiri ben kontrol edilir Gerçek Ben'in ışığı fark edilir.

Gerçek Ben'e dönüş ise o kişinin İnsan-ı Kâmil olduğu durumu gösterir. Bu ulaşılacak insani boyuttaki en zengin, en ulvî, en Rabbi'ne yakın olduğu durumdur.

Sonunda tüm dönüşler Rabbedir.

Sem'ânın gerçek anlamı, bedenin, maddesel çekim alanından kurtulması ve Rabbine yönelerek, ilahi çekim alanı ile kontakt kurması ve Rabbinin çekim alanı etrafında dönmesinin, arz üzerindeki tatbikatıdır.

"Gel, gel ki sen cansın, Sem'ânın canının canısın. Gel ki, sen Sem'â bahçesinin, yürüyen selvisisin. Gel ki can da, cihan da güzel yüzüne hayrandır. Gel ki, sen Sem'â âleminde, sen şaşılacak bir güzelsin, esi benzeri görülmemis, aziz bir varlıksın. Sen, Sem'âya girince iki dünyadan da dışarı çıkarsın, zaten bu Sem'â âlemi, iki âlemden de dışarıdadır. Yedinci kat göğün damı, ötelerde, pek yücelerdedir. Fakat bizi Hakk'a yükselten merdiveni, göğün damını da asar geçer. Bu damdan da yücedir. Ondan başka ne varsa ayağınızın altına alın, ayağınızı vurun, ezin. Sem'â sizindir, siz de Sem'ânınsınız. Zerrelerin kucakları güneş ışığı ile dolunca, hepsi de sessiz sedasız Sem'âya başlarlar." / Hz. Mevlâna Celâleddîn-i Rûmî, Divan-ı Kebir, c. 111, 1295.

# HZ. MEVLÂNA FELSEFESİNDE KAVRAMLAR

Hz. Mevlâna, işitme konusunu, Avaze ile eşleştirmiştir. Ruhlar dünyasında iken, seslenen Yüce Rablerinin sesi, Avaze olarak işitilir. Çünkü duyacakları bir kulakları yoktur. Ses de yoktur. Sesin çarpıp yankılanacağı bir maddi bedenleri de yoktur. Bu yüzden ortada bir seslenen, sesi duyan, ses ve kulak bulunmaz. Bu Avaze seslenişi, ancak bir titreşim, vibrasyonel bir tesirdir. İmtihana tabi tutacak olan, yetiştirecek sistemin, Rab sisteminin seslenişi ve ruhların bunu duyması tamamen bizim anlayacağımız manâda bir işitme meydana getirir. Ortada soru cevap yoktur, ancak anlayabileceğimiz bir ifade ile ayet olarak belirtilir.

Arapçası: *"Elestu bi Rabbikum"*, Türkçesi: *"Ben sizin Rabbiniz değil miyim"* Kutsal Kur'an-ı Kerim Araf Suresi, 172. Ayetinde belirtilmiştir.

Soran Yaratıcı kuvvettir, Rabdir. Ruhları aşama aşama terbiye eden, düzenleyici, tekâmül ettirici ve görüp gözeticidir. Ve Rab yarattıklarına seslenir, bu sesleniş ancak ve ancak nurdan nura bir aktarım, bir ilham, sezgi ve madde ötesinde bir kavrayış ve mana içerir.

Ben sizin Rabbiniz değil miyim?

Bedenlenmeden, bedene tabi olmadan henüz önce, biçimler levhasının gerisinde ve rablerine en yakın mesafede, iki yay genişliği mesafede ruhlar cevap verir.

Bu cevap veriş bir kelâm, bir sesleniş değil, ruhtan ruha aktarış, nurdan nura aktarıştır. Çünkü Yaratıcı, yarattıklarını kendi suretinde yaratmış ve kendi ruhundan üflemiştir. Bu yüzden ruhtan ruha bir aktarış, bir sezgi ve ilhamdır.

TEVHİD SIRLARI

Yaratılan ruhlar, sınanma öncesi, bedene ve biçimler levhasına tabi olmadan hemen önce, şahit olurlar ve antlaşma yaparlar Yaratıcı Rableri ile.

Arapçası: *"Kalu Belâ"*, Türkçesi: *"Ezelden, ebede, şahidiz. Evet. Rabbimizsin"* Kutsal Kur'an-ı Kerim Araf Suresi 172. Ayetin devamıdır.

Şahit olabilmeleri için, her anının O'nunla olması, O'ndan olduklarını biliş ve kavrayış ile mümkündür. O olmayan ancak O'ndan olan, bunun doğum ile değil yaratım ile olduğunun bilgisine erme ve sezgi ve ilham ile ruhlarının cevherlerinde idrake ulaşmadır.

Ezelden ebede, yani yaratımdan, kıyam gününe uyanışa kadar olan tüm zaman diliminde Rabbimiz olduğuna şahidiz manasını taşımaktadır.

Kâinatta bir müdahale söz konusu değildir. Yaratıcı Rab Sistemi de, yarattıklarına direkt müdahale etmez. Ancak her varlık kendi yörüngesinde, İlahi İrade Yasalarına uygun, nizam içerisinde dönme gerçekleştirir.

Hiçbir var olan, görünen, birbiri ile iç içe geçemez, birbirine müdahale edemez, her biri kendi tayin edilen yörüngesinde hareket eder. İnsan da böyledir. İnsanın kaderi, beşerin kaderi, insanoğullarının kaderi, dünyanın kaderi ve tüm kâinatın kaderi ayrıdır. Her biri kendi tayin ettiği yörüngede hareket eder. Hiçbiri diğerinin iradesine hükm edemez, obsede edemez, tahakküm altına alamaz, mahkûm edemez, öldüremez, yok edemez. Her biri kendi özgür iradesi, seçme özgürlüğü, ilahi iradenin şaşmaz düzeninin yasaları doğrultusunda hareket eder. En doğru olanı yapar. Çünkü tüm görünen görünmeyen varlıklar, O'nun doğruluk giysisi ile kuşanmışlardır. Her biri kendi seçme özgürlüğünü dilediği gibi, diğerinin varlığına müdahale etmeden gerçekleştirir. Gerçekleşen her şey, tüm düzen, görünen ve görünmeyen kapsam alanı dâhilinde O'dur. O'dandır ve O'na döner.

> "Gel ki, Sems-i Tebrîzî Âşkın süretidir, şeklidir. Zira onun Âşkından, Sem'ânın ağzı, dudağı açıkta kaldı." / Hz. Mevlâna Celâleddîn-i Rûmî, Divan-ı Kebir, c. 111, 1295.

Bu raks-ı dönüş tradisyonu, Hz. Mevlâna belli bir nizama bağlı kalmaksızın dini ve tasavvufi bir coşkunluk vesilesiyle icra edildi. Daha sonra oğlu Sultan Veled ve Ulu Arif Çelebi zamanında başlayarak, Pir Adil Çelebi zamanına kadar tam bir disiplin içine alınmış, sıkı bir nizama bağlanmış, icrası öğrenilir ve öğretilir olmuştur. 15.yy'de Sema Töreni olarak son şeklini almış, 16.yy'da ise, Na't-ı Şerif eklenmiştir.

Sema dönüşünün ve töreninin gerçek anlamı, halk tarafından asla bilinmemiştir. Ancak Hz. Mevlâna'nın Sem'â tradisyonu ile anlatmaya çalıştığı sembolik ifadedir. "Kâinatın oluşumu, İnsanın âlemde yaratılışı, Rabbine yönelmesi, Âşkı, harekete geçişi, kulluğu kabul edip idrake ulaşarak İnsan-ı Kamil olgunluğuna ulaşması ve yönelişi" ifade edilir. İnsanı Kamil olgunluğuna ulaşması için, tüm etkilerden, maddesel çekim alanlarından ve nefsaniyetinden arınması gerekir.

# TEVHİD SIRLARI

"Melal (sıkıntı, bunalma) kimin başını döndürürse, onu Sem'âya çekeyim, fırıl fırıl döndüreyim." / Hz. Mevlâna Celâleddîn-i Rûmî, Divan-ı Kebir, c. IV, 1656.

Mutrıb ve Semâzenlerin şeyh postunu Selâmlayıp, semahanede yerlerini almalarından sonra şeyh efendi semahaneye girer, mutrıb ve Semâzenleri Selâmlayıp posta oturur.

Mutrıbdaki saz grubu, asıl olarak "ney"lerden oluşur. Ney sesi avaze sesinin, bedende titreşimini en iyi şekilde oluşturan ve Rabbin seslenişi ile benzer bir tını çıkarır. Ve insanın bedendeki titreşimi, gönül bahçesine açılan kapıyı ardına kadar açar, ruhi tesirler bedene aksederek, Rabbe olan Âşkı ve özlemi çağrıştırır. Beden o Âşk ve Özlem ile ney eşliğinde kendinden geçer. Bu yüzden özellikle "ney" sesi kullanılmıştır.

"Ney"lere, kanun, rebab, tanbur gibi sazlar da eşlik eder. Neyzenlerin başında bir neyzenbaşı, ayinhanların başında da kudümzenbaşı vardır. Kudümzenbaşı tüm müzik heyetini yönetir. Ayinhanlar iki veya üç kudümle usul vurarak eseri okurlar. Ayinhanlardan biri zil ile diğeri zilsiz def ile usule iştirak ederler.

Sem'â töreni, Nat-ı Şerif ile başlar. Kâinatın yaratılmasına vesile olan, yaratılmışların en yücesi İslam Peygamberi Hz. Muhammed'i öven, Hz. Mevlâna'nın bir şiiridir. 17.yüzyılın en ünlü bestekârlarından Itri Muhurizade Mustafa Efendi'nin Rast makamından bestelendiği bu na't-ı han ayakta ve sazsız okunur.

Na't-ı, kudüm darbları izler. Mutlak'ın "Kün" emri, "Ol" emridir. Yoktan Var olma emridir. Varlıkların Kün Emri ile Yoktan Varoluşlarıdır.

Na't'tan sonra yapılan ney taksimi ise Yaratıcının, topraktan ve balçıktan yarattığı karışımı, kudretle yoğurduğu cansız mükemmel formdaki bedenin içine kendi ruhundan üfürmesi, nakil etmesini temsil eder.

Taksimden sonra, peşrevin başlaması ile şeyh efendi ve Semâzenler, Sem'â meydanında sağdan sola doğru dairevi bir yürüyüşe başlarlar. Üç kez dolaşmaktan ibaret olan bu yürüyüşe Devr-i Veledi denir.

Semahanenin giriş kapısı ile tam karşıdaki kırmızı post arasında var olduğu kabul edilen bir çizgi, semahaneyi iki yarım daireye böler. Hatt-ı istiva denilen bu çizgi, mevlevilerce kutsal sayılır ve asla üzerine basılmaz. Çünkü bu, Âşk ile Sevgi arasında kat'i olan çizgidir. Âşk bedenlerde hissedilen, ilahi bir histir. Oysa Sevgi, bedensel ötesi bir Âşkınlıktır. Âşk, bedene bürünen ruhun ayrıldığı öteleri özlemesinin, bedendeki titreşimsel ifadesidir. Oysa sevgi tamamen ötelere aittir ve asla bedende hissedilemeyecek ölçüde çok yüce bir Yaratıcının yarattıklarına duyduğu Âşktır. İşte bu varsayılan çizgi, madde dünyasının bittiği, ilahi ve ruhi âlemin başladığı, Âşk ile Sevginin ince ayrımında olan çizgidir. Bedende duyulan İlahi Âşkın kaynağı olan İlahi Sevgi ile sınırının kavuşmasıdır. Beden ile ruh arasında bulunan ince bir çizgidir. Kırmızı rengi ise, bedenin zafere ulaşması, mansurlaşmasının renk olarak sembolize edilmiş halidir. Mansur manası, zafere ulaşan, beden içindeyken Rabbini tanıyan, bilen, ölmeden ölen, kavuşan manasını içerir.

TEVHİD SIRLARI

Sem'â töreninde, dördüncü bölüm, Sultan Veled devri-
dir. Semâzenler, birbirine üç kez Selâm vererek bir peşrevle
dairevi şekilde yürürler. Ruhun ruha Selâmlayışıdır. Sem'â
meydanında sağ tarafından post hizasına gelen Semâzen,
Hattı İstiva'ya basmadan ve posta sırt çevirmeden dönerek
karşıya geçer. Arkasından gelen Semâzenle karşı karşıya ge-
lir, göz göze gelen iki derviş aynı anda öne doğru eğilir ve
birbirlerine baş keserler, bu ayine "mukabele" denir. Postun
karşısında Hattı İstiva'nın Sem'â meydanını kestiği noktaya
gelen derviş burada da baş keser ve çizgiye basmadan yürü-
yüşüne devam eder.

Şeyh efendi, posttaki yerini alır ve Devr-i Veledi ta-
mamlanır. Bu devirler, şeyh denilen manevî terbiyecinin
rehberliğinde Mutlak Hakikat'i "İlm-el Yakîn" olarak bilişi,
"Ayn-el Yakîn" olarak görüşü, "Hakk-al Yakîn" olarak da
O'na erişi sembolize eder.

Yakîn manası, en yakın anlamında, yakınlaşma, yaklaş-
ma manasındadır. Çünkü hiçbir varlık diğer varlık ile bü-
tünleşerek birbirine dokunmaz ve iç içe giremez. Her bir
varlığın kendi ilahi irade bütünlüğü vardır ve bu bütünlü-
ğün sınırlarını korurlar. Sınırlılık, sonsuzluktaki bir sınırlı-
lıktır. Her varlığın sınırı kendi ilahi iradesidir. Sınır ancak
anlayış için gerekli bir sözcüktür. Sınır gereklidir. Çünkü
hiçbir irade diğer iradeye müdahale edemez etmemelidir.
Ederse, nizam ve düzen bozulur. İrade, sırdır. Her varlığın
kendi sırrı, onun varlık iradesidir. İradesi olmayan, varlık
da olamaz. İrade, varlığın, görünende sureti, görünmeyen-
de sıretidir.

60

İlmin bilişi, ancak Yakîn manasındadır. Ayn görüşü yani gönül görüşü, Yakîn manasındadır. Hakk'a varış ise ancak Yakîn manasındadır. Hiçbir varlık Yakîn olmanın dışında bir yaklaşma yaşayamaz. Ancak yaklaşır. Tamamen göremez, bilemez ve ulaşamaz, varamaz. Yakın olma durumu, yörüngelerin birbirini fark etmesi ve ahenk içinde vazifelerini yerine getirmeleridir.

Kudümzenbaşının Devr-i Veledinin bittiğini ikaz eden vuruşları ile neyzenbaşı kısa bir taksim yapar, ayin çalınmaya başlar. Semâzen üstündeki siyah hırkayı çıkararak, sembolik olarak, hakikate doğar. Kollarını bağlayarak bir (1) rakamını temsil eder. Böylece Rabbin birliğine şahitlik eder.

Batın olan, gizli olan, görünmeyen, her rakamın ondan oluştuğu ancak onun sayısal değerinin hiç olan Zero, yani Sıfır. Sıfır noktası, görünmeyende hiçliktir. O'nun temsilidir. Hiçlenme yani mim olma durumudur. Secde halidir. Secdede yaratılan, hiçliğe, yokluğa varır. Bir, sıfırdan yansıyan ve görünen âleme vücud olan tekliğin yansımasıdır. Bir tek bir yansımadır. Bir olarak, tek olarak yansır. Vahidiyetin simgesidir. Tektir, bütündür ve en büyük olandır. Eliftir. Sıfır noktadır ve tüm çizgilerin kaynağıdır. Nokta elife vücud verir ve Elif kâinatta varoluşunun ifadesidir.

Semâzenler, tek tek şeyh efendinin elini öperek izin valır ve Sem'âya başlarlar.

Semâ, her birine Selâm adı verilen dört bölümden oluşur. Semâzenbaşı tarafından idare edilir. Semâzenbaşı, Semâzenlerin dönüşlerini kontrol ederek intizamı temin eder.

# TEVHİD SIRLARI

## I. Selâm, insanın kendi kulluğunu idrak etmesidir.

İnsanın kendini bilmesi, kâinattaki yerini bilmesi, neden varolduğunun amacını idrak etmesidir. Bedenden ibaret olmadığını, bedenin, ruhi öteler ile arasında bir sınırlılığı teşkil ettiğini, Varlıkların ve Ruhi tesirlerin ortak alan oluşturarak "insan" varlığının kâinatta varoluş olarak yansımasını ifade eder.

## II. Selâm, Allah'ın büyüklüğü ve kudreti karşısında hayranlık duymayı ifade eder.

"Ne yana baksan O'nun yüzü oradadır." Kutsal Kur'an-ı Kerim, Bakara Suresi, 115. Ayeti, bu durumu çok iyi açıklayan bir ayettir. O'nun her yere, her şeye, her zerreye sinmişliğin, her zerrede olduğunun en büyük kanıtıdır. O her yerdedir, her şeydedir, her zerrededir, büyüklükte ve zerrededir. Küçüklük aslında büyüklüktür. Ve insan bu büyüklüğü gönlünün incisinde taşır, o gizlenmiştir ve ta ki insan onu farkedene kadar. İşte o inci, parlayan ışık, vicdan, Âlemlerin Rabbine kadar uzanan hiyerarşik bir silsilenin yoludur. Ve gök engebeli, kıvrımlı yollarla kaplıdır. İnsan tesirlerle kaplıdır, her türlü tesir ile irtibat ve haberleşme içerisindedir. İşte bunun farkedilmesi, bunun uyanıklığına varılması insanı hayrete düşürür. Büyüklük karşısındaki enginliğin farkına varması, uyanması hayrettir.

## III. Selâm, bu hayranlık duygusunun Âşka dönüşmesidir.

Kıyam halidir. Dirilme, bedenin içinde nefsin ölmesi, ruhi tesirlerin yer bulması, bedenin tüm hücrelerinde titreşmesi ve ilahiliğin açığa çıkmasıdır. Tam bir iman halidir. Her hücrenin, her zerrenin, ilahi Âşk ile dopdolu olması ve Âşkın gönülden yol bularak, ruha yönelmesidir. Sevgi sınırına dayanmasıdır. Yaratıcının sevgisi ile bedenli kulun Âşkının buluşma noktasıdır. İşte bu sınır birbirleri ile ahenk oluşturarak, İnsan-ı Kâmil denilen insanın arzdaki halife olarak varoluşunun ifadesidir. Yaratıcının, yaratma eylemindeki amacına ulaşma halidir. Varlığın Âşk ile buluşması, Âşk ile yanması, Âşk olması halidir.

**IV. Selâm, insanın yaratılıştaki vazifesine dönüşüdür.**

Vazife insanı olarak arzda yerini yeniden almasıdır. Arz âleminde en yüce makam kulluk makamıdır.

Ayakların insanoğlunun başının üzerine doğru yükselmesi ve dünyanın hiçbir etkisinden etkilenmeme, hırslarının esiri değil, onları yöneten olmak, egosunu kontrol eden ve her şeyin üzerinde yer alan hal durumu, tam bir iman, görmeden görebilme, duymadan işitebilme yetilerinin gönülden aksetmesi ve açığa çıkmasıdır. İşte insan bu tam kullukta, ilk yaratılış gayesine amacına ulaşmış olur. Halife olarak arz âlemlerine inen ve türeyen insanoğlunun, yaratılış amacına ulaşma halidir. Yüzü rabbe dönük, tam bir bilmeye yakın, ayn bakışına yakın ve Hakka'a yakın duruma gelme halidir.

**V. ve Son Selâm** başlaması ile şeyh efendi de hırkasını çıkarmadan ve kollarını açmadan Sem'âya girer. Postundan

Sem'â meydanının ortasına kadar dönerek gelir ve yine dönerek postuna gider. Buna Post Sem'âı denir.

Son Selâm biter, son Peşrev ve Son Yürüksemai çalınmıştır, son taksim yapılmaktadır. Şeyhin posttaki yerini almasıyla Son Taksim de sona erer ve Kur'an-ı Kerim'den bir bölüm Aşr-ı Şerif okunur. Son dualar, Hu nidaları ile son Selâmlaşmalarla Sem'â Töreni sona erer. Şeyh Efendiden sonra Semâzenler ve mutrıp da şeyh postunu Selâmlayıp semahaneyi terk ederler.

# BENLİĞİN DÖNÜŞÜMÜ VE MİRACI KAVRAYIŞI

> "Bu dünyada boğaz derdine düşenler, sadece yemeyi, içmeyi düşünenler öküzleşirler, eşekler gibi ölürler!" / Hz. Mevlâna Celâleddîn-i Rûmî, Divan-ı Kebir, c II, 972.

Hz. Mevlâna kelâmların birçoğunda "eşek" tabirini çokça kullanmıştır. Bu eşek olarak bahsettiği, sadece yemeyi, içmeyi düşünenler yani nefsine hâkim olamayan, dünyanın çekim alanından kendini kurtaramayanlar, hatta kurtarmak için hiçbir gayret sarf etmeyenler içindir. Aslında benzetme yapmak için kullandığı "eşek" tabiri aslında hayvansal bedenin tabiridir. Hayvansal bir bedenim vardır çünkü beden tamamen topraktan, balçıktan yaratılmış bir maddesel organizmadır. Bedeni beşer yapan ise aklıdır. Yani sadece boğaz derdine düşenlerin ise aklını kullanmayan hayvansal bedenden daha fazlasını keşf edemeyenler için

kullanmıştır. İşte onlar topraktan gelirler, toprağa döner-
ler ve yine oradan çıkartılanlardır. Bu ifadeyi açıklayan bir
ayet vardır. Kutsal Kur'an-ı Kerim, Araf Suresi 25. Ayetinde
"Orada yaşarsınız ve orada ölürsünüz ve oradan çıkarılırsı-
nız." Vahyedilmiştir.

> "Oysa Yücelerden gelen yücelere gitmek ister." / Hz.
> Mevlâna Celâleddîn-i Rûmî, Divan-ı Kebir, c III 1585.

Hz. Mevlâna burada şunu önemle vurgulamaktadır.
"Yücelerden gelen yücelere dönmek ister" dememiştir. "Yü-
celere gitmek ister" diye vurgulamıştır. Çünkü yücelerden
gelen yoluna devam eder ve yücelere gider sözü ile hiyerarşi-
nin, bir tekâmülün, gelişmenin önemini ortaya koymuştur.
Oysa Kutsal Kur'an Kerim Araf Suresi 25. Ayetinde bahse-
dilen ise "orada yaşar, ölür ve oradan çıkarılırlar" demekle,
gelişmeyen, gelişmeye gayret göstermeyenlerin, döngüle-
rinden ve dünya çekim alanından kurtulamayan ve uyana-
mayanlar için oradan çıkarılırlar ile tabir edilmiştir.

Hz. Mevlâna Divan-ı Kebir kelâmlarında, "balçık yur-
dundan kurtuluşu" açıkça ifade eder. "Bir ağacın dalı yüce-
lerden geldiği için yücelere doğru yükselir" diye tabir eder.
Kendisinin de yücelerden geldiğini, mekânsızlık âleminden
gelip, balçığa saplandığını ve zamanı gelince de oradan tek-
rar yücelere yol alacağını vurgulamaktadır.

> "Ben, ne diye bu balçık yurdunda, aşağı, yukarı de-
> yip duracağım? Benim aslım, benim yerim mekânsızlık
> âlemidir. Ben herhangi bir yerin ehli değilim. Nereden,

neyi tanımışım ki!" / Hz. Mevlâna Celâleddîn-i Rûmî, Divan-ı Kebir, c III 1585.

Hz. Mevlâna -aşağı yukarı- tabiri ile dünya içindeki gelişimden bahsetmektedir. Arzın insanları olmak başka, yücelerden gelerek dünyada insan görünümünde olmak başkadır diye tabir etmektedir. Aşağı yukarı diye bahsettiği, arza tabi olan insanların tekâmüllerinden ve gelişmelerinden bahseder. Çünkü herhangi bir arza tabi olan insanlar, ancak aşağı yukarı bir gelişim göstermektedirler. Ve uyanışları da yukarı ile tabir olunur. Tamamen benliğin döngüsünden kurtulmak, arzın çekim alanından çıkmak ise tekâmül etmiş olması, İnsan-ı Kâmil haline gelmesi ile mümkündür. Bunun için tam bir uyanışın gerçekleşmesi gerekir ki, insanın önce hayvansal bedenini görmesi, tanıması, aklını kullanması, nefsini terbiye etmesi, kendini bilmesi, Rabbini bilmesi ile mümkündür. Çünkü Rabbini bilmeyen, Rabbine yaklaşmayan için tekâmül söz konusu değildir. Bu yüzden yüzbinlerce kere yaşam boyunca bir arpa boyu kadar aşağı ya da yukarı gitmesi bile mümkün olmayacaktır. Ancak yemeden içmeden öteye geçemeyen bir hayvansal bedene sahip olacaktır. Ta ki, aklını ve gönlünü bir edene ve Âşk yoluna ulaşana kadar devam edecektir.

❦

Arapça bir kelime olan ikrebu, Kutsal Kur'an-ı Kerim, A'lak Suresi 19. Ayetinde geçmektedir. Karib olmamız beklenir bizden. Yani Yaklaşmamız. "Secde et ve yaklaş". Eğer bu yaklaşma yok ise, tekâmül de söz konusu değildir. O zaman sadece hayvansal bedeninde yaşamını sürdüren ve sadece nefes alanlar olarak varolmaya devam edilecek ve topraktan toprağa döngü sürecektir.

Oysa yaklaşma meselesi, Rabbin tanınması ile mümkündür. Eğer Rabbe yaklaşılmışsa ve Rab bilinir olmuşsa işte o zaman "Benliğin dönüşümü ve Miracı" gerçekleşebilecektir.

Hz. Mevlânanın en çok bahsetmeye çalıştığı benliğin dönüşümü ancak ve ancak Rabbe yaklaşma ile gerçekleşebilecektir. Bu hal ise, çok uzun, çok zor, meşakkatli ve tedricen olacak bir terbiye, belâ ve imtihanlar silsilesince gerçekleşebilecektir.

İnsanoğluna her türlü bilgi bahşedilmiştir. İnsanlık tarihine bakıldığında yaklaşık üçmilyon yıldır dünya üzerinde bulunmaktadır. Ki bu da bilim adamlarının tespitleri doğrultusunda bir bilgidir. Zamanını kimse gerçekte bilemez. Milyonlarca yıldır dünya üzerinde yaşayan insanoğlu, hala sadece dünya insanı olduğunu kabul ediyor, hayvansal bedeninden bir adım daha öteye gidemiyor ve aklını kullanamıyor ise, bu gerçekten "eşekçe" bir durum olarak tabir edilir Hz. Mevlâna tarafından. Bu konuya daha komedi tarzında aslında acı bir gerçeği vurgulayan Nasreddin hocada da görmekteyiz.

Nasreddin hoca fıkralarında önemli bir mesele vardır, dillerden düşmeyen misallerinden. "eşşeğe ters binme" durumu. Neden eşeğe ters binmiş? Bize ne anlatmak istemiş olabilir.

Aslında orada çok önemli bir sır var, hayatla ilgili. Her şey geçip gidince "haaa" diyoruz ya. Yaşamadan hep endişe ve tetikteyiz, yaşanıp bitince, her şey hayrına olmuş boşuna endişelenmişiz diyoruz. Yani her şey geçip gidince anlıyoruz tüm olup biteni, önceden göremiyoruz. Önümüzü göremiyoruz. Hayat bir araç, vasıta, sebep(arapça anlamı ile) ve biz de ona 180° konumundayız.

Suyun akışına engel olabilir miyiz? Ya da tüm gün oturup suyun akışını izleyebilir miyiz? Bırakalım hayat her şeye rağmen aksın gitsin. Sorgulamayalım her saniyeyi. Biz hayata 0° konumda olmayı başarabilelim. En yakın mesafede. Sırtımızı dönersek, nasıl haberimiz olacak olan bitenden. Geçip gittikten sonra ne faydası var ki. Artık biraz dönmeliyiz hayata. Bakış açımızı değiştirmeliyiz. Ne zıt, ne de tam sorguda olmalıyız. Hem uyumlu ve daima kendini gözlemleyerek, hayatı gözlemleyerek yaşamayı başarabiliriz. Zıt olmayalım artık hayatla. Güneşe dönmeyelim sırtımızı. Bırakalım yüzümüz güneşi de görsün, hatta gözlerimiz kamaşsın güneş ışığı ile. Yansın, ölelim ki tekrar doğalım yeni bir realitede. Bastırmayalım o iç sesimizi. Duymayalı ne kadar zaman oldu ki. Bırakalım var gücüyle bağırsın artık içeriden. Konuşsun bizimle. Nerede ne yapıyoruz anlatsın. Nerede yanlış yaptık. Olsun bir dahakine doğruyu yaparım diyebilelim.

Elli kere yanlış mı yaptık. Olsun! Her hata doğruya götürür bizi adım adım. Hata yapmadan nasıl doğru yolu bulabiliriz ki. Kendimizi küçümsemeyelim. Biz kâinatız, biz her şeyiz. Hayat eğrisiyle doğrusuyla bizim önümüzde, tam karşımızda, hayatı yaşamaya tüm güzelliğiyle devam edelim.

Burada eşek tabiri ile nefsten bahsedilmektedir. Nefs tersine işleyen bir durumdur. Hep tersine gitmektedir çün-

kü düz tarafa gitse, o zaman hayatın rengi bambaşka ola-
bilirdi. O zaman nefsin kölesi değil, nefsi köle eden ve bir
amaç uğruna kullanan imtihanlar içinde gelişimine yukarı-
ya doğru yücelere doğru olan bir insan olabilirdik.

İşte nefsine köle olanlar için Kutsal Kur'an-ı Kerim,
A'lak Suresi, 15. Ve 16. Ayetlerinde "Vazgeçmeyenleri per-
çemlerinden yakalar sürükleriz. O yalancı ve günahkar per-
çemlerinden." vahyedilmiştir. Ayetin devamında, "yalancı
perçem" ifadesi çok çarpıcıdır. Yalancı perçem olarak bah-
sedilen ise, alındır, alındaki algı merkezidir, beynimizdir.
Çünkü o sadece yalan olanı görmekte ve algılamaktadır.
Gördüğünü gerçek zanneder ve bu durumdan vazgeçmezse,
sürüklenir, sürüklendiği yer ise, ait olduğu arzdır arzın tüm
çekim alanına tabi olan ve vazgeçemediği kölesi olduğu nef-
sidir. İşte bu insanlar yalan dünyayı gerçek zannederek, sa-
dece nefsin kurbanı olaraktan, karınlarını şişirerek bir hayat
sürenlerdir diye bahsedilir.

Oysa bu durumdan kurtulanlar, kurtulmaya çalışanlar
için, kalp makamını açan, gönlündeki zenginlikleri açığa
çıkarabilen, erdem enerjisinden beslenen ve tüm olgunluk-
ları ile mana mekânlarından soluyan ve dünyayı da bu gö-
nül gözü ile yorumlayan bir insan gelişmeye doğru yol alır.
Hz. Mevlâna bu yola Âşk yolu der. Ve Âşk yoksa hayvansal
bedenden öteye geçemez diye önemle vurgular.

"Rabbinden zafer, yakın bir fetih." Kutsal Kur'an-ı Ke-
rim Saffet Suresi, 13. Ayeti ile yücelere yol alan insan olur.
İşte bu aşamada gerçek anlamda tekâmül etmeye başlamış-
tır. Tekâmülün o muhteşem enerjisini solumuştur. Tekâmül
yoluna girmiş, Âşkın görkemi ile donatılmış ve Rabbini

bilerek, Rabbine yaklaşarak bir fetih oluşturmuş, yalancı perçeminden, yani algısından kurtulmuş, tüm arzın etkisini bertaraf etmiş, sürüklenmeyen ancak ilerleyen bir insan olmuştur. "Benliğin dönüşümü ve Miracı" ancak arz etkisinde sürüklenmeyen, yalancı algısından kurtulmuş, kalp ve gönül zenginliğin ve manevî hayatın görkemi ile muhteşem güzelliklere dalan ve bedenini bu mana zenginlikleri ile doldurarak ve yayarak tekâmülünü ilerleterek gerçekleştirir. Mirac, insanın kendini geliştiren ve tekâmül etmesi için bir plana ve programa dâhil olan Rab mekanizmasını tanıması ve onunla burun buruna gelmesi ile mümkündür. Ancak bu, yaklaşma ile olmaktadır. Yaklaşma yoksa, tekâmül de olmayacak, Mirac gerçekleşmeyecek ve benliğin dönüşümü olmayacaktır. Dünyanın döngüsel çarkına dâhil olacak, topraktan toprağa döngü devam edecektir ta ki gerçekten "yaklaşma" olana kadar. Peki bu Mirac ve benliğin dönüşümüne nasıl erişilebilir.

Kutsal Kur'an ayetlerinde sıkça geçen kavramlardan, Arapça "Yevm" gün demektir. Arapça "Yevmu" bugün anlamındadır. "Külle yevmin" her gün anlamındadır yani çoğul olarak kullanılır. Arapça "Yevme" ise gelecek günler için kullanılır. Fakat gelecek zamanın, bilindiğini hatırlatmak için açıkça yapılan bir uyarı niteliğindedir. Kutsal Kur'an-ı Kerîm'de, Arapça "yevme" kelimesi kıyamet gününde olanları anlatmak için kullanılmıştır ve hatırlanması icap olunur. Yani unutulmaması gereken bir durumdur. Müminin daima hatırlaması ve unutmaması, yani uyanık kalması ona sürekli hatırlatılmıştır.

## HZ. MEVLÂNA FELSEFESİNDE KAVRAMLAR

Hatırla kelimesi bir uyanıklığı da beraberinde getirir. Zaten mevcut olan bilginin tekrar açığa çıkması, beyindeki merkezlerin çalışır hale gelmesidir. Buda bize kuantum evreninde, her şeyin her şeyle etkileştiği, kâinatın bir zerresinde meydana gelen bir değişikliğin, aynı an saniyesinde tüm evrende bilindiği, yayıldığı ve tüm zerrelerin atomların an saniyede birbirleriyle haberleştiklerinin doğrulanmasıdır. Bilim adamlarının yaptığı sayısız çalışmalarda, bir atoma yapılan müdahalenin tüm atomları etkilediği, kâinatın her noktasında aynı an saniyede bilindiği ve haberleşildiğini görüyoruz. Kuantum evreninde, her şey bilinir olmaktadır. Bu da insan olsun, gezegen olsun, taş ya da yıldız olsun hiç farketmez, her şeyin özünde bilinen bir gerçek vardır ve o daima hatırlanmaktadır. Fakat sadece insan unutmuştur. Ona çağrı yapılmaktadır. Hatırla çağrısı.

Hatırlayabildiğin oranda, her hayatta bir hatırlama ve toplam geldiğin tüm hayatlardaki hatırlama seni ulaştıracak olan dönüş yoludur. Seni dönüşe, benliğin dönüşümüne ulaştıracaktır tüm hatırlamalar. Bunun için tekrar tekrar doğarsın. Her doğum ve yaşam sana hatırlamaları da beraberinde getirir. Her hatırlama bir hayattır, ya da her hayatta hatırlamaların toplamı seni tekâmüle erdirecek olan yola sevk edecektir.

"Ey yardım dileyenlerin yardımcısı, bize hidayet ver."
/ Hz. Mevlâna Celâleddîn-i Rûmî, Mesnevi cilt 1, 3895.

Hz. Mevlânanın duası, hidayet verilmesi üzerinedir.

## TEVHİD SIRLARI

Kutsal Kur'an-ı Kerim'in, Türkçe çevirilerinde bahsedilen "doğru yol" kavramının gerçek anlamı hidayettir. Hidayet, henüz ölmeden, yaşarken Rabbine yaklaşma ve ulaşma yoludur. Eğer bu yola girerseniz, daha bedenliyken, henüz ölmemişken, henüz ruhunuz bedeninizdeyken Hakka yani, Âşka ulaşırsınız. Emanet olarak üflenen ruhun, tekrar aslına dönmesidir. Bunu ancak bedenliyken olmasıdır.

"O, dilediğini ulaştırır." Kutsal Kur'an-ı Kerim, Bakara Suresi, 142. Ayet

Dilediğini manası çok derindir. Çünkü dilediğini demek yani dilemenin manasını taşır. Ona ulaşmak için önce dilemek gerekir. Yani söz ile gönül sözü ile yürek sözü ile kalben dilemenin manası vurgulanmıştır. Bunu ancak kalp gözü açık olanların yapacağı vurgulanmıştır. Dilediğini ulaştırma manası, apaçık bir delildir. Deliller bıraktık sözünün doğrulanmasıdır. Deliller bıraktık demesi ve bunu ancak akıl sahibi olanların yapacağı vurgulanmıştır. Akıl yani kalben ve zihnen ulaşılacak bir anlayış ve idrakten sonra oluşacak bir şuur halidir. Bu ancak bedenliyken yapılabilecek bir durumdur. Çünkü ancak madde enerji ile irtibat kurabilen bir ruhun, dünya hayatında iken, kendine emanet edilen ruhun aslını hatırlamasıdır. Hatırlamasıdır.

Sadece İslam dininde ve kutsal kitabında değil, birçok felsefik dinlerde ve kitabi dinlerde de hidayete ermek, ölmeden önce Allaha ulaşmak manası vurgulanmıştır. Özellikle Budizmde "nirvanaya ulaşma" en üst merhaledir, dünya yaşamında ulaşılacak en son anlayış ve idrak boyutudur. Ruh, tekrardoğuşlarla ulaştığı hatırlamaların etkisiyle, bir daha dünyaya doğmamak üzere yolculuğuna başka boyutlarda ve âlemlerde devam etmesi anlamındadır. Eğer dünyaya bir daha gelmek gerekirse bir alim, ermiş ya da yol gösterici olarak bedenleneceği manasını taşır. Nirvanaya ulaşmak ise, tekrardoğuşlarla mümkün olabileceği gibi, en son hayatta da bir hayat içinde edinilen tekrardoğuşların manasının hatırlanması sonucunda da olabilmektedir.

Hristiyanlıkta "Melâkuta girecek olanlar" diye bahseder. Melâkut, Tanrının Bahçesi, yani Tanrının Hükümranlığıdır.

> "Bu sözlerin yorumunu bulan ölümü tatmayacak. Fakat Melekût hem içinizdedir ve hem dışınızdadır. Kendi kendinizi bilince, o zaman bileceksiniz!. Ve siz, Diri Baba'nın oğulları olduğunuzu bileceksiniz. Lakin kendinizi bilmezseniz, o zaman fakirliktesiniz (yoksulluktasınız) ve bu yoksulluk, sizsiniz!" / Hz.İsa. Thomas İncili

Burada "diri babanın oğulları" kavramı, bize emanet olarak üflenen ruhun bizde olduğu manasını taşır. Çevrim olarak çeşitli manalar ilave edilip, yanlış anlaşılmalara maruz kalmıştır. Ruhundan üflemek kavramı, çok derin bir manadır. Asla doğurmamış olan bir Allahın oğlu olamaz. "Bileceksiniz" emir kipi olarak belirtilen kelime ise, hatırlayacaksınız manasını taşır. Ancak kalben buna iman etmenin üzerinde bir sırrı nur anlayışı ile ulaşabilen ve çağrıyı duyabilenler Melâkuta erişebileceklerdir.

Mistiklerin yolu ise, Rabbi yani Allahı mistik yorumla, dilsiz yolla arama çalışmalarıydı. Her dinin içerisinde aracı olmadan Allaha ulaşma yolu seçildi. Hz. Mevlâna C.Rumi, Yunus, Hallacı Mansur, H.B.Veli ve binlercesi, hidayete ulaşmayı dilediler ve henüz bedenliyken Âşka kavuşmanın, Hakka kavuşmanın, ruhlarını ölmeden Allaha ulaştırmanın hidayetine erebilmiş kimselerdi. Bıraktıkları eserlerde, bir kaç kelime sarfetmeleri, o kelimelerin ne kadar titreşim alanlarının yüksekliğini göstermekte ve bir cümle ile başlı başına eserler meydana getirebilecek durumdaydı. Hz. Mevlânanın şeb-u arus kavramı, karanlığın aydınlığa kavuşması, gecenin gündüze kavuşması, sevgiliye kavuşma yani düğün günüdür. Ve ölümü düğün günü olarak kutlanır. Çünkü Hz. Mevlâna zaten yaşarken ölmüş, Âşka erme yoluna erişmiş bir yücedir.

Şifre, anahtar bellidir, herkes yürekten iman üstü dileği ile gönül ve Âşk yoluna erebilecek, ulaşabilecektir. Herkes ayrıdır, herkesin şuuru, aklı bir değildir, kalbi aynı değildir, herkesin zihninde bir Tanrı şekli vardır ve neye ulaştığından ancak kendi sorumludur. O inandığı ve zihninde yüreğinde yarattığı ilah anlayışı ile ne kadar manaya yaklaşabilmişse, Gerçekliğin dairesine en yakın mesafede olabildiği sürece yükselişi devam edecektir.

Büyük bir çoğunluk hatırlamama yolundadır. Boş şeylerle gününü geçirmekte ve ne olduğundan habersiz yaşamakta yani uykuda kalmayı tercih etmektedirler. Oysaki hatırlama için dilemek gerekir. Kalben ve yürekten!

Tüm Peygamberler, Veliler ve Kutsal Kitaplar, kutsal sözler, tekâmülün nasıl olduğunu, ne olduğunu hatırlatmışlardır. Fakat nasıl olacağını asla anlatmamışlardır çünkü, herkes bunu kendisi, kendi kalbinin mana denizini keşfederek gerçekleştirebilir. İnsanoğlu, hala insanoğlu olarak kalmayı tercih etmekte ve uykunun nahoş ve dünyanın sarhoş eden haleti ruhiyesinden memnun mesut yaşamaktadır. Midesini dolduranın zihnini de ancak midesi kadar olan işler meşgul edebilecektir. Yarı aç olanların zihinleri daima "neyi hatırlayacağını" bilme ile meşgul olacaktır. "Sofradan yarı aç kalkınız" demiştir İslam Peygamberi Hz. Muhammed. Çünkü midesi ile meşgul olan neyi hatırlayacağını asla bilmez, ona kutsal kitabı okusanız, tüm Velilerin kürklerini de giydirseniz hatta yutturusanız da fayda vermeyecektir. Çünkü boş yeri yoktur. Tamamı dolu olan bir bardağın neresine ilave edebilir, bir şey doldurabilirsiniz.

Zihni boş bırakmak çok önemlidir. Dolu bir mide ile boş bir zihin mümkün değildir. Her şey makul olmalı ve gerektiği kadar oluşturulmalıdır. Firavunluk ve deccaliyet noktası ise, kendini bilme yolunda edinilen bilgilere sıkı sıkı tutunma ve o bilginin enaniyetini yani egosunu şişirmesiyle, ağırlaştırmasıyla ve üzerine dünya tesirlerini de yüklemesi sonucunda ağırlaşması, ruhi bakımdan şişman boyutuna gelmesi ile oluşmuştur. Onlar arafta kalanlardır. Ne ileri gidebilirler ne de geri. Hz. Mevlânanın bahsettiği gibi, arz insanı bir aşağı bir yukarı hareket eder derken bundan bahseder.

Yunus Emrenin, 40 yıl boyunca dergâhına düzgün odun taşıması, onun hatırlama yolunda attığı adımlar olmuştur. Aynı zamanda Hz. Mevlâna "geçtiğim tüm mertebelerde bu Türkmen Yunusun ayak izlerini gördüm" demesi, karşılaştıklarında ise, ateşin ateşe söyleyecekleri vardır demesi bunun göstergesidir. Habib-i Neccar'ın, İsa'nın gönderdiği havarileri görerek, mesleği olan elindeki işi bırakıp koşarak, Hak yolunda sözler söylemesi Yasin Suresinde apaçık anlatılmaktadır. Çünkü kimin ne olduğunu hiçbir zaman anlayamayız. Basit bir demir ustası iken birden bire eren bir veli konumuna geçebilir. İlim sahibi olur ve o ana kadar cahil biri iken birdenbire hiç umulmadık aydınlık veren cümleler sarfedebilir.

İlmi zarar için öğrenen münafıktır, ilmi insanları istismar etmek için öğrenen asidir, ilmi insanları tekâmül etme için öğrenen ve öğreten ise sadıktır, sadıklardandır.

> "Âşksız geçen ömrü sen ömür sayma, onu hiç hesaba katma! Âşk ab-ı hayattır. Onu canla ve gönülle kabul et!" / Hz. Mevlâna Celâleddîn-i Rûmî, Dîvan-ı Kebîr, c. III, nr. 1129.

Yaşam ve ölüm, yan yana yürüyen yoldaşlardır. Yaşam ve ölüm aslında ikiz kardeştir. Her nefes alışımızın bir sonrakini alamayacağımız ihtimali ile yürürüz hayat yolunda. Yaşam bize sunulan bir seçenektir. Sonsuz ve bilgelik ruhun, maddeye olan sevdası, Âşkı ve bilgisini tatbik etmek için yaşam bize sunulan en büyük seçenektir. Bir olanaktır. Yaşam kâinattın en büyük mucizesidir. Oysaki, ölüm ile yaşam aynı çizgide paralel ilerler. Doğum ise yaşamı açılan bir giriş kapısıdır. Doğmak, ruhun bir seçeneğidir. Maddeye olan nüfuzudur, maddeye dokunmak ve onun bilgisini alabilmek için kendi enerjisinin titreşimini düşürerek ulaştığı nihai noktadır. Doğum yaşama ve ölüme açılan bir kapıdır. Doğum mucizevî bir gerçekliktir. Çok büyük bir zenginliğin, bir fakirliğe geçişdeki karar aşamasıdır.

Yaşam ise, fakirlikteki en büyük zenginliktir. Çünkü ruhun en ince seviyedeki muazzam enerjisinin, kabalaşarak, atomla buluşmasıdır. Ruh ve maddenin birlikteliğidir yaşam. İkisinin de hayal edilemeyecek ve düş kurulamayacak derecede alışverişidir. Alış verişdir, ne biri diğerinden üstündür, ne de diğeri öbüründen alçaktır. Her ikisi de kendi özlerinde muazzam enerjiler ihtiva eder (taşır). Her ikisinin de sonsuz kudreti ve bilgisi mevcuttur. Ruh ve madde birlikteliği yaşamın enerjisini meydana getirir. İki muazzam enerjinin birleşiminden, alışverişinden, ortaklığından, yaşam enerjisi meydana gelir ki, en büyük güç ve kudret yaşam enerjisinde oluşur.

Yaşam ve ölüm, sınırları belirlenmiş iki paralel yoldur. Siz yaşam yolunda yürürken, aynı zamanda ölüm yolunda da yürürsünüz. Bir ayağınız yaşam yolunda, diğer ayağınız ölüm yolundadır. Yaşam ne kadar güzel ve inanılmaz ise, ölüm de aynı güzellikte ve inanılmazlıktadır. Bize ölerek yok olacağımız öğretildiği için, ölümü korkulacak olarak görürüz. Oysa ölüm korkulacak bir durum değildir. Çünkü her öldüğümüzde dönüşler ona olacaktır. Kendi ruhumuza, aslımıza, Rabbimize.

Oysaki yaşam ruh ve maddenin organizasyonu ve ortak alışveriş noktasıdır. Alışveriş diyorum çünkü bilgi alışverişi muazzam noktadadır. Her ikisi de bu alışverişden katkı sağlar. Yaşam bize verilen en mucizevî andır, dokunuştur ve bu mucizeyi hissetmek ve alışverişi yapmak üzere, doğum anı gerçekleşir. Ve artık ölüm yoluna tamamen geçene kadar, yaşam bize sunulan en güzel seçenekler bütünüdür. Yaşam, kâinattaki en muazzam ortamdır, zemindir. Bunu en güzel şekilde değerlendirmek, yaşamı doya doya yaşayarak, tatbik etmek ve her nefesimizi şükr ederek geçirmek gerekir.

Kâinatta, birçok yaşam platformları (zeminleri) mevcuttur. Her biri, ruh ve maddenin alışverişinin ortak kombinasyonudur. Her birinde, seçenekler sonsuzdur. Hatırlama ise, gelişime ve olgunluğa bağlıdır. Maddenin çekim enerjisi öyle kuvvetlidir ki, sonsuz güce sahip olan ruhun misafirliğini yaparken, ona hayal edilemeyecek kadar bir unutmayı da sunar. Ruh, madde alışverişindeyken, ne olduğunu unutur. Çünkü maddenin çok muazzam baş döndüren bir enerjisi vardır. Kafa karıştırır, hayal ettirir, düşler kurdurur ve zemin hazırlar. Madde ortamı, madde atomu, kendi bütünlüğü içinde muazzam enerjisi ile çeşitli oyunlar tertipler, yaşamda kazanılacak bilginin seçimlerini sunar. Bu seçimlerde ruh kendi özündeki bilgiyi, ışığı yansıtmaya çalışır. Fakat maddenin enerjisinden etkilenir ve bu alışveriş her zaman şöyle sürer. Ruh kendi özünü, madde işbirliğindeyken unutur, unutmalıdır ki, yaşam layıkıyla yaşanabilmelidir. Yaşamı layıkıyla yaşamak için, ruh ne olduğunu unutmalıdır. Kanunlar böyle işler. Ruh ancak, madde işbirliğinden koptuğunda, ölüm anı gerçekleştiğinde, kendinin ne olduğunu anlayabilir ve tekrar doğmak için sonsuz seçenekleri değerlendirir.

Madde ve ruh ayrılamaz bir ikilidir, paraleldir, ikisi de yücedir ve ikisi de sonsuzdur. Bir üstünlük ve bir önderlik yoktur. İkisi de her bakımdan eşittir. Bu alış verişin ilk kapısı doğumdur.

Yaşam, doğulduktan sonra madde ile temastır. Bir seçenektir. Kâinatın en büyük mucizesidir. Yaşama layık olarak, her anını değerlendirmeli ve seçeneklerimizi çok iyi kullanmalıyız. Ta ki bu yoldan vazgeçene ve ayrılana kadar. Ölerek yok olmadığımız gibi, yaşayarak da ölmüyoruz aslında. Eğer yaşamda bir ölüm var ise, ruhun maddeye doğmasıyla da ruhsal planda ölmüş sayılmalıyız. Yani sürekli ölümler mevcuttur. Yaşamda ölmek ruhsal plana, ruhsal planda ölmek yaşama açılan geçişlerdir. Ölüm bir yok oluş değildir, tekrardoğuşun ana gayesidir. Başlı başına bir geçiştir. Doğmak kadar ölmek de bir mucizedir ve bunu inkâr ettiğimizde, korktuğumuzda aslında aslımızı da inkâr etmiş oluruz ve aslımızdan da korkmuş sayılırız.

Yapmamız gereken, doğarak mucize gerçekleştiğinde, yaşama dört elle sarılarak, aslımızdan da uzaklaşmadan, ilahi iradenin yasalarına tabi olmamızdır. Yaşam bizim seçenekler bütünümüzdür. Yaşam bizimdir, yaşam diri olandır. Doğum, yaşam ve ölüm kâinatın nefes alış verişidir, kalp atışıdır, onu ne durdurabiliriz ne de inkâr edebiliriz. Eğer bu nefes alış veriş biterse, kâinat da yok olur, kâinat diye birşey kalmaz. Yaşamı, doğumu ve ölümü inkâr eden, kendini, aslını ve yüce yaradanını da inkar etmiş olur. Çünkü bunlar ilahi irade yasalarıdır, yüce enerjinin dönüşümüdür, kalp atışıdır, nefes alışıdır, sonsuz bilginin alışverişidir.

Doğum, yaşama açılan mucizeye tanıklık etmektir. Ölüm ise, tekrar bu mucizeye tanıklık etmek için, bir süreliğine yaşama hoşçakaldır.

Her doğum, yaşam ve ölüm, bir süreçtir ve kâinatın çok küçük bir sırrıdır, ilahi yasadır, ilahi enerjinin bize ne kadar yüce olduğunun bir kanıtıdır ve her daim diri olduğumuzun hatırlatılmasıdır.

## TEVHİD SIRLARI

"Her nefs sahibi kul, ölümü tadacaktır." / Kutsal Kur'an-ı Kerim, Ali İmran Suresi, 85. Ayet

Her nefis sahibi kul, her beden sahibi kul, ölümü tadacaktır tabaka tabaka başka duruma uğratılacaktır, derece derece değiştirilecektir, yükseltilecektir. Ta ki insan olana kadar, insan olduğunda ölmeyecektir, artık o diri olacaktır. İnsan diridir. Oysa nefs sahibi canlılar yani biz dünyada yaşayanlar ölümlüyüz. İnsan olma yolunda ilerleyen, kademe kademe gelişen ve terbiye gören canlılarız. Nefs sahibiyiz. Seçme özgürlüğü ve irade. İşte insandaki nefs budur. Seçme özgürlüğünü ve iradesini kullanabilen insandır. Neyi seçerse ona meyleder iradesi oranında buna tabi olur. Buna halk arasında kader deniyor, başka bir deyişle de yaşam planı. O dengeyi yaratmak için tüm çaba. Her şey insanın içinde yani ruhunda gizlenmiştir. Tüm sır budu. Bunu herkes bilir, tüm canlılar bilir, tüm yaşayanlar, yaşayacak olanlar bilir. İşte hatırlamak için çabalıyoruz. Ne vakit ki hatırlayacağız, işte o zaman ölümü tatmayacağız.

"Sen'in ab-ı hayatına dalan kişi, ölüm tehlikesinden korkar mı?" / Hz. Mevlâna Celâleddîn-i Rûmî, Divan-ı Kebir, c IV 1882.

Hz. Mevlâna, Sen derken burada insanın öz benliğinden Rabbinden bahsetmektedir. Rabbine yaklaşan için ölüm tehlikesi korkulacak bir durum değildir. Hz. Mevlâna için ölüm bir tehlikedir. Her nefs sahibi kul demek, Hz. Mevlânaya göre Âşk yolunda olanlar, ölümü tadacak, derece derece yükseltilerek, asıl gayesi olan en mükemmele erişinceye kadar, ona şah damarından daha yakın Rabbi tarafından kollanacak, terbiye edilecektir. Ve bu her daim elifle yani görünmeyen enerji Âşkla kutsal emanet olan ruhu taşıyan gemi ile (beden) olacaktır.

Âşk yolunda olanlar, Âşk ile dopdolu hayat yaşayanlar için ölüm sadece tadılacak bir haldir.

Kıyam etme, uyanma, ne olduğunu bilme, kendini kaybettiği yerde arama ve kendini bilme zamanı çok yaklaşmıştır. Bu da ancak şok etkisiyle gerçekleştirilebilecek bir durum olmaktadır. Çünkü insanlar, son Nokta olmadan, uçurumun eşiğine gelmeden bir araya gelerek ne olduklarının farkına varamayacak durumdadırlar. Şimdiye kadar gelen tüm bilgiler insan içindi ve insanlık içindi, fakat hiçbiri gerçek değerinde anlaşılamadı. Kıyam zamanında, uyanma zamanında, her bilgi gerçek değerine, layık olduğu anlama ve yoruma kavuşacaktır. O zaman çok yaklaşmıştır.

"Bırak da, imanını, inancını gönlünde sakla! Çünkü gönül, aynı zamanda iman yurdudur." / Hz. Mevlâna Celâleddîn-i Rûmî, Divan-ı Kebir, cI, 122.

İman sevgilinin yüzünü gönül gözü ile görmektir. İman, sevgilinin yüzüdür Hz. Mevlâna için. Yapılacak en doğru şey, imanla hareket etmektir. Çünkü ne akıl, ne kalp hissiyatımız bizi bir yere götürememiştir. Her ikisinde de yanıldık, hata yaptık. Oysaki imanla hareket etmek, doğru şekilde iman ederek yaşamak farklı şeydir. İman etmek, kayıtsız şartsız ne olduğunu bilerek, kendinin ne olduğunu bilmek, Rabbini bilmek ve sonsuz yolculuktaki amacı anlayabilmektir ve bunu dünya yaşamında layıkıyla aktarabilmek ve eyleme dönüştürebilmektir. Bu yetiye sahip olabilmek için, bir şoka ihtiyacımız bulunmaktadır. Fiziki kıyam ya da şuurlarda oluşacak bir kıyam ile kendimizin ne olduğunu anlayabileceğiz.

"Benim Âşkla, imanla kükreyişim!" / Hz. Mevlâna Celâleddîn-i Rûmî, Divan-ı Kebir, cIV 2110.

İman bir Âşk ateşidir Hz. Mevlânaya göre. İman etmek, hiçbir dinle yada öğretiyle bir arada tutulmamalıdır. İman her şeyin ötesinde, tüm dünyasal ve maddesel değerlerin ötesinde, öğrendiğimiz tüm bilgilerin ötesinde üstün bir anlayıştır. Anlayıştır ve kavrayıştır. Bu ancak ve ancak, göremediğimiz bir değere, görmeden sahip olmaktır. Görmeden bilmektir, görmeden inanmaktır, şuurlu inançtır. Körü körüne inanç değildir. Tüm kalple ve tüm benlikle yapılan bir inançtır. Bilme halidir. Bir balığın suyun içindeyken, dış dünyadaki varlıklardan haberdar olma durumu gibi. Bir balık, alışkanlığı ve yaşam biçimi olan sudan çıktığı zaman yaşamını yitirebilir. Ancak o balık, hava şartlarına uyum sağlayabilecek bir duruma gelirse yaşamını devam ettirebilir. Bu da, sahip olduğu solungaçlarının değişime uğramasıdır. Değişmesine izin vermesidir. Bu binlerce yıl alabilecek bir zaman gerektirir. İşte iman o zamanın en minimuma indirilmiş halidir. Her yerde ve her şartlarda nefes alınabileceğinin hatırlanmasıdır.

O hatırlanma gerçekleştiğinde, su üzerinde de yürünebilir, ateş insanı yakmayabilir ve dağlara yürü dendiğinde dağlar size itaat eder. Bu ancak ve ancak iman ateşiyle gerçekleşecektir. İman ateşiyle yanarken, dünyasal hiçbir ateş sizi yakamayacaktır.

❦

İmanın gücü, en büyük, en kutsal Âşk ateşidir. Bakmaksızın görmek, duymaksızın işitmek, öğrenmeksizin bilmektir. Bizden gayri birşeyle temas ettiğimiz an, tüm evrenin ruhuna dokunuyoruz. Temas edilen her Nokta tüm evrenin ruhuyla bütün! Görebilen gözlerimiz olmadığı için bir taşı yere bırakıyoruz, işte o an tüm kâinatın sonsuzluğundaki her zerre ile temas etmiş oluyoruz. İşte Noktadaki sonsuzluk budur. Tek bir Noktadan sonsuzluğa uzanan elif gibidir her şey. O Noktaya dokunduğunda, tüm kâinata dokunursun. O Noktaya nasıl dokunursan, tüm kâinata öyle etki edersin ve sana aynen yansır.

Vah vahlarla ömür tüketmeyi bırakıp neler yaptığımızı bir görebilsek. Nelere nasıl dokunup nasıl yansıdığını bir anlayabilsek, işte o an, o saniye değişirdik.

Keşke bir saniye için bile olsa, bir saniye için bile olsa, şu dünya insanlığı neler yaptığını, nelere etki ettiğini bir görebilseydi, her yaptığı hareketin, davranışın, sözün ve düşüncenin evrenle bütünlüğünü kavrayabilseydi ve geri dönüşünü görebilseydi. İşte o an kıyam eder uyanırdı. Ve fizik kıyama şuna buna hiç gerek kalmazdı.

Keşke bir saniye için bile olsa, tüm evrenle nasıl bütün olduğumuzu görebilseydik ve bunu idrak edebilseydik, önemsiz gibi küçük bir Noktanın ne kadar değerli olduğunu anlayabilseydik. Sonsuz kâinattaki önemsizliğimizi ama ne kadar değerli oluşumuzu kavrayabilseydik.

İnsan tek başına bi çaredir, beyhudedir, insan insanın gülüdür, goncasıdır. İnsan insanın hamurudur yoğurduğu. Yoksa tek başına hiçbir şey değil, bir hiçtir. Herkes bir hiç kuludur. Kimi yol açar, kimi o yoldan gider, kimi yol olur, kimi o yolda çakıl taşları. Hepsi de aynıdır.

Hiçliği kabul etmek madde dünyasında ağırlığa, ruh dünyasında hafiflemeye sebebiyet verir. Hiçliği kabulleniş madde dünyasında varken yok oluşa, ruh dünyasında yokken varoluşa sebep olur. Hiçliği kabul eden, göğe yükselecek sebepleri tek tek keşfeder ve madde dünyasında ağırken ve yokken, ruh dünyasında sonsuzluğa yükselir.

Kuantum Felsefesine konu olmuş hatta derin manalar içeren bir masal vardır. Hepimiz biliriz "Alice Harikalar Diyarı"nda. Elbette hep çocuklara anlatılan masallardır ama büyüklere çok daha derin manalar aktarır. İşte oradan bir kaç kesit:

Alice'ye yapması gerekenler söylenince, şiddetle karşılık verir. "Bu benim rüyam. Yolumu ben kendim çizerim".

"Alice kaybolan kedi ile karşılaştığında "Bazen o kadar gerçeksin ki, bunun bir rüya olduğunu unutuyorum."

Alice, kendisi için zaten önceden var olan efsanenin gerçekleşmesinden sonra kraliçenin verdiği iksiri aldı ve "Bu beni evime götürebilecek mi"? Kraliçe "Yeterince güçlü istersen. EVET!"

# HZ. MEVLÂNA FELSEFESİNDE KAVRAMLAR

Alice harikalar diyarında, tırtılın kendisine "elveda Alice, belki bir gün görüşürüz, başka bir hayatta."

Alice kendi dünyasına döndüğünde, omzuna konan kelebeğe "Merhaba" dedi.

Alice Harikalar Diyarında en çarpıcı durum şuydu.

Tırtıl soruyor: Sen kimsin.

Alice: Ben Alice'yim.

Tırtıl: Sen doğru Alice misin?

Bu replikte anlatılmak istenen, rüyanın gerçek kahramanı olan Alice misindir? Doğru zamanda, doğru mekânda bulunan Alice misin? Çünkü Eğer doğru Alice isen, yolunu kendin çizerek, zaten baştan beri var olan, bilinen bir efsanenin gerçekleşmesini sağlayacaksın. Doğru Alice isen, gerçekten rüyanın içinde uyanarak kendi gerçekliğini göreceksin. Eğer doğru Alice isen, hatırlayacaksın. Yapman gerekenler zaten senin içinde. Doğru Alice isen, yapman gerekeni biliyorsundur ve bu sonu gerçekleştirmeden, uyanmadan buradan çıkış yok. Doğru Alice isen, kendi rüyanda uyanıp, gerçek dünyada gerçek uyanışa yelken açabileceksin.

Acaba hepimiz doğru Alice ler miyiz?

"Hüküm verilen de sensin, hüküm veren de sen! Gelecek zaman da sensin, geçmiş zaman da sen! Öfkelenen de sensin, razı olan da sensin! Andan ana Çeşit çeşit görünüyorsun. Aslında her şey senindir, her şeyi sen yarattın!" / Hz. Mevlâna Celâleddîn-i Rûmî, Divan-ı Kebir, cIII, 1384.

## TEVHİD SIRLARI

Gelişimin, erdemliğin, zirveye çıkışın ve bilgilerin kullanılır olma zamanı olan Yeni Çağdayız. Belki ilk basamaklarındayız, sadece biliyor ve hissediyoruz fakat bu söylediklerimizin yaşanır olma durumuna da adım ve adım yaklaşmaktayız.

Hiçbir şeyden etkilenmememiz mümkün değildir. Nerede olursak olalım, tüm insanların tüm dünyayla olan irtibatı hızlanmış, haberleşme en zirve noktalara gelmiş durumdadır.

Fakat bu durumun bizi yanlızlaştırdığı, insanların birbirine ne kadar yakın da olsa uzaklaştırdığı da bu çağın handi kaplarından birisidir. Her ne kadar bu durum mevcutsa da, Yeni Çağ'ın getirileri her canlının kapısını çalmış ya da çalma durumundadır.

Dünyaya gözlerimizi açtık, çocuktuk, büyüdük genç olduk, hayata atıldık, orta yaş, yaşlanma derken hayatımız bir film sahnesinden kareler gibi geçti gitti. Yaşam tamamen bundan mı ibaret? Yoksa bizim gerçekten bilmediğimiz daha çok şey mi var?

Büyüdükçe uysallaşıyor mu insanoğlu yoksa büyüdükçe arttığından istekler daha mı hırçınlaşıyor hayat. Yani bizim eğitim dediğimiz şey aslında bilge mi yapıyor bizi yoksa eğitimle fikir kölesi mi yapıyorlar bizi.

Bilgi yüklenmesi demek istiyorum ben buna. Yüklenme. Doğru şekilde, doğru zamanda kullanılmayan her şey yük olmaya başlıyor. Çocukken hırçındık. Çünkü hiçbir şey bilmiyor öğrenmeye, tanımaya, bilmeye doğru adımlar atıyorduk. Her düşüşümüz bizi hırçınlaştırıyor, her ayağa kalkışımız da zorlanıyorduk. Çünkü öğrenecek ne çok şey vardı seçeneklerimiz sonsuzdu. Yardıma ihtiyacımız vardı, hatta muhtaçtık da.

Büyüdükçe, öğrenmeye olan açlığımız biraz daha boyut değiştirir oldu. Daha farklı bilgiler edinir olduk. Fakat bu "edinmeler" daha sonra bizde yük olmaya başlayacaktı. Kullanamadığımız her şey bizde yük hatta kambur haline gelecek ve biz onları hayatımızda taşımaya başlayacaktır.

Büyüdükçe mi uysallaşıyoruz? Yoksa çocukken mi uysaldık?

Çocukken mi hırçındık, yoksa büyüdükçe, her geçen gün ağırlaşan yüklerimiz mi bizi hırçınlaştırıyor.

Bu soruların cevabını birey birey her birimiz kendimiz cevaplayabilir ve her cevap ortak yönler taşısa da yine farklılık oluşturacaktır. Çünkü biliyoruz ki, Yeni Çağ'da bütünlükten bahsetsek de, çeşitlilikteki bütünlüğün farkındayız. Çeşitlilik, bütünlüğü meydana getirmektedir. Eğitim sisteminde artık yavaş yavaş yerleşen, bireye göre öğretim sistemi, işyerlerinde bireye göre iş pozisyonlarının ayarlanması daha önem kazanmaya başladı. Çünkü herkesin kendine göre bir kapasitesi ve anlayış durumu mevcuttur.

Her insan, her birey, farklı görür ve farklı işitir. Herkesin anlayışı daha farklıdır. Bakış açısı, anlayış kapasitesi, görme ve işitme melekesi yani yeteneği farklılık arz eder. Bu durumun yerleşik hale gelmesi ve genelleşmesi hırçınlığın biraz daha ötesine geçecektir.

Benliğin dönüşümünü yakalamak, ancak kişinin kapasitesinin doğru değerlendirilmesi ve doğru yönlenmesiyle mümkün olabilecektir.

Bizi hırçınlaştıran duygular, kıyas, yetinmeme, umutsuzluk, korku gibi kavramların, bilinçaltımızda yerleşik düzeyde olması ve büyük bir oranla yer işgal etmesinden kaynaklanmaktadır. Çünkü hırçınlık hissi, ardından öfke, gerginlik ve gereksiz stres durumlarını da beraberinde getirir. Günlük yaşantımızda sık sık karşılaştığımız durumlardan biridir bu aslında. Evde, okulda, işyerinde, mecliste, toplum içerisinde sürekli tartışmalar, öfke ve kavgalara şahit olmaktayız. Bu aşırı yüklenmelerin getirdiği, gereksiz durumlardır.

Hırçınlık, hoşgörüsüzlüğü ortaya çıkaran bir durumdur. Hırçınlık cahilliğin bir göstergesidir ve eğitimsiz bir egonun dışa vurumculuğudur. Çocukken ne kadar saf ve temizdik ve duygularımızı bilmeden sarfedebiliyorduk. Oysaki büyüdükçe artan yüklerimiz bizi daha farklı hırçınlıklara sevk etmektedir. Çocukken hırçınlıkla, büyüdükçe artan hırçınlığın kıyası yapılacak olursa ikisi birbirinden hem farklıdır hem de benzerdir. İkisi de bilgisizlik ve eğitimsizlikle ortaya çıkmaktadır. Hırçınlık, eğitilmemiş sarfedilen kontrolsüz duygular ve egodan kaynaklanmaktadır.

Oysaki ego eğitimi ve aşırı yüklerin farkına varılması ve bireyin kapasitesini doğru yönlendirmesi ve benliğin dönüşümü yakalamasıyla "hırçınlaşmasını" bir nebze olsun kontrol altına alması mümkün olabilecektir. Bu da elbette, tedricen yani yavaş yavaş, zamanla, doğru bilgi ve kullanımı, doğru bakış açısı, benliğin dönüşümü yakalayabilme, görme ve işitme ile mümkün olabilecektir. Anlayışın gelişmesi, olayların seyrinin takibi, farkındalığın ve iç sesin duyulması ile daha iyiye doğru gidebilecektir.

Hırçınlaşma hissinin ancak yetinme duygusunun geliştirilmesi ile giderilmesi ve hayat boyu sürecek olan kendini bilme çalışmaları ve farkındalık düzeyinin geliştirilmesi ve elbette doğru eğitim ile olabilecektir.

Kıyas, 'yetinmeme duygusunu' oluşturur, dolayısıyla da nefreti besler. Sürekli kıyaslanan insan, zamanla kendinden üstün hissettiği kişilere karşı özel taktikler geliştirir ve bu zarar veren boyutlara kadar ulaşır.

Çocuklarımıza, sahip oldukları ve olacakları, her türlü yetenek, düşünce, hayallerinin ancak kendileriyle kıyaslanarak arttırılmasına teşvik edilmeli. Yoksa bak o sana göre daha zayıf, daha güzel, daha akıllı, daha çalışkan, daha yetenekli, o şu notu almış sen niye alamadın vs. gibi sürekli kıyaslamalar, ileride çok büyük zararlar verecek boyutlara ulaştırabilir.

"Unutma, sır gibi seversen eğer, muradın gerçekleşir. Çünkü tohum toprağa gizlenirse yeşerir." / Hz. Mevlâna Celâleddîn-i Rûmî.

Hz. Mevlânanın sır gibi sevmenin açığa çıkarabileceği en büyük enerjisel boyut budur. Bu içsel yoğunlaşmanın en büyük örneklerinden biridir. Her ne yapıyorsan, sağ elin bildiğini sol el bilmeyecek. Şahit olmayacak. Eğer şahit olursa, o zaman yaptığına bir başka varlığı da karıştırmış olursun. Oysaki senin bildiğin ile yaradan arasında bir sır olarak kalacaktır ve takdir yine yüce yaradanındır. Fakat ortak yani eş koyarsan, şahit koyarsan araya, o zaman yaptığının çok fazla bir değeri de kalmayacaktır. Çünkü yaptığın manevîyata, bir başka düşünce de karışmış ve bir bakıma da kirlenmiş olacaktır.

"iyilik yap, denize at, kimse bilmese Mevlam bilsin", "dualarını kimselerden uzak sessizlikte icra et", "ibadetini gizli yap" atasözü de bunu desteklemektedir.

Yapılan iyiliklerin hesabını ancak Mevlaya bırakalım, takdiri ondan olsun, insanı şahit koyarak başka düşüncelere maruz kalmasına da engel oluruz. Çünkü yüksek benliğimiz, Rab, bize şah damarımızdan yakındır, başka şahide gerek yoktur. O zaman da yapılanın şiddeti pozitifliği daha da artan boyutta, bize kaderi durum olarak geri dönecektir ve etkisi daha büyük olacaktır.

> "Göklerin anahtarları elinde olan sevgiliden sana hususi bir anahtar ihsan edile." / Hz. Mevlâna Celâleddîn-i Rûmî, Mesnevi 6.cilt 100.

Her kilit mükemmeldir. Her anahtar mükemmeldir. Fakat her anahtar her kilide uymayabilir. Bu onların mükemmelliğini bozar mı? Hayır bozmaz. Sadece birbirlerine uygun değillerdir.

Bu durumda da herkes haklıdır ve herkes eşittir.

İşte kilide ait olmayan anahtarla zorlanırsa ya anahtar kırılıyor ya da kilit zarar görüyor. Uygun kilit ile anahtarın bir araya gelmesi de sanırım bir mucize gibi. Buna da ruh ikizi ya da birbirleri için yaratılmış insanlar deniliyorlar. Herkes kendi kilidini ya da anahtarını bulabildi mi gerçekten bilmiyoruz. İdareten mi yoksa gerçek mi zaman ilerledikçe ortaya da çıkabiliyor. Bazıları da belki, o kilidi ya da anahtarı uydurabilmek için birtakım törpüleme yoluna gidiyor, kenarlar yumuşatılıyor, uygun hale getirilmeye çalışılıyor.

Örnek vermek gerekirse, kötü insan, iyi insan yoktur. Size göre çok kötü olan başka biri için mükemmel bir eş ya da dost olabilir. Birkaç kişi için siz kötü karakterli ya da işe yaramaz olabilirsiniz ama başka birileri için harika bir dost ve eş olabilirsiniz. Seçenekler sonsuz. Bu yüzden kimseyi yargılamamak gerekir. Herkes olduğu gibidir. Sadece bize uygun değildir ama uygun olmadığı için yargılanmamalıdır.

Ruh eşi eşleşmesi yapılsa sanırım fazla denk düşmez birbirine kimse. Çünkü sayı denk değil, o yüzden kilitler ve anahtarlar hep törpülenmek ile hayata devam ediliyor ya da kilitler bozuluyor ya da anahtarlar kırılıyor ya da yıpranıyor vs. Dünyanın hali en güzel örnek. Karmaşa, boşanma, kavga, gürültü. Bir sürü yalnız anahtarlar ve yalnız kilitler.

Kimi gökyüzüne ulaşıp ışık hızıyla hareket eder ve arar tüm kâinatta Yaradan'ını. Kimi de kalbine yolculuk eder orada keşfeder âlemleri.

Her iki yolculukta da sonsuz âlemler ve kâinatlar vardır. Sonsuzlukta bir nokta olmaktadır işte insan. Bir noktadır noktacıktır tüm kâinatı özünde muhafaza eden ve aynı zamanda hiçleşen.

Kalpten giden yol ile gökyüzüne açılan yolun tam ortasında bir noktadır. Aşağısı da yukarısı gibidir, yukarısı da aşağısı gibidir, küçük daire büyük daireden her daim büyüktür.

Kaybettiğimizi bildiğimiz karanlık yerde mi? Yoksa aydınlıkta mı? Hangisi doğru yer? Kaybettiğimiz anahtarı nerede arıyoruz? Karanlık ve aydınlık bir bütün de, göreceli algılamamız mı bizi yanıltıyor? Anahtarı her yerde mi aramalıyız? Yoksa balçığa batmış bedene bürünmüşün içinde mi?

Hz. Mevlânanın değişi ile kilidim ve anahtarım benim kendi Varlığım mı?

"Ey benim varlığım, ey benim yokluğum; ey benim öfkem, razılığım; ey benim gerçekliğim, gösterişim; ey benim kilidim, anahtarım!" / Hz. Mevlâna Celâleddîn-i Rûmî, Divan-ı Kebir, cIV 1853.

Kilit de anahtar da biz olduğumuz için bir yerde aramamalıyız. Bizahiti kendimiziz. Kendini bilen Rabbini bilir gelişir diye söylenir. Aslında şifre verilmiş bize. Biziz.

Anahtar iyi bir semboldür. Kilitlere uyan kapıları açan anahtarlar olduğu gibi, her kalbin de bir anahtarı vardır. Ulvî âlemlere açılan nice kapılar vardır, kalp kapıları. Kalp kapısının ulvî anahtarını bulmaktadır bütün mesele.

O ulvî anahtarı bulan ve kalbindeki giriş kapısını açan, nice dünyadan gelmiş geçmiş Peygamberler Veliler, ermişler ve yüceler vardır dünya nimetleri boş ve anlamsızdır onlar için.

Elbette o ulvî anahtar ile kalp kapısını açabilenler bu hikmete erişebilirler.

Anahtar kendini bilmektir. Anahtar kendini bilmek aşamasından sonra ulaşılacak iman gücüdür.

Elimize bir anahtar verilmiş ve her kapıyı onunla açmaya uğraşıyor, çabalıyor, bazen başarıyor bazen hüsrana uğruyoruz. Çoğu kez de o anahtarın dişlileri bozuluyor ve elimizdekinden de oluyoruz.

Oysaki bize anahtar verilmedi.

O anahtarın dişlilerini değiştirecek ve her kapıyı açabilecek formül verildi.

Ama kullanmayı bilmiyoruz. Daha doğrusu bundan haberimiz bile yok.

Dünyanın tüm olumsuzluğuna rağmen, bizi ayakta tutabilecek ve yaşam sevinci olabilecek "yüksek moral"e ihtiyacımız var. "yüksek moral" kaynaklarından uzak durmayalım. Yüksek moral kaynağı olabilecek, beyinsel titreşimlerin anahtarını açalım.

Biz o anahtara sahibiz. Hatta o anahtarın dişlilerinin yerini değiştirecek güce de sahibiz. Sadece farkında değiliz. Yüksek moral seviyesi ile erişilebilecek ilk basamaktayız.

❦

Diyorlar ki "öldükten sonra". Ölümden sonra ne olduğu, ancak doğmadan önce ne olduğu ile bağlantılı. Doğmadan önce nerdeysem, öldükten sonra da orada olacağım. Baş ve son aynıdır. İşte tüm düğüm orada çözülmekte.

Orada uyudum, burada rüyadayım, burada rüyada uyanıp, asl"da gerçekte uyanacağım. Burası sadece benim maddesel ortamdaki vizyonum ve gerçekliğim. Sadece bir yansıma.

Sevgi nerde sadece yazılanlarda ve dileklerde kalıyor. Uygunlara, uyanlara ise gıpta ile bakılıyor.

# TEVHİD SIRLARI

Dünya planetindeki zengin hayat çeşitliliği, belki de yüzlerce gezegene yetecek niteliktedir. Oysa hepsi tek bir gezegende bizim gezegenimizde bir aradadır. Her canlı organizma birbirleriyle ilişki içerisinde yaşamlarını sürdürür. Çünkü buna ihtiyaç duyar. İhtiyaç duyma bittiği anda başka bir boyuta geçiş yapmıştır. Biz buna dezenkarne yani ölüm diyoruz.

Özlemek bizim gezegenimize mahsustur. Giden özlenir. Çünkü buna ihtiyaç duyulur. Oysaki, tüm insanlarda gerçek bilgi mevcut olsaydı, özleme ihtiyaç duyulmayacaktı. Çünkü bilinecekti ki o sadece başka bir hayata tekrar bedenlenmek üzere geçiş yapmıştır.

Bilgi okunuyor ya da hafızada tutuluyor olması başka, yaşanması başkadır. Bilgi'nin tüm hücrelerimizde ve dna mızda kodlanmadığı müddetçe, çanta gibi yanımızda taşıdığımız bir nitelik olarak kalacaktır.

Bu yüzden yeniçağ'da, bilgi biliniyor değil, yaşanıyor olacaktır. Tüm dna mızda mevcut olacaktır. Bu yüzden şimdiki doğanlar bu DNA kodlarıyla doğuyorlar. Gerçek bilgilerle yaşayacak olanlar, işte onlar'dır.

Biz dünya insanlığı, doğum ve ölüm gerçeğinden başka herhangi bir gerçekle karşılaşamadık.

Çünkü henüz ölüm gerçeğini bile kabullenmemiz ne kadar güç. Ölümü bile yok olma, kaybolma, yitip gitme olarak algılıyoruz. Oysaki doğum ve ölüm de aynıdır. Sadece yüklediğimiz anlam ve mana, zihinlerimizdeki şekillenmesi farklıdır. Oysaki enerji boyutunda ikisi de aynıdır. Biz ölüm meleği olarak azrail'i tanıyoruz fakat o hem doğum hem de ölüm meleğidir. Bir sistemdir doğum ve ölüm mekanizması. İkisi de bir dir ve bütün'dür.

Dünya üzerinde bilgi'nin yaşanır ve tatbik edilir bilinç düzeyi birçok kereler yaşandı ve her seferinde yeniden sanki başa dönüldü ve yeniden aşama kaydediyor, her seferinde yeniden öğreniyoruz ve keşfediyoruz. Bunun nedenini anlamak zor. Sanırım artık Yeni Çağda bunun neden'i bilinir duruma gelecek.

Tüm bilgiler ortaya çıkacak ve her şey bilinir olacak. Tüm neden'ler ve nasıl'lar bilinir olacak ve tüm sorulara cevap niteliğinde bilgileri bize şimdi çocuk olarak yetiştirdiğimiz güzel varlıklar bize sunacaklar.

En önemli soru şu gerçek bilgilerle tanışmaya hazır mıyız? Tüm mevcudiyetimizle ve tüm benliğimizle yaşamaya hazır mıyız?

"Ben cemâdâttan idim, öldüm. Yetişip gelişen bir varlık, nebat oldum. Nebatken öldüm, hayvan suretinde zuhur ettim. Hayvanlıktan da geçtim, hayvanken de öldüm de insan oldum. Artık ölüp de yok olmaktan niçin korkayım? Bir hamle daha edeyim, insanken öleyim de melekler âlemine geçip kol kanat açayım. Melek olduktan sonra da ırmağı atlamak, melek sıfatını da terketmek gerek. "her şey fânîdir, helak olur. Ancak o"nun hakîkâtı bâkîdir. Bir kerre daha melekten kurban olur da, o vehme gelmeyen yok mu? İşte o olurum. Yokolurum, suretlerin hepsini terk ederim de erganun gibi "biz, mutlaka geri döneneriz, ona ulaşanlarız" derim. Ümmet bunda ittifak etmiştir. Karanlıklarda gizli olan âb-ı hayat yok mu? Ölümdür o. Irmağı gördün mü, testiyi ırmağa dök gitsin; su, hiç ırmaktan kaçar mı? Testinin suyu ırmağa karıştı mı, yok olur ırmakta, ırmak kesilir gider. Kendi vasfı yok olur da zâtı ölümsüzlüğe kavuşur; artık bundan böyle

TEVHİD SIRLARI

ne azalır, ne pislenir." / Hz. Mevlâna Celâleddîn-i Rûmî,
Mesnevî c: 3, b: 3902.

Öldüğümüzde önemli olan tek şey, ölmeden önce ne
yaptığımızdır. Nasıl yaptığımız tamamen bize kalmıştır. Fakat
ne yaptığımız ve bunu yaparken neler hissettiğimizdir.
Bizler "ne" lerin nasıl olacağının arayışı içindeyizdir aslında
yaşarken. Nasıllar bize verilmediği için el yordamıyla,
düşe kalka, kör karanlıkta, yolumuzu bulmaya çalışırız. Ve
sonuçta ne yaptığımız çok önemlidir. Fakat nasıl yaptığımız
tamamen bize kalmıştır.
Bize "ne" ler yeterince verilmiştir. Her türlü ne sorusuna
cevap verebiliriz. Ancak nasıl sorusuna cevap vermemiz
oldukça güçtür, işte bu ne sorusuna cevaplara ulaşmak için,
nasıl sorusuna cevapları kendimiz bulacağızdır.
Yaşam ve ölüm iki gerçek bilgi. Doğuyoruz ve ölüyoruz.
Ne sorusuna cevap yaşam ve ölüm ise, nasıl sorusuna cevabı
kendimiz arayıp bulacağızdır.
Nasıl doğuyoruz ve ölüyoruz amacımız nedir sorusuna
cevabımızı kendi anlayış çerçevemizde arayarak bulacağız.
Arayışlarımız sonsuz kere sonsuz sayıda devam edecektir.
Ancak şunu diyebilirim ki, doğum ve ölüm aslında bizim
anlayışımıza uygun olarak gerçekleşir. Kimbilir belki de
doğmadan ve ölmeden geçiş yapabilmenin yollarını arayabiliriz.
Doğum ve ölüm birer kapı ise, bu kapının bu kadar
net ve kesin olmaması, daha farklı bir geçiş imkânının olması
içindir belki de tüm yaşam amacımız. Doğduğumuzda
her şeyi unutuyor ve öldüğümüzde her şeyi hatırlıyorsak,
bu geçişi biraz daha bilgili hale getirerek, daha yumuşata-

rak, kapıyı biraz daha aralık bırakarak yaşamın amacını anlayabilmemiz mümkün olabilecektir. O kapı biraz aralık kalırsa, doğum öncesini ve ölüm sonrasını da bilebilmemiz mümkün olacaktır. Görünmeyen görünür olabilecektir. Unutmadan, hatırlayarak hareket edecek ve yaşamımızı daha bilgi seviyesinde, daha yüksek amaçlar uğruna devam ettirebileceğizdir.

Benliğin dönüşümü, KA'yıb zaman yolculuğunda mistik bir ilerlemedir. Mistik bir yolculuktur. Varlığın anlaşılmasına dair. Küçüklükteki büyüklüğün nedeninin anlayışına, idrakine varmadır. Her mistik yolculukta, her hatırlamada, KA'yıblıktan kurtuluş, öze varıştır. KA'yıb olmaktan, öze gidilen bir yolculuktur. Zamanda yolculuktur. KA'yıblığın gerçeği anlaşıldığında, bulunulan zeminden ayrılıştır. Başlangıçtaki kapıya geri dönüştür. Daha anlayışla, terbiyeyle yapılan geri dönüştür. O kapıdan tekrar yeniden başlamadır. Her başlangıç, sona ermedir, her son yeniden bir başlangıçtır. Sonsuz döngünün, devriâlemin mistik bir yolculuğudur, benliğin dönüşümü ve miracıdır. Her çizgide bir nokta, her noktada bir sonsuzluktur. Fakat o sonsuzluktaki hiçliktir. Hepliğin ve hiçliğin bir aradaki bütünlüğüdür, birliğin anlaşılmasıdır. Her KA'yıblıktan kurtuluş hatırlama, hatırlama ise, benliğin dönüşümü ve miracı ile yücelere erişmedir. Hatırlama gerçekleştiği sürece de yaradılış amacı da bir nebze olsun anlaşılabilecektir.

# CENNET VE CEHENNEM KAVRAYIŞI

"Seninle beraber bulunmayınca, ben cenneti bile istemem." / Hz. Mevlâna Celâleddîn-i Rûmî, Divan-ı Kebir, c. II, 1062.

"Varlık âlemine yokluk güneşinin nurunu düşür de, herkesi cennet nimetlerini istemez ve cehennem ateşinden korkmaz bir hale getir." / Hz. Mevlâna Celâleddîn-i Rûmî, Divan-ı Kebir, c. II, 1066.

"Kâmil İnsan, hiç kandırılabilir mi? Gayb âleminden, ötelerden kendisinin duyduğu anlatılamaz yüce zevkler, dünya zevklerinden de ahiret zevklerinden de çok üstündür. Onu merhamete getirmek, cehennem azabıyla korkutmak yahut ona cennetleri vaadederek hürilerle, gılmanlarla kandırmak da imkânsızdır." / Hz. Mevlâna Celâleddîn-i Rûmî, Divan-ı Kebir, c. IV, 1634.

"Sen hem cennetsin, hem cehennem, hem de kevser havuzu." / Hz. Mevlâna Celâleddîn-i Rûmî, Divan-ı Kebir, c IV 1634.

Şöyle düşünelim, tüm bu yaşadıklarımız, tüm olanlar, bilinen tarihsel tüm seri olaylar, yaşamamız gereken dünya hayatı değilse. Başka bir hayatımız vardı da biz onu değiştirdiysek ve olmaması gereken birşeyi yaptıysak. Neden ve nasıl'ın cevabı bizden alındı ise ve biz onu bulmak için bu hayatta yaşıyorsak. Ve tekrar sahip olduğumuz o gerçek bilgiye kavuşana kadar da bu böyle devam edecekse. Binlerce seçeneği olan hayatları, tekrardoğuşları "an"da yaşıyorsak. Henüz hazır olmadığı madde realite bilgisini almıştı bir kere. Yasaklandığı halde o seçme özgürlüğü iradesini kullandı ve kandırılarak (duygusal realiteye geçiş) dünyaya indi. Ölümlü dünyaya, savaşın ve düşmanlığın olduğu dünyaya.

Maddenin tüm gizemini ve nedenini çözdükten ve nasılı öğrenip başardıktan sonra tekrar ait olduğu hayata geriş dönüş başladı.

> "Ey âdem! Sen ve eşin cennette kalın. Dilediğiniz yerden yiyin. Fakat şu ağaca yaklaşmayın. / Kutsal Kur'an-ı Kerim Araf Suresi 19. Ayet

Âdem, tüm insanlığa kapsayan bir çokluğun, tekliğini gösteren, çokluktaki birliği gösteren bir semboldür. Dengeli ve çokluktaki birlik yani bütünlük sembolüdür. İnsanlığın sembolüdür çünkü, tüm insanlık Âdem'den üremiştir.

Âdem kâinatın tüm bilgisini, katmanlarını ve karmaşasını içinde barındırır. Ve şeytan kandırır, yasaklanmış meyve yenir ve cennetten, ölümler yaşanacak, birbirleriyle düşman olunacak olan dünyaya iniş gerçekleşir. Ve devam eder.

Âdemin inişi, ruhsal boyuttan insanlığın yaşam alanına irade özgürlüğüne girişinin temsilidir. Ruhsal beden iken, insani bedene sahip olma. Aslında bahsedilen insani bedende iken tüm organlar var, ama yasaklanan meyve yedikten sonra fark ediliyor. Yasak meyveyi koparmak ve yemek iradeyi temsil ediyor. Ve insanın "ilk örneği" oluşuyor. Aslında yasak meyve kopartılmıyor, çalınıyor. Çünkü yasaklanmış bir şey elde ediliyor. Orada yasaklanan ağaç ve yasaklanan meyve maddeyi temsil ediyor.

Maddenin en küçük yapı taşı olan atomu. Çünkü yasaklanan yendikten sonra, kutsal kitapta bahsedilen olay gerçekleşiyor. Yani Âdem-eşi, bir bedeni olduğunu ve mahrem yerlerinin saklanması gerektiğini görüyorlar. Fakat meyve yenmeden önce böyle bir durum yoktu. Onlar cennette ruhsal varlık yani süptil varlık olarak yaşamaktaydılar. Oysa yasaklanan meyve yenmesiyle maddeye yani insan prototipine dönüşüyorlar. Çünkü cennetteki hallerinin gerçekliklerinin (realitelerinin) dışında bir bilgiye sahip olmuşlardır. Bu kendilerine yasaklanmış olması demek ise, henüz tecrübeyi gerektiren bir durum olmasından dolayıdır.

Tecrübe ile gerekli olan realiteye geçmeleri henüz yasaktı. Fakat onlar seçme özgürlüklerini seçerek realitelerinin dışında bir bilgiye dâhil oldular ve bu yüzden başka bir gerçekliğe geçme zamanları geldi. Maddenin bilgisini edinen Âdem yani bütünsel varlık, eşi ile yani dualite dengesi olan eşi ile maddeyle içiçe olması gerektiği için, dünyaya gönderilmeliydi. Yani realite değiştirmeliydi. Burada yasaklanan meyve atom'dur. Atomun bilgisidir, maddenin Tanrısallığıdır. Ve insanoğlu, tüm arayışları ve nedenleri nasılları bulana kadar dünya hayatında belirlenmiş bir süreye kadar kalmaya ve "an"da tüm tekrardoğuşları yaşamaya devam edecektir. Cennetteyken yasak meyveyi yedik yani maddenin bilgisini aldık, tatbikat için aşağı yani dünyaya indik.

Savaşın ve düşmanlığın, ölümün dünyasına. Yakıtı taşlar ve insanlar olan dünya. Şimdi maddenin Tanrısallığı bilinir olacak ve tekrar ait olduğumuz yere dönüş başlamıştır.

"Onlar cehennemliklerdir. Orada ebedî kalırlar." /
Kutsal Kur'an-ı Kerim, Bakara Suresi 257. Ayet

Cehennemde ebedi kalmak, ruhunu arındıramayanlar, tekrar başlayan dünya hayatına devam edecekler anlamındadır. Yani kıyametten sonra, yani büyük tufandan sonra, yani her şey sona erdikten ve yeni bir hayat başladıktan sonra yeni kurulan her şeyin yeniden başladığı bir maddi hayata baştan başlamak anlamında. Bu hayat cehennem olarak tasvir edilmiş sembolize edilmiştir. Kutsal Kur'an ayetlerinde, Yakıtı insan ve taş ifadesine rastlanır. Burada yakıt olan insan ve dünya toprağı vurgulanır.

Yakıtı taşlar ve insanlar olan demek, güneşin çekim kuvvetine dâhil olan dünyanın, hayatının daimi demek. Yakıt aslında yanan anlamına gelmemelidir. Korkulacak ve ürkülecek bir durum yoktur. Biz de karbon moleküllerinden oluştuk ve vücudumuz oksijeni ve karbonu yakarak tüketmektedir. Besinler vücudumuzda yanarlar. Yakıt olarak görünen durum korkulacak bir durum olmamalıdır. Bu ayette tamamen dünya hayatı tasvir edilmektedir. Yakıtı insan ve taş olan. İnsan ve taş atomu aynıdır. Ve hepsi benzer moleküllerden meydana gelmiştir. Bu durum vurgulanmıştır. Cehennem hayatı, korkulacak ve ürkülecek bir durum değildir. Evet cehennemdeyiz! İsmi cehennem olarak tasvir edilmiş, gül bahçesi olarak da denebilirdi. Sonuçta herkes cehennemden geçecek bu anlamdadır.

Ruhsal varlık, maddenin bilgisini almak için, dünyaya yani sınav yerine, yani ıstırabın ve acının olduğu yere, yani yakıtı insan ve taş olan cehenneme, yani başka bir realiteye, yani savaşın, düşmanlığın ve ayrılığın, ölümün dünyasına doğacaktır. Bu dünyayı nasıl yorumlarsanız yorumlayın, fakat hiçbiri kötü ve menfi anlamında değildir. Tamamen pozitif ve bilgi tecrübe edinilecek bir durum dünyasıdır. Hayaldir, gerçek değildir. Gerçek hayatımız cennet hayatımızda olacaktır. Tüm bilgiler ve tecrübelerle ebedi hayatımıza geri döneceğizdir ve geri dönüş başlamıştır.

Cennete giremeyecek ve cehennemde ebedi kalacak olanlar ise, dünya hayatını layıkıyla yaşayamayan, belli bir farkındalığa erişemeyen, ruhsal tekâmülünü tam anlamıyla gerçekleştiremeyen ve eksik kalanlar tarafından olacaktır. Ebedi demesi ise, yeni başlayacak düzene tekrar bedenlenmeleri gerçekleşeceği ve tekâmül süreçlerinin devamı anlamındadır. Bizler hala anlayışımızı kaotik duruma getiremedik. Biraz daha farklı bakış açıları ile bakmak ve yüksek enerjili boyutlardan yorumlama ihtiyacımız vardır.

Başka bir bakış açısı da sunabilirim anlayışlarımıza yine uygun olarak.

Cennet denilen yerin ruhun olduğu, cehennem denilen yerin madde kâinatı olduğunu varsaysak. Cennet nasıl her şeyiyle mükemmel ise cehennem de bir o kadar korkunç bir yer olarak tasvir edilmiş olsa da, aslında bir ve bütün olan iki yerdir. Cennet de cehennem de birdir ve bütündür ve sadece cennetin cehenneme ve cehennemin de cennete olan ihtiyacı sonucu aralarında bir yaşamsal enerji alışverişi ve ilişkisi mevcuttur. İhtiyacı vardır. Cennet yani ruhun enerjisi ile cehennem yani maddenin enerjisinin birbirine ihtiyacı vardır. İkisi de birdir sadece titreşimsel enerjileri farklıdır. Kademe kademedir, geçiş halindedir. En üst zirve titreşimi ruh âlemi, en alt titreşim ise madde âlemi. Ve her ikisi de birbirinin enerjisi ile besleniyor ve birbirlerinin titreşimlerini etkiliyorlarsa. Çünkü ruhun tezahürü maddeye, maddenin tezahürü ruha ise ve birbirleri arasında bir alışveriş mevcut ise. Hiçbiri bir son ya da bir başlangıç değilse. Ruhsal âlemin sonsuz seviyedeki ince titreşimi, madde âleminin sonsuz seviyedeki kaba titreşimi ile etkileşim halinde olmak ise ve bunun için milyonlarca yaşam seviyesi meydana gelmiş ve oluşmuş ise. Ve biz kendi anlayış titreşimimizde dünya kâinatında sadece kendimizi yalnız ve boş görüyorsak. Oysaki tüm kâinat yaşam enerjileri ile farklı çeşitli titreşimlerle yaşam enerjileri ile dopdoluysa. Bu daha akla mantığa uygun olmayacak mıdır?

Evren genişleyecek ve sonra yine büzüşecek.

Sonra yine genişleyecek ve sonra yine büzüşecek.

Sonsuza dek bu tekrarlayacak. Taa ki en mükemmel hal ve durum mevcut hale gelene kadar. Taa ki sonsuz alışveriş ve titreşim ihtiyacı devam edene kadar.

Evren genişlediğinde ne yaptıysak bir sonraki büzüşme ve tekrar genişlemede yine aynı şeyler tekrarlayacaktır. Fakat farklı ve anlayışı daha mükemmel olana kadar devam edecek şekilde.

Hiçbir şeye sahip değilsek ve hiçbir şeyimiz bize ait değilse, bir tek şeyimiz mevcuttur. Şu yaşadığımız an ve salise. Elimizde olan tek şey bu andır. Ve bunu değiştirmek, geliştirmek ya da daha zor hale getirmek yine bizim elimizdedir. Bu bir şanstır, mucizedir. Asıl mucize biziz. Kendimiz. Bize sunulan bu muhteşem mucizevî anı değiştirmek ya da değiştirmemek bizim elimizdedir. Her ne yapıyorsak, daha akılcı ve mantıklı olarak farklı bir seçim yapmak ya da yapmamak bizim elimizdedir. Bir şansımız vardır ve bu seçenek bize sunulmuştur. Ne istersek yapmakta özgürüz çünkü özgür irade yasasına tabiyizdir.

Her zaman daha mükemmel bir enerji titreşimi oluşana kadar sonsuz kere sonsuz sayıda tekrarlama devam edecektir.

Her çağda insan kendinden korkar ve kendiyle yüzleşmekten, kendiyle hesaplaşmaktan çekinir. Çekindiği ve korktuğu için de sürekli öteler. Öteledikçe aslında bu hesaplaşmaktan kurtulamaz. Elbet bir gün hesaplaşacaktır. Ama ne zaman?

Dinler buna güzel bir cevap verir: Ne kadar kaçarsan kaç, elbet kıyam gününde hesaplaşma olacağını vurgular.

İşte önemli olan, hesaplaşmayı sona bırakmamak. Henüz yaşarken, nefes alırken bu işi tamamına erdirmektir.

Hesaplaşmak, varlığın kendi ile hesaplaşmasıdır. Fakat "başkaları" odaklı yaşam süren kişiler için bu durum mümkün olmaz. Her kelimesinde "sen" vurgusu yaparak, zaten bunu istese de gerçekleştiremez. Her lafı başkalarına yöneliktir. Hiç kendi yoktur o cümlelerde. Böyle olduğu zaman da hesabı sürekli öteler.

Tüm mecâzi cümleleri, söylenmiş tüm felsefik kavramları, dini yaptırımları daima "başkaları" için kullanmak âdeti, bir gelenek haline gelmiş durumda. Kendi sütten çıkmış ak kaşık, başkaları da sürekli günâhkar rolündedir. Bu durum bir travmadır. Ve modern çağımızda çok yaygınlaşmış, travmatik bir hastalıktır.

İslam Peygamberi Hz. Muhammed'in dediği gibi "İnsanın en büyük savaşı, kendi ile verdiği savaştır".

İşte durum tam da budur.

Modern zaman insanının en büyük savaşı başkalarıyla olan savaş kavramına bürümüştür.

Başkaları günahkâr düşüncesi ya da başkalarına adanmış hayatlar kavramları çok uzun süremez. Bu düşünce ve kavram insan doğasına ve yapısına aykırıdır. Aykırı olduğu için de yalan ve avunma içerisindedir.

Bu insanın kendi kendine yalan söylemesi ve kendini avutmasıdır. Bu durum elbet bir gün sükûnete dönüşecek. Çünkü Değişimin sürekliliği bunu gerektiriyor. Ya olaylarla, ya farkındalık yaratacak gelişmelerle mutlaka öz farkındalığa varacaktır.

Unutmayalım ki, insanı kendinden öte yargılayacak bir sistem yok. Vicdan hesaplaması, insanın kendi ile yapacağı bir hesaplaşmadır. Er ya da geç bunu yapacaktır. İnsanın kendi ile tanışması, barışması ve insanın kendi öz varlığına kavuşması önemli bir varlıksal erdemdir.

# BELÂ ve KEDER KAVRAYIŞI

"Yeryüzünün başına gelenleri bir düşün, Kış mevsiminin ve sonbaharın imtihanları, yazın kavurucu sıcağı, sonra Allahın merhameti gereği can bağışlar gibi kara toprağı dirilten ilkbahar. Rüzgârlar, bulutlar, yağmurlar, şimşekler hep bu gelip geçici şeyler toprağı uyandırmak, içindeki tohumları uyandırmak, içindeki tohumların yetişip başkaldırmalarını, meydana gelmelerini sağlamak içindir." / Hz. Mevlâna Celâleddîn-i Rûmî, Mesnevi, Cilt 2. 2950.

Hz. Mevlâna bu kelâmında, yeryüzü toprağının sebep sonuçlarını açıklamakta ve toprağın kış ve yaz mevsimlerinin imtihanlarının karşılığını, ilkbahar mevsiminde almasından yola çıkarak, insan için çok önemli mesele üzerinde durmaktadır. Toprak, bunca zahmete katlanır, kışın soğu ve yazın kavurucu sıcağı, ancak şikâyet etmez, neden ben demez, bilir ki bu işlemlerin hepsi, tohumların yeryüzüne çıkması ve yeniden doğuşa tanıklık etmesi için en gerekli olan durumdur. Bir toprak, bir tohum, yeryüzü bilir bunu, çünkü kendi özünde, kodlarında bunun gerekliliği bilgisini taşır. Ancak insan bunu taşımaktan yorulur. Bilir ancak iman etmez, bilir ancak idrak edemez. "Neden ben?" sorusundan öteye geçemez. Yaşadıklarının bir imtihan bir belâ olduğunu unutur da, kederin neden kendi başına geldiğini anlayamaz. Anlasa da idrak edemez. Oysaki idrak etse, idrak ettiğini ruhuna yansıtabilse, yağmur gibi yine kendine yağacağını ve tohumlarının büyüyüp, kendi bilincinde meyve vereceğini ve en önemli olan uyanışa kavuşacağını unutur. Bilir de hatırlamaz, hatırlamak istemez, çünkü uyku dünyanın en büyük nimetidir onun. Belâ kavramını yanlış anlar, yanlış idrak ettiği için, kendisine vuran ele şükr etmez.

Faziletli insanlara, iyi kimselere daha fazla belâ gelir, çatar. Çünkü sevgili, güzellere daha fazla cilvelenir." / Hz. Mevlâna Celâleddîn-i Rûmî, Mesnevi, Cilt 6 1108.

# HZ. MEVLÂNA FELSEFESİNDE KAVRAMLAR

Hz. Mevlâna'nın bahsettiği sevgili kavramı bir kez daha karşımıza çıkmaktadır. Burada sevgili insanın kendi özüdür ve cevherinin gelişmesi için belâ kavramını iyiden iyiye arttırır. Çünkü mükemmel yaratımda oluşturulan Öz, kusursuzdur, ancak tam bir bilgi ile donatılmıştır. Mükemmelliğin en büyük sorunu, bilinmez oluşudur. Öz tam ve bütündür ancak bilinmezliği ise tatbikatındadır. Öz bilginin tatbik edilmesi ve kullanılması gereklidir. Bu yüzden cevher madde kâinatlarına doğuşlar sergiler ve bilgisinin tatbikatını yapar. Öz her daim cevherinin gelişimi için imtihanlar hazırlar. Ve insan, varlıkların ortak alanı olarak madde kâinatının tam ortasında, arz âlemlerine doğuşlar gerçekleştirir ve cevher ise, çok küçük bir zerredir. Mükemmel öz olan Rabbinin rahmeti ve ışığı o kadar boldur. Ancak insan alamaz, hissedemez bu ışığı. Mahrum kaldığını sanır. Çünkü uykudadır. Uyumaktadır, kapalıdır şuuru. Madde bilgisinin, bilincine kodladığı çok az bir şuur ile yaşamını daim ettirir. İşte yaşamın ana gayesi, bu şuurun geliştirilmesidir. Gelişmesi için, imtihanlara tabi tutulması gereklidir. Ve bunu yapan yine kendi mükemmel özüdür. Bunu her an hatırlayamadığı, kapalı şuurla yaşadığı için, daha doğrusu uyuduğu için, isyanları "neden ben"den öteye geçemez. Neden ben dedikçe de imtihanlar yani belâlar başından eksik olmaz. İnsan, kendine vuran ele şükr etmez. İsyan eder. Ve imtihanları da sıklaşır. Çünkü uyanması için rezonans oluşturacak darbelere ihtiyacı vardır. Hayatı alt üst olur çünkü uyanması gerekmektedir. Direnci kırmak, başına gelenlerin bir amacı olduğunu farketmesi ve idrak etmesi ile ruhuna yani cevherine aktarması sonucu, ilkbahar mevsimi gibi, yeniden doğuşunu gerçekleştirecektir. İşte o zaman İnsan-ı Kâmil boyutuna en yakın konuma geçebilecektir. Bu da Hz. Mevlâna'nın "güzellere" kavramı ile pekişmektedir. Hz. Mevlâna güzel der, Hallac el Mansur öz dostlar, seçilmişler diye bahseder, spiritüalizmde vazifeliler, dini öğretilerde, resuller, nebiler, ermişler ve ulu pirler diye bahsedilenler hep aynı manâdadır.

Belâ kavramı, Türkçe de menfi manâda kullanılır. Oysa belâ kavramı arapça bir kelimedir ve Rabbin kullarının gelişimi için hazırladığı olaylar, imtihanlar, nimetlerdir. Spiritüalizmde, sebep sonuç ve karma olarak bahsedilen konu ile aynıdır. Ouspensky "Kendini Bil" konusunda bundan bahseder, binlerce yıl önce de Socrates "kendini tanı" felsefesi ile yola çıkmıştır. İnsan nasıl kendini tanıyabilir, kendini bilebilir? Elbette olaylar içinde kendini imtihan ederek, olayların sebeplerini ve sonuçlarını, hatta sonuçlarını yaşayarak sebeplerini bularak ulaşabilir. Metafizik kavramlarda "her başa gelmez belâ, erbabı istidat arar" sözü ile Hz. Mevlânanın "güzeller" kavramı aynı manâdadır. Faziletli olanlara sevgili daha fazla imtihana düzenler ile erbabı istidat arar sözü aynı manayı içermektedir. Ve belâ kavramı, nimettir, rahmettir, ancak bunu "güzeller, faziletliler, öz dostlar" kavrayabilir, idrak edebilir, çünkü onlar Âşkın yolunda olanlar, istidatlı olanlardır. İstidat, bir liyakat meselesidir. Onlar gerçekten iman yolunda olanlar ve "kendilerine vuran ele şükr edenlerdir". Çünkü onlar herkesi "Hıdır", her günü rahmet olarak benimseyenlerdir. Her sabah kalktıklarında başlarına gelecek her durum için şükr edenlerdir. Ve onlar faziletli güzellerdir, öz dostlardır. Çünkü yavaş yavaş idrak ederler ki, başlarına gelen her türlü "imtihan ( belâ) onların uyanışı için geçerlidir. Ancak öyle bir sistemdir ki, yüz tane sınavı geçer ve başarı ile şükr edersin de, bir tanesinde şaşarsın. İşte bu beşer olmanın bir özelliğidir. Beşer şaşar kavramıdır. Fakat işte o verilemeyen imtihanda başarısız olma diye de bir durum söz konusu değildir. Çünkü insan, yaratıcısının suretinden yaratılmıştır. Suret sonsuzluğu, diriliğin sembolüdür. Bu yüzden imtihanlar her daim diridir. Ve süreklidir. Kâinatta asla bir son, bir nokta yoktur, her daim döngülerde yol alış vardır, diridir çünkü yaşam. İnsan da diridir. İnsan kavramı diriliği özünde taşır. Öz bilgidir. Ölümsüzdür, çünkü yaşam ölümsüzdür, kâinat ölümsüzdür ve yaratıcısı ölümsüzdür. Yaratıcısı insana en yakın noktadadır, hatta kendinden bile yakındır. Işığı her daim üzerindedir. Her an onunladır da, insan bu kavrama inanılmaz derecede uzaktır. Çünkü perdelidir, göremez, bilemez. Çünkü gönül ile aklını birleştirememiştir. İşte ne zaman gönlü ile aklını bir tutacak, o zaman uyanacaktır. Bilmenin ötesine geçebilecek idrak edebilecek düzeye ulaşacaktır. Bu da belâ kavramını kapsar ki, imtihanlar her daim olacaktır. Ta ki gerçek kıvama gelene, uyanışa geçene kadar!

Anlayışlar "bütünsel" kavrama geçemediği için, gönlü ile duyanlar ve gönlü ile görenlerin uyanışı için üst üste imtihanlar yaşanacaktır. Kulaktan dolma ya da öğretileri ezberleme, tekerleme gibi tekrar etmenin hiçbir faydası yoktur. Manalı sözler de sarfetmek değildir amaç. Önemli olan tüm yaşanılan tecrübelerin anlamını idrak edebilmektir. İdrak tam bir uyanmadır. Uyanan insanın, ifadesi ve yaydığı aura enerjisi de inanılmaz zenginlikte olacaktır. Bu bir güç savaşı değildir, manevîyatta en büyük zenginlik Rabbe yaklaşma, yakın olma halidir. Rabbi hissetme ve her yerde Hakkı görebilmedir. Bunu korumak ise en zor olandır. Tam oldum derken, yine tepetaklak olabilir insan. Hislerle dolar, inanılmaz zenginlik içine girer, uyandığını düşünür, bazen de olabildiğince yeryüzü toprağının uyuşukluğu ve uyumanın tam haline gömülür gider. Dengeleyebilmek için müthiş bir gayret gerekir. İşte bu yüzden Hz. Mevlâna faziletli insan olarak bahseder. Faziletli, istidatlı, liyakatli kişilerin yoludur bu.

Teşevvüşe düşmek ise an meselesidir. Bocalayabilir, sendeler, ağır aksak gider, bazen de en derin uykulara gömülür. "ben hissettim, ben oldum, hep bana, rabbena" demeye başlar. İşte bunun için birlikte bir yaşam sergilemekteyiz. İnsanlar bir arada yaşamaktadırlar. Hiçkimse dağlarda, çöllerde, uçsuz bucaksız tepelerde değildir. Hep bir aradadırlar. Çünkü birbirlerine öğreti olabilecek imtihanları bu şekilde yaşayabilirler. Ortak yaşamda ancak tatbik edilir imtihanlar. Bütünsel kavramı kavrayabilseydik, "ben" demekten çıkar, biz demeye başlayabilirdik. İşte o "biz" kavramı için de binlerce yıldır, rahmetli planlardan ziyaretçilerimiz oldu. Uyanışa yardım eden sözleri, aktarımları ve kelâmları ile. Hz. Mevlâna onlardan sadece biridir. Ve insan için çok önemli sözleri sarf etmiştir. Sözlerini ezberlemek değil, idrak etmek ise, yine bizlere düşmektedir. Belki de onların sarf ettiği kelâmlar herkes içindi, ancak birinin uyanışı içindi. Binler binler okur da, biri idrak eder ve uyanışa geçer, belki o biri de diğer binleri uyandırmak için hazırlanır. İstidatlıdır, liyakatlidir ve faziletlidir. Ve sevgili her daim o faziletli için imtihanlar düzenler. Fakat o "birini" kimse bilemez, ancak O bilir.

Hz. Mevlâna'nın bolca bahsettiği Hz. Beyazid Bestami uyanış için çok önemli sözler ve olaylar aktarmıştır. Bir gün öğrencisi onun kürkünden bir parça ister üzerinde taşımak ve Bestami'nin enerjisini yüklenmek için. Hz. Bestami'nin cevabı şöyledir. "Oğlum sen benim kürkümden değil bir parça, derimi yüzüp içime girsen, benim gibi olsan, hatta ben olsan dahi faide etmez. Sen kendinde olanı açığa çıkarmadığın, kendi özünü hatırlayamadığın sürece hiçbir faydası yoktur." Her insan kendi ışığını açığa çıkarmak ve kendinde olanı idrak etmek ve yansıtmak için yeryüzünde bulunmaktadır. Tüm kavramları okusak da ezberlesek de, idrak edemedikçe hiçbir faydası yoktur. İdrak için de, belâ kavramını çok iyi anlamalı, vuran ele şükr etmeli, her güne şükr etmeli, her insanı Hıdır olarak düşünmeliyiz. Çünkü Rabbin belâlarının kimden ve nasıl geleceğini bilemeyiz. Her an, dikkat ve rikkat halinde olmalı ve anlamaya çalışmalıyız.

> "Ey temiz kişi! Gülüşler, ağlayışların arkasına gizlenmiştir. Görmez misin? Defineyi viranelerde, harabelerde ararlar ." / Hz. Mevlâna Celâleddîn-i Rûmî, Mesnevi, Cilt 6 1586.

Gerçek bilgiyi, yıkılmış gönüllerde aramak gerekir. Çünkü oradadır tüm gizem, bilgi, hamule edilmiş hamur gibi yoğrulmuş anlayışlar. Artık o bilgi, idrak edilmiş ve çöpü sapından ayrılmış, rüzgârlara savrulmuştur ve gerçek bilgi bir tohum gibi cevher niteliğinde elimizdedir. Onu kullanmak da yine liyakatli kişilerin maharetindedir. İşte onların sözlerinden, gözlerinden akanlar, Rabbe en yakın olan ışığın yansımasıdır. Ağlayan, inleyen, acılar çekmiş harap gönüllerdedir gerçek inci, O inci ki, o gönüllerde açığa çıkar ancak.

Gerçek erdem sahibi olmak, erdemli olabilmek, ancak imtihanları tek tek başarı ile verebilmek ve tam bir iman ile dopdolu olabilmektir. Bir toprak bilir ancak şuursuzdur, çünkü onda akıl yoktur. İnsana bahşedilmiştir akıl. Ve aklı olanlar için düzenlenir tüm seyir eden olaylar. Bilsin, görsün, anlasın, yorum yapsın ve birbiri ile ilintilerini kavrayabilsin diye. Gönlündeki yolu bulabilsin ve Âşka ulaşabilsin diyedir tüm olup bitenler.

Hallac el Mansur ifadesi ile seçilmişler, öz dostlar, Hz. Mevlâna için faziletli ve güzeller, metafizik manası ile istidatlı olanlar, felsefe kuramlarında "kendini bilen" "kendini tanıyan"lar, sistemin dışında olanlardır. Sistem, arz sistemidir. Dünya kanunlarıdır. Dünya olarak bahsedilen sadece bizim dünyamız için değil, tüm arz sistemlerinin kendi kanunları içindir. Her arz kanunlarının bir sistemi vardır, dönen bir çarkı vardır. Orada yaşayanlar insanlar "hayvansal bedene" ve Tanrısal "akıl"a sahiptirler. Ancak sadece hayvansal bedeninde yaşamını sürdürenler, sistem içinde yer alanlardır. Arzın kanunlarına tabi olanlardır. Ve en şanslı olanlar onlardır çünkü her zaman o arzın sisteminin çarkı içinde dönüp dururlar. Dolap beygiri ile tabir edilen manâda. Hiç ayrılmazlar hep orada döngüyü devam ettirirler. Arzın tüm imkânlarına, kanunlarına tabi oldukları için, zenginlik, şöhret ve her türlü yaşam onların şansıdır. Bu şanstır. Uyku her daim paçalarına yapışmıştır ve keyifleri yerli yerindedir.

Oysa sistem dışında kalanlar yani, uyanma yolunda olanlar, Âşk yoluna girenler, aklını kullanabilenler ve akıl ile gönlü bir edenler, istidatlı, kendini bilen ve tanıyanlar için ve bu yolda imtihanlara ve belâlara kapılanlar için ıstırap bir nimettir. Acı, gözyaşı, elem, keder, ıstırap, belâ bir nimet halini alır. Çünkü onlar sistemin dışında olanlar, uyanış yolunda olanlardır. Onların şansa ihtiyaçları yoktur, çünkü tüm dünya nimetlerinden uzakta bir zenginlik sürmektedirler. Zenginlik onlar için sadece manâdadır, özdedir, maddede değildir.

Seçilmişler için, kıyam zamanı yoktur, onlar için kıyamet kopmaz. Çünkü onlar her daim, kıyam içindedirler. Onlar sura üfleyenler ve kıyamın sahipleri.

Bedenleri içinde kıyam olanlar, yani uyananlar için, büyük kıyametin kopacağı manasızdır. Çünkü onlar kıyameti beklemezler, kıyamı her an her saniye yaşarlar. Her anları kıyam içindedir. Onlar sistemin dışında, ayakta kalabilmek, dünyanın tam ortasında dimdik olabilmek için gayret sarfedenlerdir. İşte gerçek uyanan yolunda olanlar onlardır. Ve tüm kelâmlar, ezber ve tekerleme değildir, onlar idrak ötesine geçebilmiş ve harap olmuş gönüllerinin yıkıntıları arasında, vicdan ışığını gören, o ışık ile görünen gözlerinin kör olması sonucu gönül gözleri ile görebilenlerdir. Onlar için görünen ile görünmeyen arasında bir fark kalmamıştır. Onlar her zerrede Rablerini görerek, tam bir iman ile bütünleşmişlerdir.

Seçilmişlerin yolu çetindir, kıldan ince, kılıçtan keskindir. Çünkü onların çok küçük bir hatası, sistemin içinde olanların en büyük hatalarından daha büyüktür. Sistemin dışında olmak, yani arzın çekim kuvvetinin dışına çıkabilme liyakatini başarabilen kıyamlılar için, Hz. Mevlâna deyişi ile Âşk yolunda olanlar için nice manevî zenginlikler vardır. Ancak bunun kıymetini bilmek ve dengeleyebilmek çok zordur. Çünkü hem bedendedirler hem bedende değillerdir. Çünkü arzın tüm maddesel çekim alanının dışındadırlar. Hz. Mevlâna beden hapishanesinden kurtulmuş ve bir ayağı ile arzda, bir ayağı ile âlemlerde gezmektedir.

Seçilmişlerin yolu Âşkın yani müteal bir yoldur. Çünkü onlar sebep ve sonuçları, sonuç ve sebepleri kavrayabilen, manalandıran, yorumlayanlardır. Onlar belâları sevinç ve mutluluk ile karşılayanlardır. Kendi şanslarını kendileri yaratabilenlerdir. Onlar uyananlardır, kıyam olanlardır. Kıyamlılar için nice zenginlikler vardır, ancak en ufak bir dikkatsizliklerinde harab olurlar, gözyaşlarına boğulurlar, bedelini belâ kavramı ile ağır öderler, bedelleri çok ağır olur. Sistemin içine gömülen uyuyanlar gibi zevk ve sefa içinde değillerdir. Çünkü onlar için nimet sadece maddeseldir. Her baktıkları yerde katı madde görenlerdir onlar. Oysa sistemin dışına çıkanlar, her baktıkları yerde hem madde hem mana görürler ve işte bu ikisini yorumlayanlar için de tam bir uyanış gerçekleşir.

Her verilen, geçici olarak verilir. Liyakat derecesine bağlı olarak da süresi yine verenin tayin ettiği değildir. Verilen yani alanın liyakatindedir. Alan kişinin, liyakati süresince verilen onun ellerinde muhafaza edilir. Ya işi bittiğinde geri iade eder, ya da kendisinden süresiz alınır. O yüzden her verilenin kıymetini mümkünce bilmeli, madde olarak değil mana olarak değerlendirilmelidir. Kâinatta tesadüf yoktur. Her olanın mutlaka bir manası ve anlamı vardır. Sorgulayan akıllar, sistemin dışına çıkabilenlerdir. Onlar, bir balığın yüzlerce sene deniz dibinde yaşadıktan sonra, kafasını suyun dışına çıkararak güneş ışığının kör eden ışığını fark etmesi gibidir. Çünkü sadece deniz dibi değil, bir de havası ve güneşi olan bir âlem daha vardır. İki âlem arasında arada kafasını dışarı çıkararak bakabilen bir uyanışı idrak etmek mümkündür. Bunun korunaklı kalması da ayrı bir meseledir. Bunu farkedip derin bir uykuya geçmek de mümkündür, bunu farkedip değişime uğrayarak başka âlemlerde de olabilmeyi başarabilmek de mümkündür. Hz. Mevlâna bunu yakalayabilen bir Zattır. Ve tüm sözlerinde bunu dile getirmiştir. Ve uyanış için yol gösterici ışığı ile varlığını sürdürmüştür. Göçüp gitmiş olsa da, öğretisi ve enerjisi ile hala korunaklı kalabilmeyi de başarabilmiştir.

"Ben Âşkı olmayan kişinin insanlığını inkar ederim." / Hz. Mevlâna Celâleddîn-i Rûmî, Dîvan-ı Kebîr, 111/1610.

Arz âlemlerinde en zor olan "insan olmayı" başarabilmektir. Çünkü hiçbirimiz insan değiliz. İnsan görünümünde yaşayabiliriz, ancak gerçek insan olabilmek, görünen ile görünmeyeni birleştirebilen bir gönül görüşü ile bakabilmek ve yorumlayabilmektir. Hayvansal bedenimiz ve Tanrısal aklımız ile beşer görünümündeyiz ve insan olmak o kadar kolay bir liyakat değildir. Bu yüzden, mükemmel öz ve cevher, arz âlemlerine "insan olabilmek" için bedenlenir. Çünkü insan kavramı, ortak bir alandır. İlk yoktan var edilen Varlıkların ortak alanıdır insan. Zaman, madde, ruh, erdem, can, yaşam, diri, hayat gibi varlıkların ortak alanıdır. Tüm varlıkların zerrelerini kendi içinde barındıran bir sistemdir İnsan. Gerçek insan kavramı budur. Tüm varlıkların ortak alanıdır. İnsan o kadar karmaşık bir kavramdır ki, gerçek insan olabilmek, erdem sahibi olabilmek çok kolay değildir.

Tüm belâlar, insan görünümündeki beşerin insan olabilmesi içindir. Çünkü plan ve program budur. Sistemin içine dâhil olan bedenlerin, insan olabilme liyakatine erişebilmesi içindir. Kodlamaların içine dâhil olarak imtihanlar yaşayacak, kodlamaların dışına çıkabilecek bir üstün anlayışa zerk olacak liyakatlere ve kıyamlılara ulaşmaktır amaç. Biz arz âlemlerine "insan" olabilmek için bedenleriz. Ve bedenlerimizde aklımızı ve hayvansal bedenimizi kullanarak, varlıkların üstün meziyetlerini açığa çıkararak "insan" olma liyakatine erişebilmek içindir. İnsan kavramı, yaşadığımız dünya için bir kıvamı vardır. O kıvama ulaşmak bir son değildir. Sistemin dışına çıkan bir uyanış ile insan olabilme liyakatine erişmek sadece bu dünya içindir. Ondan sonra önümüzde sonsuz yaşamları olan dünyalar vardır. Ve her birinde insan olabilmek için açığa çıkarılacak, mükemmelliyet yine bizleri beklemektedir. Tüm bunların manası ise "belâ" kavramıdır. Belâ kavramı bir nimettir. Bizim dünyamız için ne ise, diğer dünyalar için de hayal bile edemediğimiz zenginlikte ve çeşitliliktedir. Uyanan için geri dönüş yoktur. Geri dönüş yolculuğu yoktur. Tek biletli bir yolculuktur. Gidiş vardır ve sonsuz gidiş ise her daim diridir.

Belâ, bedene ve akla, insan şekli veren ilahi dokunuşlardır.

Bu aşamalardan sonra, insan, erdemli olma kavramına ve manasına erişir. Bir elmas gibi. Görünende dünya için en değerli ve kıymetli olan bir taş, ancak yandığında geride kül bırakmayan batınlaşan, hiçleşen bir mana. Elmas ol, hem var ol en değerlisinden, hem hiçleş yanışınla. "Hamdım, piştim ve yandım". Yan ki Âşka ulaş, Âşk ol. Âşk olmak için en değerli bir taş elmas, yanınca geride iz bırakmayan bir mana. Âşka ulaşmak ve Âşk olmak için "belâ" en büyük rahmet ve nimettir.

Ebedi keder. Her insan, kendi öz vatanı olan Allah Katından, Madde âlemine hicret etmiş, göç etmiştir.

Kutsal Kur'an-ı Kerim Bakara suresi 156. Ayetinde işaret edildiği gibi "Allah içiniz" bu kavramı bize aktarmıştır. Her insan Allah içindir. Arapçası "lillahi" olan Türkçe "Allah içindir" kavramı ile bilinen kelime, insan yüreğinde gizli bir sözcüktür. İnsan O'ndan olduğunu, Allah için olduğunu derinden bilir. Fakat madde dünyasında, maddenin cazibesinde boğulmuştur. Ve Allah içindir kavramı, bilincinin derinliklerinde, yüreğinin derin kuyusunda çınlar ve sızım sızım içini titretir. En büyük derin keder budur. Ve bu keder, ebedidir. Ta ki ne zamana kadar? Aid olduğuna kavuşana kadar.

Ayetin devamında buna da işaret vardır. Kutsal Kur'an-ı Kerim Bakara Suresi 156. Ayetin devamında "Allaha dönecek" ile içimize su serper. Kısaca, her varlık Orijinal Hakikatine geri dönecek olandır. İnsanlar bu bilgiyi bilirler, fakat yol o kadar uzun ve engebelidir ki, Dönüş yolu ebedidir. Ve bu sonsuz yolun sonunda ulaşacakları asli vatanlarının özlemi ebedi bir kederdir. Allah'a Döneceklerini Biliyor olmaları da, bu ebedi kederin şiddetini, etkisini azaltmaz.

# EVRİM KAVRAYIŞI

Hz. Mevlâna, tüm eserlerinde Hoşgörüyü dile getirmiştir. Her şeyi hoşgörü ile karşılamış, tüm ayrıntıları bir görmüş, bütünlemiş bir anlayışa sahip Zattır. Savunduğu tüm kavramlar, erdemli insan olabilme, uyanma yolunda olanlar için bir yol göstericiliktir. Hoşgörmediği tek şey ümitsizliktir. Ümit her daim vardır ve insan içindir.

Saygı, sevgi, hoşgörü ve şükür üzerimizden eksik olmasın. Gönüller bir, dostluklar daim olsun. Bizim neslimiz uluların, ermişlerin, aydınlanmış yücelerin neslidir. Biz çok güzel bir milletin evlatlarıyız. Hamurumuzda ışık var, sevgi var hoşgörü var. Hatırlayalım ve unutmayalım.

Hayatın tüm sırrı insanın kendini sevmesidir. Kendini sevmeyen bir insan başkalarını, hayvanları, doğayı ve dünyayı sevebilir mi? Kendini seven insan, kendine güven duyar. Kendine güvenen yeteneklerini keşfeden insan, etrafına huzur ve sevgi yaymaya başlar.

Herkes doğduğunda muhteşem yeteneklerini de beraberinde getirir. Bu, sosyal ve kültürel yetiştirilmeyle, aile içindeki bazı olumsuz cümlelerle ve diğer kişilerin yanlış yaptırımlarıyla körelir gider. Yakınmalarla son bulur. Kişi kendini bir yerlerde unutur gider. Özünden uzaklaşmaya değişmeye başlar. Ve içindeki gerçek ışık da tekrar çıkma zamanını bekler durur. Mutsuz olduğunu ve her şeyin kendi başına geldiğini düşündüğü bir hayatta, kendi gerçekliğini bilmeden aramaya başlar. İnsanın en zor savaşı kendisiyle yaptığı apansız savaştır. Çünkü ortada savaşan çoğunluk yoktur. Tek bir varlık vardır, kendisiyle savaşan kişi kimin galip geleceği konusunda da hiçbir fikri yoktur. Bu tüm hayat boyu sürer gider.

Mutluluk kişinin kendi beyninde var olan soyut bir kavramdır. İstekle-gerçekleşme arasında kalan zamanda mutluluk vardır. Umut ve beklenti kontrol altında olduğu sürece mutluluk kalıcıdır. Anlıktır, geçicidir. Gerçek mutluluk unsuru insanın kendisindedir. Dış etkenlerden mutluluk bekleyen insan huzursuzlaşır. Işığı yakalayamaz ve yayamaz. Mutluluk dünyasaldır. Ama huzur evrenseldir, ruhsaldır.

Huzur her şeyi içinde barındıran müthiş bir enerjidir.

Huzuru yakalayabilmek için çeşitli yöntemler kullanılır. Dua, derin düşünme, inançların yerine getirilmesi sadece araçtır.

Hayattan zevk almak dış etkenlere bağlı olmamalıdır. Onlar sadece oluşumdur ve olması gerekenlerdir. Karınca hayatı yaşayanlar en küçük engelleri aşmakta zorlanırlar. Oysa kartal hayatı yaşayanın önünde engeller sadece aşağıda kalmıştır. Kontrol gücü elinde olan kişi bunu başarabildiği oranda huzurludur.

Her olay, bize anlatmak istediğini bünyesinde gizleyen şifrelerden meydana gelmiş halkalardır. Bu şifreleri çözebildiğimiz oranda huzuru yakalayabiliriz. Çünkü tekrarlayan olaylar size bir mesaj vermek istemektedir. O mesajı yakaladığınız, anlayışına vardığınız anda olaylar zincirinin dönüşümünü kırmış ve yeni anlayışlara yelken açma durumuna geçmeye başlamışsınız demektir.

Sevgiyle kabul etmek ve mesajı aldıktan sonra sevgiyle uğurlamak yapılacak en doğru içsel davranış şekli olacaktır. Çünkü kozmik evren ruhu, bizimle olaylar tarzında konuşur. Olayların dilini kavramak zamanla elde edilecek bir uyanıştan ibarettir. Evren bize, oluşumdan önce sinyallerini yine olaylar tarzında gönderir. Ufak anektotlar, yani sinyaller tarzında bize, olacak olandan haber verir. Elbette bunu görebilene ve işitebilene.

Örneğin sürekli çalışan ve hiç dinlenmeyen insanlar, gün gelir birden hasta olurlar ve uzunca bir sure dinlenmek zorunda kalırlar. Aslında önceden kısa olaylar tarzında, uyarılar gönderilmiştir. Mutlaka ufak ağrılar, kramplar, baş ağrıları tarzında meydana gelişler olmuştur. Bunlar vucudun dinlenmesi gerektiği ile ilgili uyarılardır fakat kişi bunu önemsememiş fakat sonrasında daha ağır bir rahatsızlıkla karşılaşmış olabilmektedir.

Gidişatı kontrol etmek, olayların seyrini takip etmek çok önemlidir. Bu paranoyak tarzında takip etmek anlamında değildir. Sadece birbirine çok benzer olaylar meydana geliyorsa, mutlaka orada alınması gereken bir uyarı mesajı vardır. Eğer siz sürekli meşgulseniz, o mesaj birikimi sonucunda daha büyük bir olayla karşılaşacaksınız demektir. Olayların takibi çok zor görünür. Göründüğü kadar kolay olmasa da uğraşmak için buradayız. Ve yeterli zaman bize verilmiştir.

Tek yapmamız gereken gözlemdir. Olayın gelişi, şiddeti ve bittikten sonra bizde bıraktığı intiba. Bunları gözlemleyebildiğimiz aklımızla mantığımızla muhakeme yapabildiğimizde bize anlatmak istediğini anlayabildiğimizde onu ruhumuza aktarabiliriz. Eskiler her başa gelmez belâ, erbabı istidat arar der. Ve kutsal metinde Allah hiç kimseye kaldıramayacağından fazlasını yükleyemez der. Bunlar şifrelerdir. Ve gerçekten de yaşamda kaldırabileceğimiz kadar olaylar yaşarız. Bunları bilerek hareket ettiğimiz sürece de yaşadığımız tüm olayları birer basamak olarak kabul edebiliriz. Esneyerek, eğilip bükülerek, daha sonra dimdik ayakta kalabilerek. Güçleniriz, kontrol etmeyi öğreniriz, olgunlaşırız. Bunlar bilgiyle hareket etmenin başlangıcıdır.

"Dünyada mutluluk arayan, ona gönül veren kisi bahtsızdır, ağırcanlıdır. Dünyada yaşama zevkine düştüğü için kavurma gibi kavrulacaktır." / Hz. Mevlâna Celâleddîn-i Rûmî, Divan-ı Kebir, c.V 2303.

Hayat bir keşiftir. Kendimizi nerede unuttuğumuzu keşfederek başlanmalı. Geç kalınmıyor. Her an bir başlangıçtır.

Mutluluklar anlıktır ve geçicidir. İnsan hayatı boyunca mutlu olamaz. Olmaya çalıştığı için mutsuzdur.

Hayat boyu mutlu olmak ancak masallarda anlatılmıştır. Gerçek yaşamda anlık mutluluklar yaşarız ve bu yaşadığımızı ne kadar iyi gözlemlersek, bizde bıraktığı intiba ve izlenim derinden hayatımıza yansır ve o yansımalar bizi huzura doğru götürür.

Hayatı boyunca mutsuz olduğunu, hiç gün yüzü görmediğini savunan insanlar vardır. Bu insanlar hiç mi acaba mutluluğu tadmamışlardır.

Çocuklarının doğduğu an, onların doğum günleri, okula başladığı ilk gün, bebeklerinin ilk yürüdüğü an, ilk Âşık oldukları an, kızının veya oğlunun kendisine ilk anne baba diye seslendiği gün, mezun olduğu gün.

Bunları herkes çoğaltabilir.

Birinin gelip bizi mutlu etmesini beklemek ise boş, beyhude bir bekleyiştir. Hiç kimse kimseyi mutlu edemez, mutsuz da edemez. Ancak o insanın mutluluğu ve mutsuzluğu yaşaması için vesile olabilir.

Mitolojide bir hikaye vardır:

Dünya yaratıldığında Tanrılar ile melekler anlaşmazlığa düşerler, mutluluğu nereye koyacaklarına dair.

Melekler, denizin dibine saklayalım, inci tanesinin içine koyalım, dağların zirvesine koyalım diye en ulaşılmaz en zor yerleri seçerler.

Fakat en sonunda karara varılır, mutluluğu insanın içine yerleştirmeye karar verirler.

Ve o gün bugündür mutluluk insanın içindedir. Dışarda aramayalım. Dışarda olan her şeyin, ancak yansıması içimizdeki mutluluğu uyandırır.

Sheakespeare "Âşkı bedenlerde mi arıyorsunuz?" der.

Hz. Mevlâna ve Şems-i Tebriz şöyle ifade eder. "Âşkın bedenlerde ya da her yerde aranması farketmez. Duyduğunuz Âşk, Âşktır."

Peki karşılık göremeyince insanın yüreğinde duyduğu o "acı" nedir?

Hz. Mevlâna bu konuyu şöyle ifade eder. "Hayatım, şu üç kelimeden ibaret "hamdım piştim yandım"". Hz. Mevlâna, Âşkla yanmış, Âşkla pişmiş, Âşkla yoğrulmuştur.

Beklenti görmeyen Âşk neden yürek acısı olur? Bunu anlamak mümkün değil. Bunalımlar, kara sevda, sonra terkedilmek istenen bir hayat. Sonuçları buraya varmasının bir nedeni olmalı?

O olduğu için sevebilmek, işte bu, en önemlisi bu.

Biz Âşık olduğumuz insanı elde ettikten sonra değiştirmeye çalıştığımız için Âşk bitiyor, ya da Âşık olduğumuz insanı elde edebilmek için yaptığımız tüm çabalar sonuçsuz kaldığı için acı çekiyoruz.

Oysa olduğu gibi sevebilme çok mu müteal (Âşkın, fizikötesi) bir durumdur?

Bence iki kişi gerçek Âşkı bulduklarında, acabalar, keşkeler yoktur artık hayatlarında. Olumsuzluklar ve olumlu olan her şey bütünleşir ve her şeye karşı cesur bir yürek ortaya çıkar.

Her şeye rağmen karşındakinden vazgeçmek yerine onurlandırmayı ve tekâmülümdeki yerini anlamaya çalışmayı mı yeğliyoruz yoksa en zoru seçerek terk mi ediyoruz.

En zoru terk etmek deyimini kullanıyorum çünkü, yaşam eğer üstesinden gelemediğin ya da anlayışına varamadın bir dönüm Noktasında, onu anlayana kadar sürekli sana göz kırpacaktır.

O cesaret yüreklerimizde var. Dürüstlüğümüz ise cesaretimizden doğmalı.

# TEVHİD SIRLARI

"Ne ekmek ver, ne huzur ver, ne de uyku; ben yalnız seni istiyorum." / Hz. Mevlâna Celâleddîn-i Rûmî, Divan-ı Kebir, c.1, 33.

Hep değişim deniliyor. Biriz ve bütünüz ifadeleri var. Bu nasıl gerçekleşecek. Değişim farklılıkların ortak düşüncede birleşmesiyle olacak, yoksa birlik beraberlik yanyana gelmekle, üst üste çıkmakla, iç içe girmekle değil.!

Alim sanmak ve özellikle de "Allah bana böyle nasip etti. Nurla doldum. Ben artık şöyle oldum. Ben böyle erdim. Ben şuyum vs."

Bu söylemler çok yaygınlaşmaya ve rahatsız etmeye başladı. Dünyada gelmiş geçmiş tüm insanlar değerlidir, hiç kimse kimseden üstün ya da alçak değildir. Kürenin içinde ileri geri, sağ sol yoktur. Herkes kıymetlidir. Bugün olursun, yarın tökezlersin, tekâmül inişli ve çıkışlıdır, hep iniş hep çıkış yoktur. Bir çobanın bile anlatacakları ve herkesten iyi yaptığı şeyler vardır. Önce ayıplayan gözleri kör etmek gerek Hz. Mevlâna C.Ruminin dediği gibi. Yadırgayan, hoşgörmeyen, yargılayan, hüküm veren, bunun dışında kendini yükseklerde gören gözleri kör etmek gerekir. Nice üstadlar, âlimler, portakal kasaları arasında vefat etmişler, zulüm ve işkence görmüşler de yine de ben âlimim diye ortalıkta gezinmemişler. Hatta "hiç" olduklarını dile getirmişler. Tüm dünya âlim demiş de onlar "ben hiçim" demişler. Çünkü tek aradıkları "huzur" olmuştur ve bunu da Âşkın yolunda bulabilmişlerdir. Çünkü huzur, manâdadır. Huzur âlimlerin anahtarıdır.

# REZONANS ve SEMPATİZASYON KAVRAYIŞI

Dilemek, istemektir. İsteme eylemi, geleceğe aittir. İstiyorum dediğimiz anda, geleceğe dair bir düşünce formu yollamış oluruz. Ve o isteğimizi istemeye devam ederiz. İsteme düşüncesi ile biz yani kendi düşüncemiz ayrılmıştır. İsteme düşüncesi ayrıdır, bizim düşüncemiz ayrıdır. Hatta isteğimizi yüzlerce kere tekrar da etsek, düşünce fiilimiz ile istek düşüncemiz yine birbirinden ayrı olacaktır.

Huzur dilenmez, huzur olunur. Sevgi dilenmez, sevgi olunur. Bilgi dilenmez bilgi olunur. Hz. Mevlânanın Divan-ı Kebir ve Mevlevi eserlerinde en çok tekrarladığı cümlelerden biri de "kehribar" dır. Kehribar, bir ağaç salgısıdır, zamanla fosilleşir ve sertleşir. Çok az bir çekim gücüne sahiptir. Elinize aldığınızda herhangi bir yere sürterseniz, hafif olan kürdan, ince dal, kıymık gibi şeyleri çeken bir mıknatıs gibi olur. Çekme gücü çok azdır. Hz. Mevlânanın bahsettiği kehribar, işte bizim isteklerimizin düşünce formu olarak uzaya, boşluğa fırlatışımız gibidir. Hafif olan, çok az benzeşen titreşimleri çekecektir. Çünkü düşüncemiz zayıftır ve bir kehribar kadar çekim gücüne sahiptir. İstediğimiz kadar tekerleme gibi tekrarlasak da, fosilleşmiş bir kehribardan daha öteye geçmeyecektir. Ancak demiri çeken güçlü bir mıknatısa dönüşmesi için, istemeyi değil, olduğunu düşünmek daha güçlü bir etki yaratacaktır. Ancak istemenin de ölçülü olması gerekir. Hep bana rabbena gibi düşünceler ancak egomuzu şişirir ve dünyevi titreşimimizi daha da kuvvetlendirir.

"İste ama ölçülü iste, bir otun, bir dağı çekmeye kudreti yoktur." / Hz. Mevlâna Celâleddîn-i Rûmî, Mesnevi 1/0140.

Özlü sözünde, içinde ne ihtivalar barındıran anlamları mevcuttur. Her zaman dengeli ve ölçülü istememiz gerektiğini, çünkü isteklerimizin, arzularımızın bir sınırı olmadığını anlatmaktadır. Sen hayat planı içerisinde ancak ve ancak, o hayat planına dâhil olabilecek, tekâmülünü gerçekleştirecek ve ihtiyaca uygun nitelikteki isteklerini çekebilirsin. Daha fazlasına kudretin zaten yoktur ve boş yere de zaman kaybetme. Çünkü fazla isteme ya da hırsların, akıldan ve gönülden daha öte olması, kontrol edilemez olması, yukarıda bahsettiğimiz gibi, dünyevi titreşimimizi kuvvetlendirecek, önüne geçilemeyecek bir hale gelebilecektir. Egonun, hırsların, tatmin olmayan sürekli istekler üreten düşüncelerin insanı ne kadar olgunlaştırabileceğini düşünmemiz gerekir. Maddi istekler bir ölçüye kadardır. Ve aynı zamanda da manevî düşünceler de yerinde ve dengeli istenmelidir.

"Görmez misin? Demir kırıntısı, sonunda mıknatısa doğru koşar. Şüphe yok ki, saman çöpü de kehribara doğru uçar." / Hz. Mevlâna Celâleddîn-i Rûmî, Divan-ı Kebir, c. V. 2339.

# HZ. MEVLÂNA FELSEFESİNDE KAVRAMLAR

"İsteme! İstediğin Ol!" Kelimesi biraz daha mantığa uygundur. Huzurlu olmak istiyorum yerine, Huzurluyum, Ben Huzurum demek, huzur mıknatısı haline dönüşmemizi ve huzur dolmamızı da sağlayacaktır. Huzur mıknatısı olan, huzuru çekecektir. Başarılı olmak istiyorum yerine, Başarılıyım demek, başarı getirecek mizansenleri de yaratan bir etkiyle güçlü çekim alanı yaratacaktır.

> "Herkes kendi cinsiyle uzlasmış, kendi cinsiyle kaynaşmıştır." / Hz. Mevlâna Celâleddîn-i Rûmî, Divan-ı Kebir, c. III, 1116.

Hz. Mevlâna burada, kendi cinsi sözü ile aynı cinsten ya da karşı cinsten insanların bir aradalığından ziyade, birbiri ile ortak alan yaratanların aynı cinsi oluşturduğundan bahsetmektedir. Ortak alanların yaratımı. Bazen hiç anlamadığımız bir anda, bir insana karşı çekim kuvveti hissederiz. Ortak hiçbir noktamız yoktur, fakat mutlaka bir düşünce formu ile ortaklık yakalanmıştır. İnsanın gönlünde, kalbinde gizli kalmış bir düşüncenin, bastırılmış bir duygunun çekim alanına dâhil olan benzer düşünce ve duygu içinde olan başka bir insan ile ortak alan kurulabilir. Hz. Mevlâna bu duruma "Herkes kendi tabiatına layık, kendi ruhuna uygun birisine dost edinmiştir" der.

İnsanın gönlünde ne gizli ise, o açığa çıkacaktır ve onunla karşılaşacaktır. Neye yönelirse Rabbi de o kişiye bunu verecektir. İmkan sağlayacaktır, mizansenler oluşacaktır. Çünkü yaşam isteklerin doğrultusunda gerçekleşir.

TEVHİD SIRLARI

Ancak sadece zihinde düşünce ile istemek ya da tekrarla-
mak değildir. Çünkü dil başka, gönül başka şeyler dileyebi-
lir. İnsan, kendi ruhunda, kendi içinde gizli kalmış duygu
ve düşünceler bütünüdür. İşte bu bütünlük ile bir mıknatıs
haline gelir ve bunları göremediği bilemediği için, gizli ol-
dukları için, başına gelen her şeyden Yaratıcıyı suçlar. Oysa
bilmez ki "ne dilersen gizlide, Tanrı sana onu verecektir.
Çünkü Rab, gaybı bilir ve gaybda olanları açığa çıkarır." Te-
miz bir gönlün varsa açığa çıkacak olanlar da güllük gülis-
tanlık olur. Temiz gönüllü insanlar ayrım yapmazlar. Bu iyi
bir olay, bu kötü bir olay demezler. Onlar her an huzur ve
mutluluk içindedirler. Çünkü yaşamın getirdiklerini şükür
ile karşılayıp, her yaşanan olayı, başlarına gelen her olayı,
Rablerinden bir lütüf olarak kabul ederler.

> "Cins cins herkes, her şey kendi cinsiyle kaynaşır.
> Herkes, her şey kendi cinsinden birisini, bir şeyi seçer."
> / Hz. Mevlâna Celâleddîn-i Rûmî, Divan-ı Kebir c. III,
> 1116.

Neye meyledersen o çıkar karşına. Kalbinde ne varsa
onu yaşarsın. Gizlide olan tüm duygu ve düşünceler, su yü-
züne çıkmazlar birdenbire. Onlar olaylar, mizansenler ola-
rak karşına çıkar. Yaşadığımız her ne ise, mutlaka buna liya-
katliyizdir. Ve bazıları da özellikle içlerinde olan gizli duygu
ve düşünceleri arındırmak için mizansenler içine dâhil olur-
lar bilmeden. Bunun için her zaman şükür içinde olmak
ve günün getirdiklerini, huzur ve mutluluk ile karşılamak,
sakinliği de asla elden bırakmamak gerekir. Biri diğeri ile
anlaşıyor ise, "bunlar birbirine yakışıyor mu" düşüncesini

bir yana bırakarak, aralarındaki ortak noktayı görmek daha uygun olacaktır. Herkes, kendi cinsinden birisi ile mutlaka anlaşacaktır.

"İnsanlar kendilerine uygun olmayan kötüler ile evlenir, uygun olan iyileri ile dertleşir" sözü halk arasında çok fazla konuşulur olmuştur. Günümüzde insanlar, kötü karakterlerle evlenerek, iyi karakterli insanlarla dost olduklarını düşünürler. Oysa Hz. Mevlâna anlayışında bu mümkün değildir. İyi kötü karakterli insan yoktur. Herkes bir bütünlüktür. Tüm iyileri ve kötüleri kendi içinde, çok derinlerinde saklar. En çok her neyi mıknatıs haline getirip beslemiş ise, güçlü çekim alanı yaratmıştır ve ona meyletmiştir. Meylettiği düşünce formu da, diğer en uygun düşünce formu ile ortak alan yaratacaktır. Belki de bu düşünce formlarından hiçbirinin haberi olmadan. Birbirlerine çekim gerçekleşecektir. Çoğu insan tiplere bakarak önyargılı olurlar. Hiç uyuşmamışlar diye düşünürler. Oysa ortak alanlar sonsuzdur. Çekim kuvvetine hangisi uygun ise, o düşünce formunu besleyen insan ile bütünleşmesi mümkündür.

Hz. Mevlâna, Divan Kebir'de, "Kim senden kaçar da başkasından hoşlanırsa, kim senden ürker, seni bırakır başkasıyla karar kılarsa; 0 aslından, kendi cinsinden ayrı düştüğü için sevdiği sandığının yanında suratını eksiterek bulut gibi somurtkan oturur. Kendi cinsinden olanın yanındaysa ilkbahar gibi gönlü açılır, neşelenir. 0 kendi cinsiyle beraber olunca susam çiçeği gibi dil kesilir, cinsinden başkasının yanında dilsiz kalır. Kendi cinsiyle bir arada olunca gül gibi açılır, güzel kokular saçar. Cinsinden başkasına ise diken olur." Demiştir.

Einstein'in, "sevgilinin yanında geçen bir saat bir saniye gibi, kızgın bir tavanın üzerinde bir saniye bir saat gibi gelir" sözü ile zamanın izafiyetinden bahsetmiştir. Hz. Mevlâna'da, kendi cinsi ile yakınlaşanın yüzünden, gözlerinin pırıltısından, neşesinden anlaşılır ifadesi vardır. Ancak aynı kişi, bir başka cinsinden olmayanın yanında ise, somurtkan olabilir. Çünkü enerji alanları birbiri ile ortak alan oluşturmamıştır. Oluşturamadığı için, "anlaşamadılar" ifadesi kullanılır. Oysa anlaşamayan çift kendi cinsi ile ortak alan oluşturmamıştır. Fakat bir başkaları için, uygun olabilirler. Bu onların çok kötü ya da çok iyi olduklarını göstermez. Birbirlerine uygun olmayanlar, başkaları için, yani kendi cinsleri için, kendi ortak alanlarına uygun kişiler için fevkalade uyumlu olabilirler.

> "Koku satanların tablalarına bak. Her cinsi, kendi cinsinin yanına korlar.
> Cinsleri, kendi cinsleriyle karıştırır, bu uygunluktan bir güzellik, bir süs meydana getirirler. Fakat mercimek, şeker arasına karışırsa onları birer, birer ayırırlar. Tablalar kırıldı, canlar döküldü de iyiyi, kötüyü birbirine karıştırdılar. Allah, bu taneleri ayırıp tabağa koysunlar diye kitaplar verdi, Peygamberler gönderdi." / Hz. Mevlâna Celâleddîn-i Rûmî, Mesnevi, 2. Cilt 280.

Her cins, kendi cinsi ile bir münasebet oluşturur ki, diğer göremediği, gizli olandaki duygu ve düşüncelerinin törpülenmesi, farkedilmesi, ehlileştirilmesi içindir. Tek bir ortak alan bile insanları birbirlerine çekerek bir "cins" oluşturur. Hangi duygu ve düşünce mıknatıs haline gelmiş ise, diğer benzer mıknatıs olmuş düşünce ile ortak bir bağ oluşturur.

"Su gibi aziz ol!" denir halk arasında. "Su gibi olan, billur olur" düşüncesinde, su olduğunu düşünen temiz ve pak kalır. Her cins insanla ortak alan oluşturan, arınmış ve temiz bir cins olmuştur. İşte o hoşgörülü, seven, sevilen bir insan haline gelmiştir. Her ortamda kendini kaybetmeden bulunur. Sözü dinlenir, saygı görür. Çünkü saygı duyar ve söz dinler. O artık kendini su gibi her yöne akan, aktıkça çoğalan, her kaba sığan, her kabın şeklini alan yararlı ve hayat veren bir cins insan haline dönüşmüştür.

Güzel güzel içindir, güzeli sever, güzeli ister. Arar durur en uygun kişiyi. Belki yıllar sürer arayış, kendinde olana uygun kişi bekler. Bekle uygun olanı, belki köşeyi dönünce, belki sevmediğinden ayrılır gelir sana, belki de uygun olması için henüz daha zaman geçmesi gerekmektedir. Ama eninde sonunda herkes kendi cinsi ile ortak alanı kurar. Hiçkimse yalnız kalmaz. Yalnız kalamaz. Kimse bir adada tek başına olamaz. Her insanın, her cinsin mutlaka ortak alan kurduğu, kendini ayna olarak gördüğü insan ve insanlar olacaktır. Bana güzel görünen, başkasına uygun olmayan çirkindir. Bana çirkin görünen, bir başkası için en uygun güzelliktedir. Bunun bir ölçüsü yoktur. Gönül ölçüsü tüm ölçülebilir değerlerden üstündür. Gönül ölçer, biçer ve tayin eder. Cinslerin kaynaşmasının da zamanı vardır. Çok iyi bir ortak alan yaratanların da ortak alanlarını tanıdıklarında birbirlerinden uzaklaşmaları da üzücü olarak karşılanır. Oysa herkes herkes içindir. En güzel dostluklar da bitebilir, en uzun evlilikler de. Herkes uzun sürmesini sonsuza kadar olmasını bekleyebilir. Ancak ortak alanlar ne kadar çok ise, uzun sürmesi o kadar beklenebilir.

İnsan kendi içinde hem şeytanını, hem de meleğini saklar. Ve en çok neyi dinliyorsa ona meylediyorsa o olur. İçindeki ne ise ona yönelir. Çok iyi olarak görülen bir kişi yıllarca tanıdığınız birisi, bir anda başka bir insana da dönüşebilir. Örnekleri çoktur. Çünkü artık ortak alan kalmamıştır. Ortak alan kalmayınca, değiştiğini, uygun olmadığını düşünürüz. Bunlar hep insanların içinde bulunduğu durumlardır.

> "Kuş ancak kendi cinsinden olan kuşlarla uçar. Kendi cinsinden olmayanla sohbet âdeta mezara girmedir" diye cevap verdi. Bir kuşun kendi cinsinden olmayan bir kuşla uçup yayılmasındaki sebep. Bir hakîm dedi ki: " Bir kargayla bir leyleğin beraberce koşup uçmakta olduğunu gördüm. Hayret ettim, bakalım aralarındaki kadr-i müstereke ait emare bulabilir miyim, diye hallerini araştırmaya koyuldum. Hayretle yanlarına yaklaşınca gördüm ki ikisi de topal!" / Hz. Mevlâna Celâleddîn-i Rûmî, Mesnevi, 2. Cilt 2105.

Hz. Mevlânanın burada ifade etmek istediği, bedenin haz ve arzuları ile meşgul olanın, ancak bu isteklerine uygun kişileri ve maddi değerleri de çektiğini ifade etmektedir. Çekim alanına dâhil olan ne varsa, buna uygun da bir hayat sürmektedir. Ancak layık olabildiği oranda. Çünkü herkese verilen sunulan şey, ancak liyakati oranında elinde tuttuğudur. Onunla ne kadar ortak alan kurabilirse, o oranda onunla beraber bir yaşam sürecektir. Değersiz olduğunu düşünüyorsa, değersiz olan durumlar içinde olarak, değerli olduğunu anlayana kadar bu döngü de devam edecektir. Zıt durumlarla karşılaşmak aslında zıtlığın içinde bir uyum vardır. Zıt gibi görünse de ortak alanları çok güçlüdür ve bu yüzden bir birliktelik sergileyeceklerdir. Bir karga ile bir leyleğin ortak alanı olmayabilir ancak ikisinin de topal olması bir ortak alan yaratmıştır. Ne güzeller ile çirkinler bir aradadır da, ortak alanları bu görüntülerini bir battaniye gibi örtmekte ve gözleri perdelenmektedir. Çünkü aralarındaki ortak alan o kadar büyüktür ki, hiçbir şey onların bir aradalığına engel olamamıştır. Zincirlenseler bile bir araya gelmek için çok büyük çaba harcarlar. Âşk ve tutku ile birbirlerine çekilirler ve hiçbir kuvvet bu çekim alanını bozmaya gücü yetmeyecektir.

Rüzgârı çekmek için, toprağı tutmak için, yağmurların yağması için ağaç dikilir. Çünkü ağacın en önemli özelliği yaşam sağlaması verimli olmasıdır. Ve bu özelliği, benzer özellik taşıyan unsurları da çekecektir.

Babanın sırrı oğlunda çıkar. Baba sakladığı her şeyi oğlunda görür. Gizlenmiş tüm duygu ve düşünceleri DNAsı vasıtası ile kendi evlatlarına aktarır. Bilerek ya da bilmeyerek bunun gerçekleşmesi karşısında şaşkınlığa uğrar ya da mutlu ve huzurlu olur. Her alimden zalim, her zalimden alim doğma meselesi bundandır. Çünkü her insan kendi içinde tüm zıtları da taşır. Hangisini açığa çıkardı ise, diğeri baskın durumda ancak canlı olarak var olmaya devam eder. Onu ehlileştiremediği için, DNAsında mutlaka açığa çıkacak yollar arar. Ve yol bulup tam karşısına dikildiğinde ise, şaşkındır ya da mutludur. Bazen sorgulayan vicdanı olur karşısındaki, bazen de tüm gizlediği görmek istemediği, unutmaya çalıştığı, manasız bir karakter.

"Dünyanın her cüzü, her şey Âşıktır. Her şey sevgili ile buluşmak için çırpınır durur." / Hz. Mevlâna Celâled-dîn-i Rûmî, Divan-ı Kebîr, c. VI, nr. 2674.

Her zerre Âşk ile inler ve diğer Âşkına kavuşmak için an bekler. Tüm atomlar birbirleri ile birleşerek suyu, ateşi, tahtayı, taşı, görünen tüm varlıkları oluşturur. Çünkü her zerre canlıdır ve kendi eşini arar bulur. Bu birleşmeye tüm kâinat tanıklık eder. Varlıkların bir araya gelişleri nasıl kâi-natı oluşturuyorsa, zerrelerin bir araya gelişleri de varlıkları oluşturur. Her biri kendi ortak alanına kavuşmak için Âşk ile çırpınır. Çünkü Âşk, yaratılışın hamuruna karıştırılmış-tır. Her hücre, her zerre Âşk ile kalp gibi atan bir canlıdır. Çünkü hepsinin özünde ilahi Can'ın, Canlılık enerjisi mev-cuttur.

Âşk enerjisi insanları ve zerreleri birbirine çeker ve bu çekimden Sevgi enerjisi açığa çıkar.

# RÜYA KAVRAYIŞI

"Uykuya dal, dünyadan vazgeç, altı yönden de kaç! Ne zamana kadar, aptalcasına, başıboş, şurada burada dolaşıp duracaksın?" / Hz. Mevlâna Celâleddîn-i Rûmî, Divan-ı Kebir, c. V. 2239.

# HZ. MEVLÂNA FELSEFESİNDE KAVRAMLAR

Bir tohumun büyümesi için ne kadar çok etken gerekir. Toprak, gübre, su, güneş gibi en önemli unsurlarının dışında, dayanıklılık, sabır gibi erdemli düşüncelerin de ortaklaşa alan yaratması gerekir. İşte insan da böyledir. Büyümesi ve olgunlaşması, gerçek İnsan-ı Kâmil boyutuna ulaşması için çok çeşitli etkenler işbaşındadır. Altı yön olarak bahsedilen, insanı yönlendiren tüm duyular algılamasıdır. Dünyada yaşamı varsa, bu altı yön ile hareket halindedir. Altı yönün dışına çıkarsa işte dünyadan vazgeçmiş ve rüya âlemine dalmıştır. Dünya zamanından kurtulup, düş zamanına dalmıştır. Hangi dünya zamanına kadar da aptalca, başıboş dünya yaşamında uyuduğunu, yönlendirildiğini farkedemeden uykuda olacaktır?

Dünya üzerinde, rüya ve düş yaşamını en iyi açıklayan topluluklardan biri Aborjinlerdir. Onların düş ve rüya âleminin tanımlamasına yer verdikten sonra Mesnevi kültürü ve Hz. Mevlânanın düşünceleri ile metafizik bilgilerinin ele alındığı bilgilere geçebiliriz. Aborjin inançlarında ölüm bir son değil, yaşam döngüsünün bir parçasıydı. Ölüm, gerçek "düş zamanına" geri dönüştü. Doğum ise, "gerçek yaşam olan düşzamanın'dan çıkmaydı. Yani Aborjinler, Düş zamanı adı verdikleri sonsuz yaşamdan dünyaya doğarak çıkarlar, dünyadan ölerek tekrar sonsuz yaşama kavuşurlar inancını taşıyorlardı. Doğum ve ölüm bir yaşam döngüsünün bir parçasıydı.

Fakat bu düşzamana, dünyada yaşarken de ulaşmak mümkündü. Uykuya daldıkları vakit, düşzamana geri dönüş olurdu ve ölmüş kişilerle, akrabalarıyla, sevdikleriyle görüşme, şifa isteme durumlarını gerçekleştirirlerdi. "Düşzamanı" adı verilen sonsuz yaşam ve rüya, geçmiş, gelecek ve an aynı zamanda gerçekleşmekteydi. Orada zaman mevcut değildi, her şey anda gerçekleşmekteydi. Bu yüzden düşzamanında "her şeyin bir anda" olduğu zaman olarak adlandırırlar ve inanırlar. Ölen sevdikleri, kaybolmamakta düşzamanına geri dönmüşler ve orada her şey bir anda olmaktaydı. Orada mevcudiyetlerine devam etmekteydiler. Dünyada kalanlar ise, uyku vasıtasıyla düşzamana geri dönerek şifa ve görüşmeye devam etmektedirler taa ki, bu dünyadan ölerek, düşzamana geri dönene kadar.

Uykudayız, uyuyoruz. Zerreler uyanıktır, akıllıdır, ancak bir araya gelerek cisimleri meydana getirdiklerinde uykuya dalarlar. Zeka zerrelerdedir, mükemmel formlardır. Akıllı zerrelerin bir araya gelişlerinden oluşan insan uykudadır. Gerçekliği ile henüz tanışmamıştır dünyada. Çünkü dünya yaşamı, uyku ile dopdoludur. Hiçbir şeye hâkim değildir. Nefsi tarafından yönetilir, yönlendirilir. Kendi gerçek bedenini bile göremediği ve hakkında hiçbir şey bilmediğinden dolayı, Anlık uyanıklıklar yaşasa da, tüm ömrü bazen tamamen uykuda geçer. İnsan kuantum evreninde yani bizim kâinatımız ve boyutumuzda olduğu için, görünen bedenini göremediği için uykudadır. Eğer bedenini gerçekten gönül gözü ile görebilseydi uykudan uyanırdı. Ancak kendi bedenini yine kendi bedenine ait organı olan gözü ile görüyor, kulağı ile sesini duyabiliyor, yeni aynı bedene ait olan dokunsal yolla tanıyabiliyordu. Dışardan bakamadığı için, kendi boyutunda algılaması, ancak uykuda olmaktadır. Gerçeğe, kendi boyutunda ulaşmak mümkün değildir. Gerçeğe, ancak bir üst boyuttan ruhi bir bakış ile bakarak anlamak mümkündür. Akıl insana bahşedilmiş üstün bir tesirdir. Ancak insan akıl ile tam bir birleşme hali içinde değildir. Çünkü aklın çok az bir kısmı insan tarafından kullanılır. İnsan baktığında gördüğü görüntüyü, çok çeşitli tesirlerle yorumlar. Aklını tam olarak kullanamadığı için yorumda eksik kalır ve gördüğü görüntü yine kendi boyutunda bir yorum olarak kalır. Tüm duygusal, dürtüsel, içgüdüsel tesirler, yorumlamasını yönlendirir ve gördüğünü bilincinde şekillendirmesi yine bu tesirler vasıtası ile eksiktir. Eksiklikten çıkabilmesi ve tam bir gerçek yorum olabilmesi için, aklını da tam ve eksiksiz kullanması ile mümkündür. İnsanın perdeli olması ve uyuduğunun açıklaması duyuları ile hareket etmesi ve içgüdüsel dürtüleri ile algılaması sonucudur. Ancak insan Duyusal ve Dürtüsel dünyada hareket halindedir, yorulduğunda dinlenmek için uykuda olduğu dünyadan biraz uzaklaşmak için uykuya dalar. Uyuduğu zaman da "düşler" ve "rüya"lar görür.

Dünyasal ve yaşamsal olan "duyu"lar, uykuya dalındığında duyusuz algılar olan mizansenlere yani "rüya"lara dönüşür. İnsan bilinci, algıladığı dünyada yaşarken hareket halinde ve duyuları vasıtası ile yaşar. Ancak uykuya dalıp da rüya gördüğünde, hareketsizdir ve duyusuzdur. Bu yüzden duyusuz algılar olan düşler ve rüyalarda, film izler gibi sahneler takip edilir ancak bir bağlantı kurulamaz, insan rüyada iken nerede olduğunu ve neden rüyada olduğunu bilemez. Çünkü duyuları, duyguları, hisleri ve dürtüleri yoktur. Rüya âlemi, tamamen bilinç dışı oluşan görüntülerdir. Dünyasal ve yaşamsal tesirlerin yönlendirmesi bitmiş, tamamen farklı bir dünyanın kapıları açılmış ve kendisine verilen aklın tam olarak kullanıldığı bir boyuttadır insan. Birçok keşif, bilimsel buluşlar, sanat eserleri rüyalardan alınmadır. İnsan rüyalarında dünya tesirlerinden uzaklaştığı için, ruhi boyuta, mana evrenine daha yakındır. Hz. Mevlâna Divan-ı Kebirde aşağıdaki sözünde, uyanıkken sahip olunan akıl ile rüyada iken açığa çıkan aklın farklı olduğunu vurgulamaktadır. Kafeste yani ten kafesine hapsolmuş bir Âşık Canın, yaşam ve dünya kanunlarının ve tesirlerinin emrinde olduğunu, ancak kafesi kırıp da rüyalara daldığında ise, emirlerin yok olduğu bir boyuta geçtiğinden bahseder. Özellikle akıl başta iken, yani uyanık iken, her konuda yorumu nefsin suçlaması boyutunda olduğudur. Nefsani bir akıl ile yorum yaptığını vurgular. Aklın da aklı gelince, rüyalara daldığında, gerçek akıl açığa çıkınca, nefsani bir yorumun ötesine, ruhi ve özgür bir boyuta geçiş ve o boyuttan bir yorum ve algılama olduğunu da anlatmaktadır.

> "Gönlü "yanık bir kişinin aklı nerede, korkulu ve karışık rüyalara dalmış akıl nerede? Kuş, kafeste kaldığı müddetçe bir başkasının emri altındadır. Kafes kırılıp da kuş uçunca, ona verilecek emirler nerededir? Akıl başta iken, nefis suçlar işler. Fakat aklın da aklı gelince, nefsin suçları nerede kalır?" / Hz. Mevlâna Celâleddîn-i Rûmî, Divan-ı Kebir, c. V. 2207.

Can, bedende iken ata binmiş ve atı araç olarak kullanır. At burada bedendir. Can kavramını, ata binmiş, beden atına binmiş bir araç olarak kullanır. Rüya âlemine geçen Can ise, atından inmiştir ve yaya olarak gezmektedir. Araçsızdır. Artık ruhi boyutta olduğunu özellikle vurgulamaktadır.

# HZ. MEVLÂNA FELSEFESİNDE KAVRAMLAR

"Beden uykuda iken can, beden atından inmiş, basit bir âleme, rüya âlemine yaya olarak gelmişti." / Hz. Mevlâna Celâleddîn-i Rûmî, Divan-ı Kebir c. V. 2353.

Basit bir âlemdir rüya âlemi. Çünkü orada duyular ve dürtüler yoktur. Dünyaya ait yaşamsal formlar yoktur. Tüm endişelerden, nefsani duygulardan arınmışlık vardır. Çünkü orada yaya olarak araçsız hareket edilir. Rüyalarda iken beden aracına ihtiyaç yoktur. Rüya âlemi, araçsız, yaya olarak yani ruhi yapılan bir hareketlenmedir.

Dünya yaşamı, yaşamları, kozmik bedenin her hücresinin uykuya dalmış ve her bir hücrenin bir dünya yarattığı düşsel hareketlerdir. Kozmik bedenin her hücresi ayrı ayrı düşler ve rüyalar görmekte ve bir yaşam yaratmaktadır. Her dünyasal yaşam bir rüyadan ibarettir. Ancak o rüyada iken uykuya dalan ve rüya gören kişi uyanık hale gelir ve kozmik bedeni ile bütünleşir, kozmik bedenin bir hücresi olduğunu algılar. Dünya yaşamında uykuda olan ve yaşamı bir rüya olan, o rüyada uyuyup gördüğü tüm rüyalar, kozmik bedeni ile bütünleşmesi ve akıl üstü aklı ile kaynaşmasıdır.

"Dünya bir hiçtir; biz de hiçleriz! Dünya da, biz de hayalden, rüyadan ibaretiz! İş böyleyken, dünyalık elde etmek için çırpınır dururuz! Uyuyan kişi uykuda olduğunu bilseydi, rüya gördüğünü anlasaydı, hiç üzülür müydü? Şu uykuya dalmış kişi, bir hayal görür, düşüncelere dalar! Şu dağınık uykudan sıçrayıp kalksaydı, rüyadaki sıkıntıların gittiğini ve nimetler içinde olduğunu anlardı! Birisi, rüyada kendini gam zindanına düşmüş görür, birisi îrem Bağı'na ulaşır! Uyandıkları zaman ne zindan kalır,

ne de îrem Bağı!" / Hz. Mevlâna Celâleddîn-i Rûmî, Di-
van-ı Kebir c. V, 2501.

Asıl amaç, uyku ve rüya olan dünya yaşamında uykuya
dalıp uyanmadan, uyanabilmektir. Kozmik bütünleşmeyi,
dünya rüyasında hareketliyken, duyuları ve nefsaniyetinin
yönlendirmesinin dizginlerini ele alarak uyanmasıdır. Koz-
mik bedenin hücreleri olduğunu dünya yaşamında iken
anlayabilmesi ve idrak edebilmesidir. Yaşamda uyanacak
insan, artık uyuyarak rüya âlemine gerçek aklına yolculuk
ederek gitmeyecek, o rüya âlemini, yaşama taşıyabilecek,
kendi bedeninde açığa çıkan uyanık şuur hali ile idrakli
uyanışa geçebilecektir. Uyuyup rüya âlemine gerçek akla ve
bütünlüğüne giden insanın İrem Bağı yani spiritüalizmde
gümüş kordon olarak bahsedilen bağına da ihtiyaç kalma-
yacak. Çünkü iki âlem de bir olacaktır. O zaman ne beden
"zindan" olacak, ne de "İrem Bağı" denilen ruh ile beden
arasındaki bağlantıya gereksinimi olacaktır. İki dünyayı da
bir eden insan aklı ve şuuru, tam bir uyanış ile rüya âlemi
ile dünya yaşamını, tek bir amaçta ve hizmette birleştirebi-
lecektir.

> "Bu bir âlemdir ki bana rüyada göründü; açıklığıyla
> kolumu, kanadımı açtı. Bu âlemle bu âlemin yolu mey-
> danda olsaydı dünyada pek az kimse, ancak bir lâhzacık
> kalırdı." / Hz. Mevlâna Celâleddîn-i Rûmî, Mesnevi, cilt
> 1, 2100.

Rüyalarda ziyaret edilen âlem, manevî dünyadır. Apa-
çık olarak bilinseydi, kimse yaşamda bir lahza bile kalmak

istemezdi. Bu yüzden yaşamda perdelidir insanlar. Ve ancak çok kısa bir süreliğine, uykuya daldıklarında anlık rüyaları ile ziyaret ederler bu manevî dünyayı. Hz. Mevlâna'nın "rüya âlemi" olarak bahsettiği ise, bizim günlük rüya olarak algıladığımız ve yorumlara başvurduğumuz bir görselliğin tamamen dışındadır. Rüya âlemi, eksi kadim uygarlıkların önemle üzerinde durduğu, gerçekliğe yakın bir boyuttur. Ve madde âlemi ile yan yana, iç içedir. Çok ince bir sınır vardır ve bu sınırı ancak İrem bağı olarak Hz. Mevlânanın bahsettiği, kozmik öğretilerde ise gümüş kordon olarak adlandırılan bir kordon ile geçiş yapmak mümkündür. Bu geçişi sadece rüya vasıtası ile değil, uyku ile uyanıklık arasında astral seyahat olarak tabir edilen bir şuur durumu ile de yapmak mümkündür. Uykuya dalınca görülen görsellik rüya olarak adlandırılır. Ancak astral seyahatte ise, her şey ruhi bir göz ile görülür ve kozmik beden ile bütünleşme anlık da olsa gerçekleşebilir. Astral seyahatlar esnasında, yüksek şuurlara sahip kişiler, Hz. Mevlâna gibi ulular, bilgiler ile donatılarak dünya yaşamlarına geri dönerler. Çünkü astral seyahatlerde yani bir bakıma rüya olarak da bahsedilir Hz. Mevlâna tarafından, gönül gözü açılır, tam bir görme ve duyma hali meydana gelir. Ruhsal âleme, manevî boyuta açılan pencereden bir bakış ile akıl "görme" halini tam olarak gerçekleştirir. Aklın ötesindeki akıl, o esnada duyusuz algıların ötesine geçerek, kuantum evreninden ayrılma yaşar, zahiri olan tüm görüntüleri yukardan yani üst boyuttan yorumlar. İşte Hz. Mevlâna böyle bir şuur halini yaşayan için "ariftir" tabirini kullanmıştır. Çünkü dünya yaşamında elde edilen tüm bilgiler dünyasal ve maddeseldir. Ruhi bilgilere, ancak böyle bir astral âlemden, ruhi boyuttan ulaşılabilir. Böyle bir "rüya"yı gören ise ariftir buyurur. İşte böyle ariflerin bastığı toprak yani anlattıkları aktardıkları bilgiler, gözümüzün perdelerini açan bir sürme gibidir. Gerçekliğe yakın olan bilgilerdir.

> "Rüya deyince şaşılacak seyler açığa çıkar. Gönül uykuda pencere kesilir. Uyanık olduğu halde güzel rüya gören âriftir. Sen onun bastığı toprağı gözüne sürme gibi çek." / Hz. Mevlâna Celâleddîn-i Rûmî, Mesnevi, 2.cilt 2235.

Ebedi kalmayacak olan nedir? Maddedir. İşte o bir rüyadır diye buyurur Hz. Mevlâna. Geçici olan her şey rüyadır. Kozmik bedenin rüyasıdır. Dünya yaşamı bir rüyadan ibarettir. Ve orada olan tüm insanlar gerçekten uykudadır. Ne zaman dünya yaşamında uyanacaklar, işte o zaman dünya rüyasından çıkıp, kozmik evren boyutunda uyanacaklardır.

> "Ebedî kalmayacak mülkü, gönül, bir rüya bil!" / Hz. Mevlâna Celâleddîn-i Rûmî, Mesnevi 5.cilt 3925.

Uykuda olan insan, dinlenmek için uyuduğunda, gizli görünmeyen âlemlere doğru uçar. Bu uçuş, astral bir projeksiyon halidir. Çünkü uçan, bir kordon vasıtası ile bedene tutunmak zorundadır. Çünkü tam bir kopuş ancak madde âleminden ayrılışı da meydana getirir ki bu da "ölüm" olarak adlandırır. Yarı ölüm hali ise, o kordon vasıtası ile gizli âlemlere uçmaktır.

Gerçek akıl, rüya âleminde açığa çıkar. Çünkü orada akıl yönlendirilmez. Tam bir ruhi düşünüş ve algılamaya dönüşür. Akıl, dünyada iken yönlendirilir, uykuya dalıp da rüyaya giden için ise yönlendirme bitmiş, kendi başına kalmıştır. İşte bu yüzden rüyada iken dünyasal üstü bilgilerin de açığa çıkıp yol bulma olasılığı mümkündür.

> "Seni ne Hz. Âdem rüyasında gördü, ne de onun neslinden gelenler, onun sovu sopu! Ben senin güzelliğini kimlere sorayım? Bütün insanlara teker teker sorsam bile bir anlatan çıkmaz." / Hz. Mevlâna Celâleddîn-i Rûmî, Divan-ı Kebir c. II, 1062.

Hz. Mevlâna bu sözü ile çok önemli bir bilgiyi de bizlere vermektedir. Yoktan var olan hiçbir varlığın, varlıkların yarattığı yaratılanların hiçbiri "Seni" olarak bahsettiği Mutlak'ı göremez. Ne rüya âlemi olan gayb âleminde, ne de dünyasal yaşamda, hiçkimse onu gönül gözü ya da zahiri gören gözü ile asla göremez. Görme ne kadar derinleşse bile Mutlak asla ulaşılamayan bir noktadadır. Hiçlikte ve Yoklukta olan Sevgidir. Ulaşılamayan ve Ama boyutunda olandır. Bir anlatan çıkmaz onun hakkında bilgiyi. Yaratılanlar ve Varlıklar, en yüksek bilinç noktasında olsalar da onu ne görebilirler, ne de onun hakkında zerre bir bilgiye ulaşabilirler. Rüya âlemi bile bunun için yetersizdir. Çünkü Mutlak, tüm yaratılmışlıkların ve varlıkların ötesinde Ama boyutunda, bulunamayan noktadır.

> "Sen uyuyanları rüya âlemine götürmedin mi? Onlara gizli bir temasa, gizli bir seyir seyran bağışlamadın mı? Ne olur senin sevdana kapıldığı için uyuyamayan ben

zavallıyı, uyanık değil de uyur say! Beni de gizli âleme götür, hiç olmazsa hayalinle beni sevindir." / Hz. Mevlâna Celâleddîn-i Rûmî, Divan-ı Kebir c. 11, 1091.

Hz. Mevlâna bu sözünde çok önemli bir ayrıntıyı bizlere anlatmak istemiştir, "uyuyamayan ben zavallı" sözü ile. Zavallı kelimesi, aslında erdemli bir alçakgönüllü, fizikte fakir olan ancak ruhta zengin bir insanın sarfedeceği üstün bir anlayıştır. Çünkü "uyuyamayan ben zavallı" sözü ile Hz. Mevlâna, aslında dünya yaşamında "uyanmış"lığını ortaya koymaktadır. Uyanan insan artık uyuyamayan biri haline gelir. Çünkü iki âlemi de bir etmiştir. İki âlemi bir idrake ulaştıran için, uyuyup da rüya âlemine gitmesine gerek kalmamıştır. O uyanık şuuru ile zaten hem madde evreninde yaşam içinde hapiste, aynı anda, o hapishane içinden çıkarak rüya âleminden bilgiler alan biridir. Gözü açıkken hem rüya âleminde hem de dünya yaşamında olan birinin duası ise ancak bu kadar kendini belli edebilir. "Beni de uyur say ve rüya âlemine götür, sevindir". İki dünyayı bir yapan Hz. Mevlâna da, arada uyuyan insanlar gibi uyuyarak rüya âlemine farklı bir yoldan gitmeyi de duasında dile getirmiştir. Çok önemli bir ayrıntıyı da bize bu şekilde ifade ederek anlayışlarımıza sunmuştur.

# SABA MELİKESİ, HZ. SÜLEYMAN VE HÜTHÜT KUŞU KAVRAYIŞI

"Hüthüdün küçücük vücudunu görünce, Belkıs'ın kalben Hz. Süleymandan gelen haberi ulu bulması. Allah, Belkıs'a, yüzlerce erkeğin aklını vermiş. Hüthüt kuşu, Süleyman'dan birkaç satırdan ibaret bir mektup getirdi. Belkıs okudu. Nükteleri hor görmedi. Gözü hüthüdü gördü, gönlü onun Anka olduğunu anladı. Duygusu onu bir köpekten ibared gördü, gönlüyse bir derya." / Hz. Mevlâna Celâleddîn-i Rûmî, Mesnevi 2.cilt, 1560.

Matta İncilinde "Güneyin Kraliçesi" olarak bahsedilen, Saba Melikesi, İslam kültüründe Belkıs olarak bilinir. Bazı kaynaklarda ise, Lilith, Nikola olarak da geçer. Arapça Sebe, Saba, İbranice Seba olarak bilinir. Güneşe tapmaktadır. Ancak Hz. Süleyman tarafından Âlemlerin Rabbine inanması için hüdhüd ile haber yollanmaktadır.

Hz. Süleyman Kutsal Kur'an-ı Kerim ayetlerinde çok sık tekrar edilen, "Allah katında kendisine ilim ve kudret verilen salihlerden, amacına ulaşabilmesi için yol verilen, sebep kılınanlardan" biridir. Hz. Süleyman'a tüm hayvanlarla konuşabilme, cinni ve peri gibi bir takım varlıklarla da iletişim kurma, yönetme ve yönlendirme yetkisi verilmişti.

"Hz. Süleyman gönül gözüyle, can gözüyle gördü de, bu yüzden bütün kuşların dillerini bildi." / Hz. Mevlâna Celâleddîn-i Rûmî, Divan-ı Kebir III, 1281.

Hz. Mevlâna eseri olan Mesnevisinde, "Aynı dili konuşma, hısımlık ve bağlılıktır." diye açıklama yapar. Bunu paylaşmamın nedeni ise, Hz. Süleyman tüm canlılarla ve cansızlarla konuşabildiği için, evrenin ruhu kendisindeydi. Çünkü O, Can gözüyle gönül gözüyle görmekteydi. Daha önceki konularımızda bahsettiğimiz gibi, can ve gönül gözü ile görebilmek, Âlemlerin Rabbi ile irtibat kurma ve kudretini alabilmedir. Hz. Süleyman Can hısmındandır. Can da tüm yaratılmışların hamurunda bulunan yaşam enerjisidir. Hz. Süleyman cana sahip bir bedenli değil, bedende görünen bir Candır. Bu yüzden de can taşıyan canlı ya da cansız diye yorumlanan her zerre ile iletişim kurabilme kudretine sahiptir.

Hz. Mevlâna, Hüdhüd kuşundan, Belkıs ve Hz. Süleyman sıkça tekrarlamıştır hem Divan Kebirde, hem de Mesnevide. Ancak ele alışı, tamamen bilgi kudretinin bir mülk olduğu ile ilgilidir. Çünkü Hz. Süleyman'ın mülkü bilgidir, bilgi olmazsa, tüm kâinat bir cesettir. Cesete dirilik veren Candır. Ve Can da bilgidir. Tüm zerreler Can ile beslenir. Ve Can da Hz. Süleyman'da açığa çıkmıştır. Hz. Süleyman, tüm hayvanlar arasındaki düşmanlığı da ortadan kaldırmış, hatta tüm kuşlar arasında bir birlik kurabilmiş kudrette ve bilgidedir.

"Tane arayana, tane tuzaktır, ancak Süleyman arayan hem Süleyman'ı bulur, hem taneyi elde eder." / Hz. Mevlâna Celâleddîn-i Rûmî, Mesnevi 2.cilt 3705.

Tane olarak bahsedilen eşya, kıymetli değerler, dünya maddesini arayanlar için, tuzaklar mevcuttur, yani manevî duygular olan, hırs, şehvet, caydırıcı ve azdırıcı tüm etkiler. Ancak Can arayanlar yani diriliği arayanlar, Süleyman'ı arayanlar olarak bahsediyor Hz. Mevlâna.

Süleymanı bulan, hem Can'ı bulur hem de taneyi. Yani Allahın kudretinden olan manevîyata yönelen, hem buna kavuşur, hem de aradığı dünya nimetlerinin de aracılığını layıkıyla kullanabilir. Hz. Süleyman'ın değerini ve manasını tamamen açıklayan bu sözü ile Hz. Mevlâna, her zerrede titreşen Tanrısal enerjinin Hz. Süleyman'ın manasal ifadesi olarak açıklamaktadır.

Belkıs, Sebe Melikesidir ve Yemende'dir. Ancak henüz onların varlığı, modern teknoloji ve bilimsel bulgular ile tam olarak ispatlanamamıştır. Bu konu, Kutsal Kur'an-ı Kerim, Sebe Suresi, 22-47. ayetlerinde vardır. Hüdhüd, Süleyman'ın yanına varır ve Sebe halkının ve Melikesi Belkıs'ın inanılmaz bir maddi servete ve imkâna sahip olduğunu, ancak Âlemlerin Rabbine değil de, güneşe taptığını anlatır. Çünkü şeytan gözlerini öyle bir bürümüş ve kandırmıştır ki, doğru yoldan ayırmış ve hidayete erdirmesini engellemiş, bu yüzden Allah tanımaz hale getirmiştir. Ve Hüdhüd, Süleyman'a şöyle der. Sen ki Süleyman! Her şeyi bilen bilgi ve kudrete sahip Can sahibi Süleyman!. "Senin bilmediğin birşeyi öğrendim".

Burada çok ilginç bir ayrım ortaya çıkmaktadır. Can ve bilgi ile kudretlendirilmiş Hz. Süleyman'ın bilemediği ve haberdar olamadığı bir durum, ancak ve ancak onun ulaşamayacağı kadar uzak ya da farklı bir ırk olan nefsani güçlerin egemenliği olmalıdır. Birçok kaynakta geçen, Lilith kavramı, Hz. Âdem ile aynı zamanda yaratılan bir dişidir ve eşitsizliği kabul etmeyerek, Tanrının yasak ismini kullanıp göğe yükselir, şeytan ile işbirliğine girer. Ve şeytani güçlerle kudret sağlar. Burada bu bağlantıyı yapmak mümkündür. Hz. Süleyman Can kavramının sahibi ve bilgi ile donatılmış kudretlendirilmiştir. Haberinin olmaması bahsi ise, Belkıs'ın o sırada şeytan ile ateşten ve farklı bir titreşime sahip bir âlemde bulunmasından dolayı olabilir ihtimali çok yüksektir. Çünkü güneşe tapmakta olduğu da önemle vurgulanmıştır. Güneş ve ateş aynı manaya gelmektedir.

Hem Mesnevi'de, hem Kutsal Kur'an-ı Kerim Sebe Suresinde geçen konuya kısaca değinelim.

"Hz. Süleyman Belkıs'ın elçilerini, getirdikleri hediyelerle beraber Belkıs'a göndermesi ve Belkıs'ı güneşe tapmadan vazgeçirip Allaha inanmaya davet etmesi. Süleyman Peygamber, o elçilere dedi ki "Ey utanan elçiler, geri dönün, altın sizin olsun, bana gönül getirin, gönül." / Hz. Mevlâna Celâleddîn-i Rûmî, Mesnevi 610 cilt 4.

"Elçiler hediyelerle gelince Süleyman şöyle dedi "siz bana mal ile yardım mı etmek istiyorsunuz. Allahın bana verdiği, size verdiğinden daha iyidir. Ama siz, hediyenizle böbürlenirsiniz" / Kutsal Kur'an-ı Kerim, Sebe Suresi, 36. Ayet

Hz. Süleyman gönül ile bahsettiği vicdan kanalı ile Âlemlerin Rabbine ulaşma yoludur. Çünkü bedenli bir insan ancak gönül yolu ile Rabbi ile iletişim kurabilir ve kudretine zerk olabilir. Bu yüzden Hz. Süleyman mal derdinde değil, gönül derdindedir. Çünkü gönül Candır.

Hz.Süleyman, Belkıs'ın tahtının getirmesini buyurur. En kısa zamanda kimin getireceğini sorar. Cinlerden bir ifrit "Sen makamından kalkmadan ben onu sana getiririm." der.

Ancak Hz. Süleyman'a, kitaptan ilmi olan Hıdır "Sen gözünü açıp kapayana kadar getiririm" der.

Birden yanında beliren tahtı görünce şükreden Hz. Süleyman, tahtın Belkıs'ın bilemeyeceği bir hale dönüştürülmesini buyurur. Ateşe tapan ve şeytani enerjilerden olan Belkıs'ın maddeye gömülmüş inkarcı düşünce tarzının değişikliğe uğraması ve tamamen nurla kaplı bir hale getirilmiş şeffaf tahtını tanıyabilmesi mümkün olabilecek midir?

"Düşünce hüdhüdlerinden mademki onun nişanı, izi belirtisi göründü, artık Süleyman'ın mülkü benimdir." / Hz. Mevlâna Celâleddîn-i Rûmî, Divan-ı Kebir c III. 1281.

Hüdhüd olarak bahsedilen düşüncelerdir. Hz. Süleyman zihinleri okuyabilen, tüm düşünce formlarını algılayabilen, telepatik güçlere sahip, tayini mekân yapabilen bir Peygamberdir. Hz. Mevlâna, aynı hısımdan olduğunu vurgulamakta, Süleyman'ın mülkü ile kendi mülkünün aynı olduğunu hatta "benimdir" ifadesini kullanmaktadır. Aynı cinsten yani Candan olduklarını belirtmektedir.

Belkıs, dönüştürülen tahtını görünce şaşırır. Ve Belkıs'a sorulur: "Senin tahtın böyle midir?". Belkıs "sanki o" diye cevap verir.

"Sanki o" kelimesi özellikle üstüne basa basa vurgulan-
mıştır. "Sanki o". Tayini mekânda değişime uğramış olma
ihtimali yüksek olduğu gibi, ateşten ve saf maddeden olan
eski tahtı, artık su gibi seffaf, saf nurdan bir hale dönüştü-
rülmüştü. Belkıs bu dönüşümden etkilenerek Allaha iman
eder.

"Sanki o" sözcüğünde, özellikle vurgulanmak isteneni
Hz. Mevlâna şu şekilde açıklamıştır:

"Düşünce elbiselerinden soyun, onları üstünden at.
Çünkü güneş ve ay, çıplakları kucaklar." / Hz. Mevlâna
Celâleddîn-i Rûmî, Divan-ı Kebir IV, 2073.

"Sanki o" kelimesinde hala düşünce kirliliği vardır, Bel-
kıs gözüyle gördüğünde bu kelimeyi kullanır, ancak gönül
gözüyle görmeye başladığında ise, tam bir iman ile Allahın
varlığını kabul eder.

Sebe Melikesi olan Belkıs'ın Allaha iman edişini, hem
Kutsal Kur'an-ı Kerim'de sure olarak geçmesi, hem de Hz.
Mevlâna'nın önemle duruşunun sebeplerine göz atalım.
Özellikle Seb kelimesinin kökenini bilmek gerekir.

7 sayısı Arapça sebdir. Seb arapçada yedi demektir. Yedi
ise dünyanın gelişim sayısalı ve en kutsal sayılardan biridir.
Çünkü seb'an minel mesânî, yani tekrarlanan yedi, Kutsal
Kur'an'ın "seb'ül- mesani" kavramıyla, övülen yedi âyetli
sûre mânâsıyla Fatiha Sûresidir. Kur'anın kalbi çekirdeğidir.
Mesani Kutsal Kur'an ayetlerinde sadece iki yerde geçer.

Eski Mısır'da "dünyanın Rabbinin ismi" Seb. Dünya
Tanrısı Seb'in kutsal renkleri de siyah ve yeşildir. Yeşil dün-

ya hayatının ve ölümsüzlüğün, siyah ise ölümlü dünyanın sembolüdür.

Seb ya da şeb-i arus törenleri ise "sevgiliye kavuşma", Allaha kavuşma olarak kutlanır. Hz. Mevlânanın düğün günü dür. Çünkü Rabbine kavuşacağı gündür. Arus gelin demektir arapça manası. Seb, şeb yani sevgili anlamındadır.

Yemende halen ismi geçen Sebe bölgesi, Sebe Melikesi ile bağlantısı çok kuvvetlidir. Sebe Suresi ve Sebe Melikesi de bağlantılıdır. Çünkü Belkıs Sebe Melikesidir ve Konik tarzda yedili sistemin en üstünde bulunan Âlemlerin Rabbinin yansıması olan, en alt bölümde bulunan çemberin çeperinde bulunur. Yedili sistemin en dış çeperidir. Piramidin tabanıdır. Hz. Süleyman ise, Âlemlerin Rabbi ile gönül vasıtası ile irtibat kurabilen ve en dış çeperde bulunan Sebe Melikesini çeperin içine yani çemberin içine dâhil edebilmiştir. Çünkü İblis ve caydırıcı güçler, bu çemberin çeperinin dışında bulunmaktadır. Sebe Melikesi de burada yer alıyordu. Çeperin içine çekildiğinde Yedili sisteme dâhil olmuştur. Bu yüzden özellikle Sebe Suresinde bahsedilmekte, Sebe Melikesi olarak adlandırılmaktadır. Hz. Mevlâna'nın Batını yönünü ele alırsak, o ancak kendi cinsinden olanlardan Hz. Süleymandan üstüne basa basa bahsetmiştir.

# SEBEP- SONUÇ KAVRAYIŞI

ı

Hz. Mevlâna "sebepler âlemi" diye tanımlar kâinatı. Sebepsiz hiçbir şey meydana gelmez. Her yaratılanın, her olanın sebebi vardır, olan ise sonuçtur. Ancak bazen de sonuç sebebin hazırlayışıdır. Hiçbir şey tek başına bir mana içermez. Hz. Mevlâna, Mesnevi'de, taşı demire sürtünce kıvılcım sıçrar der. Fakat görünende yani zahirde, taş demire sürttüğü için kıvılcım çıkar, ancak bunun batındaki yani gizlide olan, bilinmeyende olan, görünmeyende olan sebebi ise Allahın fermanından dolayıdır diye bahseder.

> "Zâhiri sebep, hakikî sebep olmaksızın kendi kendine nasıl meydana gelir?" / Hz. Mevlâna Celâleddîn-i Rûmî, Mesnevi, Cilt 1, 840.

Hakiki sebep, görünmeyen âlemin ilminde ve hikmetindedir. Hz. Mevlâna'nın, Allahın fermanı olarak bahsettiği ise, her zerreye mühürlenmiş Tanrısal bilgidir. Her zerreye nüfus etmiş ve her an bilinçli ve akıllı zerrecikler olarak daima diri ve yaratıcılık özelliğidir. Hakk'ın bilgisi, fermanı, nasıl ki her zerrededir işte bu diri kavramının en önemli açılımıdır. Çünkü kâinat bir düzen ve ölçü ile dengeli olarak biçimlidir. Hz. Mevlânanın bahsettiği ferman, şaşmaz düzenin ve yaratımın hamuruna karıştırılmış Mutlakın Sevgisi ve Kudretidir.

Kâinatta tüm sebepler, görünmeyen Hakiki sebeplerden meydana gelir. Gaybda, gizlide, batında olan ve insanın

aklının alamayacağı sebeplerin bir araya gelişleri ve yara-
tımları sonucu görünen âlemde zincirleme meydana gelen
olaylar, yaşamlar, oluşlar ve ortak alanlar oluşur. Kader de
bunlara dâhildir. Kader, her arz âleminin sistemidir. Gizlide
bilgisi saklı olan hakiki sebeplerin, arz âlemlerinde sıralama
dizilişleri kaderi oluşturur. Kaderin dışına çıkmak da, o in-
sanın liyakatine bağlıdır. Bu konu daha önceki bölümlerde
detaylı olarak bahsedilmiştir.

> "Bu sebep kelimesinin anlamı nedir? denir ise, iptir!
> diye cevap ver. Bu ip, bu kuyuda işe yarar. Çıkrığın dön-
> mesi, ipin sarılıp koyverilmesine sebeptir. Fakat çıkrığı
> döndüreni görmemek hatadır." / Hz. Mevlâna Celâled-
> dîn-i Rûmî, Mesnevi, Cilt 1, 845.

Hz. Mevlâna burada çok önemli bir gerçeği açıkla-
maktadır. Sebep nedir? Arz insanı için iptir çünkü insan
sadece ipi görür, çıkrıkta dönen ipin kuyuya inmesini bilir.
Fakat çıkrığı döndüreni bilmez, görmez. Çıkrığı döndüren
eli göremez çünkü bilgisi algı merkezinde kodlanmamıştır.
Ancak dönen çıkrık ve ip vardır görüş alanında. Görünme-
yen ilahi eli, ilahi dokunuştan bilgi yoksunudur. İşte insan
için perdeli denmesi bundandır. İnsan sadece zahirdeki yani
görünürdeki sebepleri görür ve yorumları da bu doğrultu-
da olur. Batındaki hakiki sebebi göremediği daha doğrusu
bilemediği için düz mantık doğrultusunda fikirler üretir.
Hiçkimse Hakiki sebebi bilemez. Sadece Yaratıcı bilir. Şu
da bir gerçek ki, Hakiki sebep tüm zerrede saklıdır. Çünkü
yaratımın hamuruna karıştırılmıştır. Bu yüzden tüm zerre-
ye sinmiştir de, insan bunu fark edemez çünkü sürekli uyku

halindedir. Görünmeyen ellerin tuttuğu çıkrığın kolu ile ip kuyuya iner ve çıkar. Ve bu inişin ve çıkışın Hakiki sebebi sadece o ele aittir.

"Bugün cansız sandığımız bütün varlıklar da açılıp saçılmış. Zaten dünyada cansız hiçbir şey yok! Her sey Hakk'ı tesbih etmede. Bu sebeple ben daima canlılar arasındayım." / Hz. Mevlâna Celâleddîn-i Rûmî, Divan-ı Kebir cIII 1566.

Hz. Mevlâna'nın üstün kerametlerini belirten en önemli kelâmlarından biridir bu sözü. Cansız olarak görülen her şeyin aslında canlı olduğunun kanıtı, neredeyse ondokuzuncu yüzyılda keşf edilen bir bilgidir. Her şeyin en küçük yapı taşı atomdur. Atom ve atomaltı parçacıkları akıllıdır ve bilgi ile hareket etmekte ve enerji üretmektedirler. Kendi enerji alanlarını sağlamakta ve bütünsel hareket etmektedirler. Her biri diğerinin varlığını kutsayan bir enerji dalgası ile sarıp sarmalar. Birbirinden kopmaz, ayrılmaz ancak aralarında mesafe de özgür irade ile salındığını kanıtlar. Dünyada cansız bir şey yoktur derken Hz. Mevlâna, bilimsel bir bilgelik ile kendi zamanından mucizevî bir şekilde seslenir. Kendisini, ölmeden ölen, ölümsüzlüğe ulaşan, sırları geçen ve perdelerin arkasında, batında varlık bularak, zahirde her zerreye sinen ve canlılar arasında titreşen olarak tabir eder. Dünya insanı perdelerin önündedir ve bu yüzden canlılığı algılayamaz. Sadece nefes alan ve ihtiyaçlarını karşılayan her şeyi canlı olarak görür. Oysa her zerre canlıdır ve Hakkı tespit eder ve Hz. Mevlâna o canlıların arasında olduğunu ifade eder. Bu deyişi ile daima diri olduğunu ve ölümsüzleştiğini, bir bedenden ve ruhtan değil, tüm kâinata sinmiş ve her daim atom, parçacıkları arasında dolaşan canlı ve akıllı esir maddesi gibi nüfuz etmiş olduğunu ifade eder. Tanrısal bir enerji olan ve yaratıma katkı sağlayan bu esir madde, diriliğin, canlılığın ta kendisidir. Hz. Mevlânanın batın yönü bir şekilde daha karşımıza çıkmaktadır. O batında görünmeyen manalarda gizli iken, görünende her zerreye sinmiş canlılığın arasındadır.

> "Nur, sebebi yaratandır. Ne kadar sebep varsa hepsi de onun gölgesidir. Allah, sebepsizliği her şeye sebep kılmıştır. Sebebi yaratan ile sebep birbirinin aynasıdır. Kim ayna gibi tertemiz değilse, aynayı ve aynadakini göremez." / Hz. Mevlâna Celâleddîn-i Rûmî, Divan-ı Kebir c1, 41.

Sebepsizlik sadece O'nun katında mevcuttur. Sebepsizlik ve hiçlik kudreti sadece Sevgi'dedir, Mutlak'tadır. Çünkü tüm sebepler, sebepsizliğe bağlıdır. Sebepsizlik, Ol emrindedir. Tek sebepsizlik Kün'dedir. Çünkü sebepsizlik, bütünsel sebeplerin birliğidir. Sebepsizlik sadece O'na aittir. Ve tüm sebepler Kün Sebepsizliğinden, Varlıklar olarak var edilmiştir. Varlıkların yoktan varoluşlarında sebepsizlik vardır. Mutlağın Varlıkları var etmesi sebepsizliktendir. Bir sebebi yoktur. Tüm bilgisi kendi varoluşlarındadır. Ancak Varlıkların yaratımları ise sebebe bağlıdır ve bu sebepler de Sebepsizliğin aynasıdır. Sebepsizliğin yansıması varlık âlemlerinde çokluk olarak yaratımlarına devam ederler. O aynanın temizliği ve sırrın kıvamının tam olması, sebepsizliğin Nurlu akışının da muntazam olmasını daim kılar. Sebepsizlik sadece yoktan var olan Varlıklara yansır, Varlıkların yaratımı da sebepleri oluşturur. En küçük zerreye kadar olan yaratımdaki parçacıklar, ayna durumundadır. Her yaratılan zerreye kadar bünyesinde, hamurunda, yaratılış amacında sebebi muhafaza eder ve bu sebep de sebepsizliğin yansımasını.

Dış dünyaya bakarak, "Allah insan için kâinatı yarattı" deriz. Oysa hangi sebepten dolayı, hangi varlığın, hangi varlık için yaratıldığı tamamen yaratıcının bilgisi dâhilindedir. Kâinat, insandan vücut buldu, insan kâinattan vücud buldu. Her ikisi de birbirinin sebebini oluşturur. Hz. Mevlâna bunu şu şekilde yorumlar "dal, meyve için var olmuştur. Ağaç, meyveden vücut bulmuştur." Meyvenin meydana gelmesi için, ağaç, dal yaratılmıştır. Peki! Ağacın oluşumunu sağlayan nedir, meyveye kavuşmak isteyen bahçıvandır. İnsan, yine dünyasal görüşüyle sadece meyveyi alır ve midesine indirir. Sebepler ile uğraşmaz. Gördüğü tek şey dalda duran meyvedir ve onu koparır. Oysa ortada bahçıvan görünmezdir. Tesadüfen ağaç oldu ve meyvesi de tam bana göre benim için oluşmuş gibi bencilce bir düşünce üretir. Burada anlatılmak istenen tamamen, tesadüfün olmadığı, bahçıvan tarafından bir tohumun ekilmesi ve ağacın meyve vermesi sebeplerden meydana gelir. Meyveyi taşıyan ağacın dalıdır ancak, meyve ağacın bilgisinde saklıdır. Çünkü meyvenin tohumundan ağaç meydana gelmektedir. Meyve de ağaca vücud verir, ağac da meyveye vücud verir. Her ikisi de birbirinin sebebidir. Varoluşlarında her ikisi de kutsaldır ve birbirlerini tamamlarlar.

# HZ. MEVLÂNA FELSEFESİNDE KAVRAMLAR

Görünen her şey, yıldızlar, gök cisimleri, dünya, güneş, dünya üzerinde olan tüm bitkiler hayvanlar, sebepleri oluşturur. Tüm bu sebepler de sonsuz zincirleme ile birbirine bağlı olarak ilk sebebe ve o ilk sebebin de kaynağı olan Sevginin Kün'deki sebepsizliğine kadar giden bir gidişattır. Bu normalde algılamamızın en zor olduğu sırlarla dolu bir bilgidir.

Kuantum evreninde, heplik kavramını en iyi açıklayan Hz. Mevlânanın sözü, çok düşündürücüdür. "insan küçük bir âlemdir, aynı anda büyük âlemdir. Kâinatın her zerresini bünyesinde taşıyan insan küçük bir âlemdir, varolması kâinata bağlıdır, birbirine bağlı sebepler zincirini kâinatta olan her şey insanı meydana getirir. İnsan kâinattan yaratılmıştır. Bu görünen sebeptir. Oysa Hz. Mevlâna şöyle belirtir "görünürde insan, kâinatın eseridir, kâinatın sebebidir, ancak batında, kâinat, insanın sebebidir. İnsanın sebebi, kâinata sebeptir. En anlaşılır dille anlatılmak istense, görünürde kâinattaki her atom insan organizmasında bulunur. Tüm atomların bir araya gelişleri insanı oluşturmuştur. İnsan, kâinatın en kusursuz eseridir. Ancak görünmeyen sebepde, batında, gizli olandaki sebep ise, insan için kâinatın yaratımıdır. Kâinat, insan için yaratılmıştır, ancak kâinat sebeplerin bir araya gelişleri de insanı yaratmıştır. Görünende, insan kâinattan vücud buldu, batında ise, kâinat insandan vücud bulmuştur.

Bu yüzden sebeplerin sonuçları, sonuçların sebepleri doğurması ve bir araya gelişleri, batın ve zahir bilgisi ile olur. Her görüneninin görünmeyen, görünmeyenin de görünen sebepleri vardır. Ve bu tamamen kaotik işleyen bir sistemdir. Bu en güzel, Kutsal Kur'an-ı Kerim Kehf Suresinde Hıdır ile Hz. Musa'nın hikâyesinde anlatılmaktadır. Hıdırın yaptığı tüm eylemler, Musanın hoşuna gitmez çünkü batındaki yani gizlideki sebeplere hâkim değildir. Musaya görünen âlemdeki sırlar bahşedilmediği için, sebep sonuç zincirini kuramaz, kaotik işleyen sistemde Musanın algılaması, Hıdır'ın algılamasından çok daha dünyasal olduğu için bağlantıyı kuramaz. Ve en sonunda Hıdır ona gerçeği açıkladığında, üstün bir anlayışa sahip olur Musa ve bu açıklamadan sonra Hıdır bir daha görünmez kendisine.

Eskilerin deyimi ile "her şeyde bir hayır vardır", "hayrolsun" denir ve iyi niyetle yol alınır. Çünkü kötü olarak görünen, bir iyiliğe sebep oluşturabilir. Hayatımız boyunca, bizi üzen, geren ve çok zorluklar sıkıntılara düşüren olayların sonucunda, ferahlık, bolluk da beraberinde gelmiştir. Çünkü her zorlukla beraber bir kolaylık da vardır. Ancak bu zorluk ile kolaylık beraberdir, arka arkaya, yan yana değildir. Beraberdir. Bu beraberliğin en iyi açıklaması zahir ile batındır. Çünkü görünende olanın, görünmeyen bilgisi mevcuttur. Beraberlik, görünen ile görünmeyen sebeplerin açıklamasıdır. Bu yüzden Hz. Mevlâna, iman ile hareket etmenin önemini bu yüzden vurgulamaktadır. İmanlı olan, gönül gözü açılan, kalp, gönül gözünü, akıl ile birleştirenler için, manalar âleminde nice zenginlikler de vardır.

# HZ. MEVLÂNA FELSEFESİNDE KARŞITLAR

## İKİNİN İKİNCİSİ KAVRAYIŞI

O Âşkı akıtmaya bense doldurmaya geldim. O Âşk-ı çeşme, bense kadehi. Biri Âşkın çeşmesini akıtmaya gelir, diğeri doldurmaya ve dağıtmaya. Hiçkimse Âşkın tek başına sahibi olamaz. Biri tennuru ateşlemeye, diğeri harlı kalmasına neden olandır. Çiftler, eşler, ikilik kavramları bizim kâinatımızın tecellisidir. Biri olmadan bir diğeri olamaz. Ancak kâinatta da iki varlıktan söz edilemez. Bunun için iki olan tekliğin bütünlüğü ve yansımasıdır. İki olarak görünen, Birliğin görünür hale gelmesinden başka birşey değildir. Çünkü dünyasal gözlerimiz ancak İkiyi görür, Biri göremez. Çünkü iki, karşıtlıdır, özünde karşıtı taşır. Birbirini dengeler. Bu dengeleme sonucunda algılarımızda şekil olarak görünür.

"Kardeşi Harun'u vezir ve yardımcı olarak kendisine bahşettik. / Kutsal Kur'an-ı Kerim, Furkan Suresi, 53. Ayet

Eşitlik ve denklik bu karşıtlardadır. Her şeyin bir karşıtı vardır. Karşıtsız hiçbir şey var olamaz. Yaratımın özünde karşıt mevcuttur. Öz varsa Cevher de vardır. Biri kaynaktır diğeri dengeleyen, gelişen, tekâmül eden ve aktarandır. Her ikisi arasında, algılarımızın çok ötesinde bir alışveriş mevcuttur. Bu alışverişten her ikisi de yararlanır. Ve tüm kâinat, görünen görünmeyen her şey bundan beslenir.

Biraz daha anlaşılır kılmak için şöyle diyebiliriz. Bir iyi varsa, mutlaka bir menfi, bir menfi varsa mutlaka bir iyi var olacaktır. Her şeyin bir karşıtı vardır. Karşıtlar dünyasında ve evreninde yaşıyoruz. Karşıtların dışına çıkıp teklik arıyorsak, zaten kâinatta değilizdir. Teklik karşıtların bir aradalığıdır. Tüm karşıtlar birbirini tamamlar, beslenirler, ancak asla birbirlerine galip gelmezler.

Hz. Mevlâna Divanı Kebir'de bunu şu şekilde aktarmaktadır:

"İyi, kötü, güzel, çirkin her şey Hakk'ın eseridir. Her şeyi O yaratmıştır." / Hz. Mevlâna Celâleddîn-i Rûmî, Divan-ı Kebir, c. III, 1384.

# HZ. MEVLÂNA FELSEFESİNDE KARŞITLAR

Bir mümin varsa, bir kâfir de olacaktır ki, her ikisinin de değeri ve farklılığı ortaya çıkabilsin. Bir ışık varsa, bir karanlık da var olacaktır ki her ikisinin de farklılığı, çeşitliliği ve bundan dolayı bütün halde hareket ettiği ortaya çıkabilsin. Fakat ikisi birbirinden farklı mıdır? Hz. Mevlâna'ya göre her biri görünende ayrıdır, ancak görünmeyende teklik ve birlik ifade eder. Hiçbiri diğerinden farklı değildir. Çünkü her şey O'ndan yansımadır, O'ndandır. O'ndanlık başkadır, O olmak başkadır. O, O'dur. Ancak her şey O'ndandır. Tek bir insan bir anlam ifade etmez. Bu yüzden Âdem yaratıldığında tek başına bir ifade etmemişti. Ve bu kutsal kitaplarda, Âdemin yalnızlıktan canı sıkıldı manası ile ifade edildi. Çünkü tek başına bütün olan, kendini karşıtlarında göremediği için, kendi var oluşuna tanıklık edemezdi. Kendi varoluşuna tanıklık etmesi için, karşıtı ile var olması gerekmekteydi. Her yaratılmışın, her varlığın karşıtı olmalı ki, kendi varoluşuna, varlığına ve evrendeki yerine tanıklık edebilsin. Tanrının da karşıtları vardır. Bu esma olarak isimlerde belirtilir. Ve tüm karşıtlar görünürde çokluk, görünmeyende yani batında birlik ve Teklik olarak tezahür eder. Bu çokluk ve teklik, varlığın mükemmelliğine, kusursuz ve sonsuzluğuna şüphe getirmez. Hiyerarşik düzen, ilahi düzendir ve kusursuzluğun sonsuzluğun tescilidir. Zıt olanların bir aradalığı, düzeni, adaleti, terazinin dengede olduğunu ifade eder. Hz. Mevlâna, bizim anlayışımıza uygun olan kelimelerle şu şekilde anlatmak istemiştir, bu ilahi bilginin en karmaşık ve anlaşılmaz durumunu.

"Ya Rabbi! Ahlak, davranış, huy bakımından birbirlerine zıt olan varlıklar, seni sevdikleri, sana gönül verdikleri, seni gönüllerine aldıkları zaman ne kadar hos bir hale gelirler. Hepsi de birbirlerini severler, hepsi de birbirlerinin olurlar." / Hz. Mevlâna Celâleddîn-i Rûmî, Divan-ı Kebir, c. VI.2602.

İnsan da ortak bir yaşamdır, zıtların bir arada bulunduğu bir karmaşık dünyadır aslında. Zıtların bir arada olduğu mükemmel uyumdur insan bedeni. Zıtların en mükemmel bir aradalığıdır.

"Bu ikisi de (melek-seytan) birbirinden nefret ettikleri halde, onları birbirine kattılar, insan bedeninde beraber yasıyorlar. Birbirine zıt olanı, hayır ile şer ve kuru ile yaş gibi birbirine kattılar." / Hz. Mevlâna Celâleddîn-i Rûmî, Divanı Kebir, c. II, 810.

İnsan şehvetten ve nurdan yaratılmıştır. Her ikisi de kendi bünyesinde, hamurunda ve kudretinde vardır. İnsan neyi dinlerse ve hayatı boyunca neye meyl ederse onunla var olur onu besler ve onu açığa çıkarır. Açığa çıkardığı şehvet yani iblis boyutu ise, menfilikler peşinde, açığa çıkardığı nur ise, hayatı boyunca iyilikler peşinde koşacak, iman eden olacaktır. Bu iki zıt onun toprak bedeninde, hamurunda karışmıştır. Bu ikisini dengelediği sürece de üstün insan olma vasıflarına layık olacaktır. Bunu dengeleyebilenler ulu Zatlar, Hakkın nurunu yeryüzüne indirebilenler, seçilmişlerdir.

# HZ. MEVLÂNA FELSEFESİNDE KARŞITLAR

İnsan, öyle yüce bir Yaratılmış'lıktır ki, bu bedenimize, yaşadıklarımıza ve diğerleri diye ayırarak, hayıflanamayacak ve kıyaslanamayacak kadar tahayyül ötesidir.

Hz. Mevlâna bu zıtların birlikteliğini ve uyumunu görebilen gönül gözleriyle sarfettiği şu sözleri çok manidardır. "Gel, gel, her ne olursan ol gel, yüz kere tövbe etsen de yine gel." diyebilecek kadar asil ruhlu, her zerrede her insanda Hakkı görebilen üstün bir anlayışı ifade etmektedir. Zıtların birlikteliği ve ahengini ancak böyle bir anlayış ve idrak görebilir ve böyle sözleri sarf edebilirdi. Gel her ne olursan ol gel sözü, hiçbir ayrım yapmaksızın, zıtların ve ayrımların birlikteliğinin en önemli savını desteklemektedir. Gönül gözü ile görebilen, ışığı Hakk tan alıp yansıtabilen bir dengenin birliğinin yansıması ve kelâm olarak sarfedilmesidir.

İnsan, Kayıb olan tarafını keşf edince, zahir bedenini farkedip uyanacaktır.

Her şeyin bir görünen bir de görünmeyen tarafı vardır. Bir görünmeyende, iki görünendeki meydana geliştir. Her iki, bir olanın, görünürdeki yansımasıdır. Bu yüzden tüm ulu zatların bir ben var bir de benden içeri manası bunu taşır. Her biri bir bedende iki ruhtan iki candan bahsetmişlerdir. Bu görünmeyendeki birliğin yansımasının iki olarak meydana gelişidir. Bu insiler yani beşer insanlar tarafından anlaşılması ve algılanması en zor durumdur. Çünkü ancak Âşk ile olanlar, Âşka yol bulanlar bunu kavrayabilir. Bunun dışındakiler ancak kelâm ile yetinir, yetinemeyenler ise farklı yorumlarlar. Hakka ve ilahiliğe yol bulan, yaşayan kişiler, biz onları pir, ulu, nebi ya da ermiş olarak biliyoruz, Âşk ile dopdolulardır ve nereye baksalar Hakk Âşkını bulmuşlardır. Her zerrede, bütünlüğü görmüşlerdir ve bunu aktarmışlardır. Seçilmiş kişilerdir. Ve O daima seçilmiş kişilerle beraberdir. Hakk her daim onlarladır.

Hz. Mevlâna Divanı Kebir'de bunu şu şekilde açıklamıştır:

"Dostla oturmuşuz. Onunla bir aradayız da dosta; "Ey dost! Dost nerede?" diye soruyoruz. Dostun mahallesindeyiz de gafletimizden; "Dost nerede? dost nerede?" deyip duruyoruz." / Hz. Mevlâna Celâleddîn-i Rûmî, Divan-ı Kebir, c.I, 442.

Oysa Dost, Sevgili diye bahsedilen Hakktır. Hz. Mevlâna Hakka ulaşmak için oturur sohpet divanına, ancak, Hakkla beraberdir de Hakk nerede diye sorar ve bunu gafletimizden diye açıklamada bulunur. Burada bahsettiği gaflet, insanın içine düştüğü bir durumdur, herkes gaflete kapılabilir, Yaratıcının nebileri de gaflete düşmüşlerdir. Hz. İsa"nın çarmıhta iken, "baba beni unuttun" sözü, Hz. Musa'nın "Hakkın ben benim demesine rağmen yine de onu görmek istemesi" gafletin eseridir. Dünyaya doğmuş tüm bedende görünenler gaflete düşebilir. Gaflete düşmeyen verdiği ikrardan dönmeyen bir zat vardır, bunlardan biri Hallac el Mansur'dur. Bir an bile tereddüt etmeden Âşkın ebediliğine kavuşmuştur.

"Siz nerede iseniz, O sizinle beraberdir." / Kutsal Kur'an-ı Kerim, Hadid Suresi 4. Ayet

## HZ. MEVLÂNA FELSEFESİNDE KARŞITLAR

Bu beraber oluş, ancak seçilmiş yani Hakk yolunda olanlar ve Âşka yol bulanlar içindir. Dünya gezegeninde yaşayan beşerler için değildir. Bu ayet tamamen seçilmişler içindir. Çünkü dünyasal gözleri ile görenler sadece maddeyi görür. Ancak mana gözleri ile görenler Hakktan gayrı birşey görmezler. Çünkü Hakk daima onlarladır. Onlardan konuşur, Onlardan görür, Onların elleriyle dokunur ve ayakları ile dolaşır. İşte insi yani beşer varlıkları da bu zatların enerjisi ile donanır, alır ve beslenir. Dünya ermişlerin yüzü suyu hürmetine döner meselesi tam manası ile bunu anlatmaktadır. Bu ulu zatlar, Hakkın temsilcileri, Hakk Âşkının akıtıcıları ve köprüleridir. Bu köprüler sayesinde Hakk Nuru dünyaya yansır ve akar. Hallac el Mansur bunu, yayın gerilmesi ve Hakk Okunun arzlar arasından geçerek tam hedefi bulması diye yorumlar. Hakk okunun tam hedefi vurması, erenlerin dünya arzına ışımaları, görevlerini yerine getirmeleri ve yeniden kaynaklarına geri dönmeleridir. Onlar doğmazlar ve ölmezler. Ölümsüzdürler. Çünkü zahiri bedenlerini farketmişlerdir, görünen kişi olmadıklarını bilirler.

"Âşk ile Âşık candan birdirler. Aynı canı taşırlar. Sakın sen onları iki sanma, ayrı sanma." / Hz. Mevlâna Celâleddîn-i Rûmî, Divan-ı Kebir, c I, 375.

Herkes, Âşk kadar ebedileşemez, herkes Âşk için canı canana veremez, narı kadehten içemez. Âşk seçilmişlerin, sadıkların yoludur. Sadıklarla beraber olun bu yüzdendir. Âşk yolu çetindir, ateşten kor taşlarla kaplıdır, yola giren bir daha geri dönemez, yolu takip eden yol olur. Yol olmak için yanar, yanar küle dönüşür ve her külün zerresinden, dem olur, tohum olur, tohumlar gökyüzüne savrulur, toprağa dökülür, derinlere, karanlıklara ulaşır. Beslenir diri sulardan, yol bulur çıkar görür güneşi, büyür ve çoğalır, yayılır yeryüzüne. İşte bunlar seçilmişlerin, sadıkların, Âşkın yoludur.

Bunun tek amacı, O(Tanrı)'nun yeryüzüne asla direkt olarak müdahale etmemesindendir. O hiçbir zaman varlıkları ve onların yarattıkları ile direkt temasa geçmez. Hiyerarşi sonsuzdur ve hepsi görünmeyende birdir ve bütündür. Ancak arz âlemlerinde, görünende çokluk olarak yayılır. Yaratıcı en güçlü olduğu halde, yarattıkları ile direkt müdahaleye girmez, seçilmişler vasıtası ile Nurunu akıtır, besler ve rahmetin akışını daim tutar. Her devirde O'nun elçileri, nebileri, resulleri, ermişleri, uluları, pirleri, kısacası Hakkın eli, ayağı ve gözü olan, bizim bedenli olarak gördüğümüz ancak bedenin ötesinde bir bütünlüğe ve idrake sahip seçilmişler ışımışlar, dünyanın ve insanın kaderine nuru akıtmışlar ve özgür iradenin korunmasını sağlayarak tekrar kaynaklarına geri dönmüşlerdir. Asla direkt müdahale etmemişlerdir, bir müdahale söz konusu değildir ve olamaz. Kâinatta görünen ve görünmeyen evrende, hiçbir varlık, hiçbir yaratılmış birbirine dokunamaz, değemez, ulaşamaz ve müdahalede bulunamaz. Bu yüzden dünya insanları da alabildiğini alır, alamadığını yansıtamaz ve kaderi ile başbaşa kalır. Kendi kaderi, kendi bilinci doğrultusunda daim ettirir. Yardım ve ilahi dokunuş her zaman diliminde mevcuttur. Bir son asla yoktur. Her zaman ilahi dokunuş mevcuttur. Ancak o dokunuşu fark edebilen ve yönelen vardır, fark etmeyip kör karanlığında yol almaya çabalayan vardır. O(Mutlak), varlıklara direkt müdahale etmez, özgür iradeyi korur. O(Mutlak) taraf tutmaz, yaşamın dengesini korur ve daim kılar.

Bu yüzden etrafta Şems olanlar çoktur. Ancak Şems gibi olanlarda Hakkı gören Hz. Mevlânalar yok denecek kadar azdır. Dünya meşgaleleri, gözlerimizin ve kulaklarımızın perdeleri buna müsaade edecek diye bir şey söz konusu değildir. Uyanış her daim olabilir. Sadece algıladığımız evrenin gerçek olmadığını anladığımız vakit gerçekleşecektir.

İnsan, zahiri bedenini fark ettiği an ölümsüzleşir, her daim diri olur.

Bedenini fark eden uyanacaktır. Bedende olduğunu fark eden için uyanış başlamıştır. Biçimler levhasının dışına çıkmak, bedenli iken mümkün değildir. Ancak bedene haps olmuş olsak da, gönül gözümüzle fark etmemiz ve ilahi olanın nurunu hissetmemiz için de nice yollar bahşolmuştur insan ve beşer için. Kutsal Kur'an-ı Kerim'de, "Hidayet ipi" olarak vahyedilen kavramın anlamı budur. Hidayete ermek, Hakkın arz âlemlerindeki görünürlüğünü fark eden için uyanış başlamıştır denmiştir. İşte Hz. Mevlâna böyle biridir. Hakkın her zerredeki görünürlüğünü farkedip, kendini bedende görmüş, anlamış idrak etmiş ve ölümsüzleşmiş biridir, diğerleri gibi.

"Benim canım, senin canın; senin canın da benim canım! Bir bedende iki canı kim görmüstür?" / Hz. Mevlâna Celâleddîn-i Rûmî, Divan-ı Kebir c. IV, 2012.

O, Tüm kâinatı nokta haline getirip insanın gönlüne yerleştirmiş, İnsanı da o kâinatın ortasına noktalamıştır. İnsan kâinatın en mükemmel zahir noktası, kâinat da insanın gönlünde bulunamayan nokta.

Bir bedende iki can olamayacağı gibi, iki bedende de bir can olamaz. Olsa bile bunu insanlar göremez diye vurgular Hz. Mevlâna Divan-ı Kebir'de. Biz sadece sesinden kelâm duyduklarımızı bir beden olarak görürüz. Oysa o kelâmın akışını sağlayan, ya görünendir ya görünmeyen. Bir, arz kâinatlarında tek başınalığı ifade eder ki, bu olası değildir. Her zaman iki ile akış mümkündür. Akışı sağlayan görünen de olur, görünmeyen de. Hakkın hakikat olarak tecellisi, hakikatin insan olarak tecellisi, hakikatin biz olarak tecellisi. Bizler ise sadıklardır, Âşk yolunda olanlar. Sadıklarla beraber olmak da insilere yani beşere aittir.

Hz. Mevlâna'nın eserlerinde önemle vurguladığı, can olarak bahsettiği, insanın gönlündeki gizli noktadır. Ve o noktadan âlemlere açılır insan, oradan beslenir, diri sular yani hikmetli diri sular, rahmet tesirleri oradan yol bulur ve akar madde âlemlerine. İnce bir yoldur bu, gönülden Âlemlerin Rabbine olan yolculuktur. İçindekine ne kadar uzanabiliyorsan onu alabilirsin, daha fazlasını değil. Çünkü ulaşmak isteyen, ulaşacak olan sensin, eğer ulaşamıyorsan bulduğun ya da ulaştığın ile yetinirsin. Yaratıcı insana şah damarından daha yakındır, ancak insan yaratıcıya sonsuzluk derecesinde uzaktır. Bu yüzden Kutsal Kur'an-ı Kerim'de, "Secde et ve yaklaş" vahyolunmuştur. "Alnını secdeye daya ve yaklaş" anlamındadır. Alında bulunan tüm dünyayı algılamamızı sağlayan salgı bezi, secdeye yani toprağa dokunduğunda ancak yaklaşabileceğini ifade eder. Yaklaşacak olan insandır, ancak kendi içinden yaklaşabilir. Dışarda ne kadar ararsa arasın bulamayacaktır. Kendi içine ne kadar uzanırsa, o derecede yaratıcısını tanıyacaktır.

# ÂŞK ve ÂŞKA ULAŞMA KAVRAYIŞI

Hz. Mevlâna'nın Divan-ı Kebir anlatımlarında Şems bir sevgili, bir güneş, ilahi bir Nur idi. Şems, Hz. Mevlâna'nın gönlünde, zahiri olan Hakk idi ve Hakkın bir yansıması idi. Bir alim iken, Şems ile Âşkı doyasıya akıtan bir Pir haline dönüştü, başkalaştı. Çünkü ÂŞK hiçbir zaman teklik değildir. İlahi Âşk ancak iki ile tecelli eder. Hz. Âdemin yaratılması görünmeyendedir, ancak eşinin yaratılması ikiliği temsil eder ve ancak o zaman yayılırlar sonsuzca arz âlemlerine. Her olanın bir görünen bir de görünmeyeni vardır. Biz insanlar ancak görünen tarafını algılarız, ancak görünmeyen tarafında oluşan renkleri, enerjileri, düzeni, durumu asla göremeyiz, çünkü gözlerimiz perdelidir. Hz. Mevlâna bir ayağı arza saplanmış, diğer ayağı ile tüm boyutları gezebilen bir zattır. Ve gezerken gördüklerini, insanların anlayabileceği türden bir dille aktarmıştır. Ancak aktardıkları, aktarmak istediklerinin çok cüzi bir kısmıdır. Onun anlayışında ve idrakinde ulaşılamaz, kavranılamaz nitelikte, insanlar için çok zor ve karmaşık durumların olduğudur.

Ancak yine de bu karmaşıklık ve kavranılmazlık, Hz. Mevlâna tarafından oldukça anlaşılır ve çok uygun bir dille dile gelmiş ve akmıştır. Ancak anlaşılabilmiş midir bu bilinmez. Eğer anlaşılabilseydi bu en basit ve uygun dille anlatımlar, dünya barış ve hoşgörü dünyası olacağı kesindi.

Hz. Mevlânanın Şems ile olan dialogları, bazı zumreler tarafından hoş karşılanmamıştır. Oysaki Hz. Mevlâna, Şems ile birlikte Âşkın akışını sağlamak amacı ile bir çekim gücü oluşturmuşlardır. Âşk, mana itibari ile bizim anlayışlarımızın çok ötesinde bir kavramdır.

Âşk, Yaratıcı ile Yarattıkları arasında gizemli bir sırdır. Biz ancak Âşka ulaşanların aktardıkları, kelâmları ile yetiniriz, ancak kavrayamayız. Aktardıklarını anlamaya çalışır, okur ancak kavrayamayız ve idrak edemeyiz. Çünkü idrak edebilmek için ancak Âşkı anlamak ve ne olduğunu tam olarak bilmek ile mümkün olur.

Ulu zatlar hep Âşktan bahsetmişlerdir. Çünkü Âşk, bedenseldir, bedende tatbik edilen ilahilin zerresidir. Sevgi ise bizim tahayyüllerimizin çok ötesindedir, bunu daha ileriki bölümlerde daha geniş olarak anlatmaya çalışacağım.

Âşk, hissedilen ulvî ve ruhi tesirlerin, bedendeki açılımı, titreşimidir. Âşk bedendeki hücrelerde hissedilir ve Âşk titreşimleri ruha yükseltilebilirse ve bir idrake varılırsa, sonsuza kadar ebedi bir Sevgi yumağı olup sarıp sarmalar.

Âşk anlaşılamadığı için yanlış yorumlanmıştır. Bedene karşı hissedilen Âşk ile ruhi boyutta hissedilen Âşk arasında nüans farkları vardır. Bedene ve güzelliklere hissedilen Âşk, aslında ruhi boyuttaki yansımanın güzelliklerine duyulan bir titreşimseldir. Hz. Mevlâna için, karşı cinse duyulan Âşk ile ilahi Âşk arasında bir fark yoktur çünkü, görünene duyulan Âşk titreşimleri, Hakkın ilahiliğinin görünür haldeki boyutundaki güzellikleri farketmek ve keşf etmektir. Bizler tarafından, bu ilahiliğin, kusursuzluğun, arz boyutundaki yansımasına duyulan hissiyat ve bunun sonucunun verdiği akış Âşk olarak yorumlanır. Görüntüde Hakkı bulan kişi Âşka kavuşur ve Âşk tümü ile ele geçirir ve artık o başkalaşıma uğramıştır. Çünkü Âşk ile başkalaşıma uğramayan, kendi benliğinin ilahi güzelliğin karşısında kayıb hale dönüşmesi durumu oluşmamışsa Âşkın akışı da olmayacaktır.

Âşkın tek ödülü vardır, o da Âşk ile dopdolu olmaktır. Âşk kadar ebedi yüreklere. Âşkla dopdolu olmanın ötesine geçebilen yürekler ise, Âşkın sahibi olurlar.

Hz. Mevlâna, coşkulu şiirlerinde ve tüm aktardıklarında anlatmak istediği felsefenin özü şudur. Tüm olanlar ve her şey, ayaklarından tutup toprağa doğru çekse de seni, sen ellerinle ve var gücünle O'nun ipine tutun ve sakın bırakma. Hepimiz, tüm insanlık, tek tek O'nun parlayan yıldızlarıyız. Ancak kendi değerini bilmeyenler, çaresiz olanlar, yalnız hissedenlerdir. O'nun ipinden tutunan eller asla boş kalmaz ve geri çevrilmezler.

Ancak tam imanlı olmak, Âşkın yolunda emin adımlarla yürümek o kadar kolay değildir. Hz. Mevlâna tüm hayatını şu üç cümle ile tanımlar. "Hamdım, piştim, yandım". Üç merhale, kad edilen çetin yolun tarifidir. Biz sadece cümle olarak okur geçeriz, ancak yaşanılanın tarifi ve izahatı çok derindir. Hatta Hz. Mevlânaya sorarlar "Âşkın anlamı nedir". "Ben ol da anla" diye cevap verir.

Ayakların yerdeyken, kendinle savaşında galip oldum dersin. Ayakların insanoğlunun üzerine çıktığında, Hakkın ipine tutunduğunda, Aşkın yoluna düştüğünde, Aşk ile pişmeye başladığında, gerçek iğva planı ile yüzleşirsin, kendini tanımaya ve kendini bilmeye doğru yol alırsın. Zahiri bedenini o noktada görmeye başlarsın. Çünkü artık ayakların arza değmemekte, olan tüm varoluşun üzerine çıkmışsındır. İşte Hz. Mevlânanın hamdım derken insandım, piştim derken ayaklarım insanoğlu üzerine çıktı deyimi ile açıklar. Yandım kelimesi ise, ancak onun yerinde olarak idrak edilecek ve kavranılacak bir manadır. Kıldan ince, kılıçtan keskin iğvalar, her an rikkat hali içinde ağır aksak yürürsün, kaygan zeminlerde. İşte Aşıkların yolu budur. Ateşten yollar, dar patikalar, rehavetin bittiği, uyanmanın belirtiği andır. Aşkın yolu budur. Yanma halinin oluşmasıdır. Yanma hali, Aşkın dünyaya en yakın olduğu noktanın bitişi, sevginin hissedilişidir. Ve Hz. Mevlâna Şems sayesinde, ilahi tüm mertebeleri geçerek, Aşkın doruk noktasına ulaşıp, Sevgiyi hissettiği andaki seslenişidir Yandım kelimesi.

Sevgi, Yaratıcının ve Yaratımın Kaynağıdır. Kün! emrini veren Sevgidir. Sevgi yeryüzüne inemediği için, Yaratıma gizlenmiş ve her seçilmişte "Aşkla Yanan" olarak tezahür etmiştir. Çünkü her seçilmiş, bedende iken, Aşkın ulaşabileceği tüm ilahi mertebeleri geçerek, Sevginin çemberine dayanmış ve oradaki mutlak iradeyi hissedebilmiş ve bedenleri ölümsüzleşmiştir.

Sevginin tek bir zerresi bile yeryüzünü, hatta tüm kâinatı darmadağın edecek, sonsuz bir kudrettir. Aşk ve sevgili ifşası açığa çıkarılmıştır çünkü Aşk bedende hissedilen ilahi bir akıştır. Ancak sevgi tahayüllerimizin çok ötesinde, kusursuz ve müteal yaratımdır.

Âşka ulaşmak yorucu da olsa yolcu liyakatlidir.

Yeryüzü, madde kâinatı ve görünen tüm evrende bulunan tüm canlılar, sevgi ile henüz tanışmadı, tanışamaz. Çünkü sevgi, yaratıma gizlenmiş, hamurunda yoğrulmuş bir gizemdir. Sevgi aranan, ancak bulunamayan noktadır, bütünü ile O(Mutlak)tır. Kavrayışlarımızda, Tanrı inancı bizi yaratandır. Ancak Mutlak bulunamayan nokta ve O olarak tabir edilen, kavranılamayan, ulaşılamayandır, O yoktan varetmiştir varlıkları. Ve varlıklar da yaratıma devam ederek çoğaltmışlardır tüm boyutları, âlemleri, evrenleri. Yoktan var etmek ile yaratım birbirinden farklıdır.

Sevgi(Mutlak) vermiştir Kün emrini ve varolmuştur tüm varlıklar. Yoktan Varlığa geçişi Sevgi tanzim etmiştir. Tüm varolan varlıklar, yaratımla çoğalmışlardır çokluk olarak âlemlere. Tüm varlıklar yaratıcıdır. Çünkü sevginin kudreti ile yoğrulmuşlardır, sevginin ruhu vardır varoluşların sırrında. Ve yaratımın her zerresine sinmiştir sevgi, yoğrulmuştur hamurunda. Hem bütünde sevgidir kâinatı döndüren, düzenleyen, tanzim eden, hem her zerrede atoma sonsuz gücünü veren. Varoluşun ve Yaratımın sırrı sevgidir. Sevgi, ulaşılamayan, kavranılamayan Mutlaktır.

Erenin yüreği, geçer nedensizce çölden, ulaşmak için Sevgiliye. Bilir tüm karşıtların Birliğidir aradığı. Çölün karanlığı hiçbir aydınlığa benzemez çünkü.

Sevgi, hiçbir yaratılmış tarafından ulaşılamayan, anlaşılamayan ve asla da kavranılamayandır. Çünkü varlığa göre batındır Sevgi, Yok olandır. Çünkü Yoktan Var olma meselesi budur. Yok'tadır Sevgi. Batındır Varlığa göre. Yoktan Varlığa geçişte, batından zahire geçiştir, ancak bizim görünür halde düşüncemizin çok ötesinde bir kavramdır. Yok gizlide iken Var olur görünür olur Yok'a göre. Var olan Varlıklar yaratıcıdırlar ve çokluk olarak yayılırlar âlemlere. Yaratılanlar zahirdir Varlıklara göre. Ancak Yaratılanlar asla göremezler Yaratıcı Varlığı. Her biri diğeri için görünür, bir sonraki için gizlidir.

Bizim kâinatımız için geçerli olan şudur "Yaratıcı Varlık, sevginin kaynağı değildir. Sevgi, Yaratıcı Varlığın kaynağıdır. Yaratıcımız da Âdem Varlığıdır. Tüm kudretini ve ruhunu aldığı Yokluktaki Sevgi'den."

Sevgi, Mutlaktır, O'dur, ulaşılamayan, kavranılamayan noktadır. Ve Sevgi varetmiştir diğer var ettikleri ile birlikte, Âdem kâinatını, Âdem Varlığını, Ol emri ile. Varoluştaki mucize ve gizem budur. Yaratılmışlık, varlıklara aittir ve sadece O'ndanlıktır. Her varlık, kendi özünde mükemmel birer yaratıcı ve ilahtır. Bu yaratıcı varlıklar da yaratmıştır kendi özlerinden çokluk olarak tüm bilinen binlerce âlemi, kâinatı, evrenleri ve boyutları.

İnsan varlık değildir, Âdem Yaratıcısı bir varlıktır ve bizim bilemediğimiz çok çeşitli varlıklar. Çünkü Varlık mana itibari ile çok yüce bir yaratıcıdır. Yaratıcının eserleri ise tüm görünen çokluk âlemleri, insanlar ve her türlü yaşam planları, bizim bilemediğimiz gizemle dopdoludur.

> Âşk, öyle bir güneştir ki, ancak Âşıkların gönüllerini yakar yandırır! Ona, İlkbahar, sonbahar yol bulamaz; ancak can sevgisi yol bulabilir!" / Hz. Mevlâna Celâleddîn-i Rûmî, Divanı Kebir, c. IV,1940.

# HZ. MEVLÂNA FELSEFESİNDE KARŞITLAR

Can sevgisi, yaratımdaki gizemdir. Sevgi ancak hamura katılmış ve kudretle yoğrularak yaratım gerçekleşmiştir. Can sevgiden oluşmuştur ve Mutlakın yani Gerçek Sevginin, yaratılan varlığa burnundan üfürme ile sevgi aktarımıdır. Can sevginin zerresini taşır özünde. Öz, Cevher ve Can sevginin zerresini taşır, O'ndanlık budur. Ve dünyasal hiçbir yaratılmış, madde, Âşk güneşini göremez. Çünkü Âşk ancak insanların bedenlerinde ve gönüllerinde yanan bir ateştir. Asla dünya toprağı ile arz âlemleri ile bütünleşmez. Sadece insanların gönüllerinde yer edebilir ve insan Sevgiden aldığı kudret ile Âşkın ateşini dönüştürerek toprağa akıtabilir. Eğer bu dönüştürme işlemi gerçekleşmeseydi, Âşk ve sevginin enerjisi madde ile tanışamaz ve beslenemezdi. Bu vasıta sadece insana aittir. İnsanın gerçek anlamda asli görevi budur.

Dünyaları besleyen diri sular, insanın gönlünden yol bulup akar. Sevgisizlikten kurumuş Dünyanın seslenişi, gönül gözüyle görenlere ve duyanlaradır.

Gönül, görünmeyen âlemdeki insana sunulmuş bir nimettir. Gönül, insan ile âlemlerin Rabbi arasındaki en önemli kontakttır. Gönül bir Nurdur, meleki boyuttan insanın beslenmesidir. Gönül ölümsüz ve diridir, insanın ait olduğu ruha, cevherine ve oradan öze bağlıdır. İnsanın özünden gelen gerçek sesidir. Gönül ölmez, kalp et bedene aittir, topraktır, toprağa geri döner. Ancak Gönül, inci tanesidir, dürredir, ruhtan gelen ince bir tesirle insanı ve oradan da madde âlemini besler. Nurun âleme akışının köprüsüdür.

## TEVHİD SIRLARI

Gönül gözümle gördüm Ayn'ı, O'nun hı'sından kudreti ulaştı Sin'e Mim'e ve tüm âlemlere aktı sonsuzca. O'nun Nuru her yerde ve her zamanda şimdi. Gönül gözümle gördüm Rabbimi, üçlüden biri, diğer ikiliye tüm kudretini akıttı sonsuzca, "gidin emirlerimi yerine getirin. İrademdir"

> "Gel daha yakın gel! Biz'den, ben'den vazgeç, gel, gel. Sen'lik ve biz'lik yok oluncaya kadar gel. Ne "sen" kalasın, ne de "biz" kalalım! Kibri ve kendini beğenmeyi bırak da, yere göğe sığmayan o büyükler büyüğüne gönlünde yer ver! Cenab-ı Hakk, ezel âleminde "Ben sizin Rabbiniz değil miyim" diye buyurdu. Sen de ona; "Evet, Rabbimiz sensin!" diye cevap verdin. Evet sözün şükrü nedir? Yani o emri nasıl yerine getireceksin? Bu dünyada, şikayet etmeden, Hakk'tan gelen belâlara, ıstıraplara sabretmektir. Ses çıkarmamaktır." / Hz. Mevlâna Celâleddîn-i Rûmî, Divan-ı Kebir c.I 251.

Neden yaratıldık, nasıl yaratıldık. Tüm sır işte bu sırda. O ile varlıkları arasında sır vardır, akid anlaşma vardır. Rab eğitici programı uygular ve tüm insiler, insanoğulları, beşer insanları da programlanmış ve akid yani anlaşma ile sır'a dâhil olmuşlardır. Çünkü her şeyi bir görünen bir de görünmeyen tarafı vardır. Görünen yani zahir olan taraf bizim gözümüzle algıladığımız kocaman bir kâinat ve üzerinde olan tüm canlılar âlemi. Görünmeyen yani batındaki ise sır olarak perdelenmiştir Rab tarafından. Çünkü anlaşma böyledir. Ayn ile yapılan bir akiddir ve sırlarla doludur. Bu sırra ancak diri olanlar vakıf olabilirler. Gönül gözü ile görebilen, akıl yolu ile takip edebilen, aklını ve gönlünü bir kılabilenler, aklın kılavuzluğunda, gönlün kıldan ince kılıçtan keskin Âşk yoluna ulaşmaktır.

"Gönüllerde, Âşk okundan yüzbinlerce yara var fakat, ortada ne ok görülüyor, ne de yay!" / Hz. Mevlâna Celâleddîn-i Rûmî, Divanı Kebir C.IV, 1940.

Gönül, gizlidir, gizlenmiştir, ancak onu duyabilenlere seslenir. Sesini duyabilen için Âşk ateşi harlamıştır. Kendi gönlünün Âşk ateşinin fitilini yakabilen, tennuru ateşleyenler için Âşk yolunda yolculuk başlamış demektir. Diğerleri yani diğer beşerler ancak bu Âşk yolunun nimetlerinden, Âşkla Yanan Zatın ifşaları ile faydalanmaktadır.

"Hepimiz kendi aşkımıza düşmüşüz; kendimizi seviyoruz, başkasını sevemiyoruz! Bu yüzden, gönülden de olmuşuz; gönülsüz kalmışız! Hepimiz kendi yüzümüze, kendi güzelliğimize dalmışız, hayran olup gitmişiz." / Hz. Mevlâna Celâleddîn-i Rûmî, Divanı Kebir c.IV, 1922.

Hz. Mevlâna, sahip olduğumuz bedenlerimize o kadar düşmüşüz, bu güzellik karşısında öyle derin bir sahte Âşka kapılmışız ki, gönülden de olmuşuz diye açıklama yapmaktadır. İşte bu yüzden, bedende iken kendini beden gören, beden ile bütünleşen tüm insanlar, gönül sesini duyamazlar, Âşk ile Yanan Zatlar haline gelemezler. Bunun oluşması için, önce gönlün keşf edilmesi ve onurlandırılması gerekmektedir. Çok azı bunu başarmış, ifşalarını dile getirmişler eserlerinde ve biz de bu eserler ile sadece okuyarak yetinmişiz. İdrak etmek, anlamak, kavramak ve uygulamak çok uzakta kalmıştır.

Sır bilmeyenler için, göremeyenler ve gönlü keşf edemeyenler içindir. "Açanlar sırra vakıf olanlardır, ancak ifşa ettiğinde, ya anlaşılmaz ya da yanlış yorumlanırlar. O yüzden tüm Âşkla yanan Âşıklar, bu hissiyatlarını kodlamış, ya da sembolleştirmişlerdir sözlerinde. Oysa tek bir sözleri, kâinat bilgisi ile dopdoludur. Bir cümle adeta yoğunlaştırılmış bir âlemdir. Yandım demiştir Hz. Mevlâna. Ancak yanan anlayabilir ya da o yola giren, o halden anlayabilir. Gerisi okur şiir gibi.

Hz. Mevlâna "belki beni çokça andınız, konuştunuz, anlattınız, ancak beni az anladınız." demiştir sitemkâr bir halde. Yaşadığı zamandan, bizim zamanımızı görebilecek ve bunu dile getirebilecek bir kudretle. Çünkü gönlün zamanı ve mekânı yoktur. Gönül gözü ile görenler için zaman mevhumu ve tarihi yoktur. Gönül her zamanda yaşar ve An zamanda bulunur. Gönül gözü ile görebilen Hz. Mevlâna kendi çağından, şimdiki zamandaki çağı görmüş ve az anladığımızı, hatta hiç anlamadığımızı vurgulamak istemiştir. Siteminde, idrak edemediğimizi vurgulamak istemiş, idrak edemediğimiz için de yaşantımıza sokamadığımızı anlatmıştır.

Tekerleme gibi tekrar etmek, ezberlemek, paylaşmaktan, sohpetten öteye geçip, idrak etmek ve uygulamak gerekliydi bu Ulu zatın sözlerini. Ama maalesef yapılamadı, yapılsaydı dünya Hoşgörünün ve Barışın dünyası olacaktı.

Bu kitabı kaleme alırken bir rüya gördüm. Rüyamda çok geniş bir meydanlık ve çok kalabalık insan topluluğu bulunmaktaydı. Fakat tüm insan grupları, kendi hallerinde ve meşgalelerindeydi. O sırada, karalar giymiş, hafif kısa boylu, zayıf biri görünür oldu, yaklaştı, Hz. Mevlâna idi, yüzü gülmüyordu, üzgündü, tüm insanlara bakarak onların kendileri ile meşgalelerini anlayamadı. Bu kadar söz söylemesine, ifşalarda bulunmasına, çok okunur, anılır ve söz edilir olmasına rağmen anlaşılamaması onu bir hayli üzmüş ve yüzünden bu okunur hale gelmişti. Anlaşılamamaktan dolayı üzgün ve bitap düşmüş düşünceli halini hiç unutmayaraktan uyandım. Kendime değer biçtim, ben de onun bu engin Âşkının meyvelerini almış, o muhteşem kusursuzluğun sözlerini içmiş, ezberlemiş ve çokça anmıştım. Ama hiçbirini ruhuma göndererek idrak yoluna girememiştim. Tüm alıntılarım bedenimdeki hücrelerimde kalmıştı. Çünkü Hz. Mevlâna gibi Âşkın Yolunda Yananlardan olmak kime kısmet olabilirdi ki.

Sonsuz kopuşlarda saçaklanan her zerre Âşk der, Âşk varsa sitem vardır, Âşıkın sitemi şiirseldir ve Âşkın Sahibi şiirsel kelâmları sever.

Yavaş yavaş, "dem" olaraktan, damla damla akar, her dem yeniden doğaraktan aktarır Hz. Mevlâna tüm sözlerini. Âşkın ateşi ile Yanan ve bu yangının hissiyatlarını aktarır biz beşer varlıklarına. Sebeplenelim ve uyanışa doğru yol alabilelim diye. Öyle bir Zattır ki, kendi geldiği planını, kaynağını terk ederek, gerilmiş bir yaydan fırlayan ilahi bir ok ile dünyaya inerek, bilgiyi aktararak tüm anlayışlara uygun olarak, sonra tekrar Vuslata ererek kavuşmuştur kendi ilahi kaynağına. Işıyıp kaynağına geri dönenlerden olmuştur Hz. Mevlâna. Ayrılışın acısını, Âşkın sarhoşluğunu bedeninde hissiyatında hissetmiş, aktarmış şiirsel bir dille. Âşkın sahibinin sevgili kulu olmuş ve her zerrede, her insanda

# TEVHİD SIRLARI

Hakkı, Hakikati görmüş, milyonlarca boyutu aynı anda gezinerek, hiçkimseyi diğerinden üstün ve alçak görmeden herkese gönül kapısını ardına kadar açabilmiştir. Yüceler yücesi bu Zatın Aşk ve Aşkın durağı, Sevginin başladığı noktalara kadar ulaşmış ve ulaştığı tüm hissiyatları, uygun bir dille aktarmıştır. Ne kadar anlaşılabildi, çok sevildi, sayıldı, ancak sözleri uygulanamadı. Çünkü her sözünde sevgi, hoşgörü, kardeşlik vardı, birlik vardı, zıtlıkları bir gören bir gönül gözü vardı. Fakat gelinen nokta yine savaşların ve hoşgörüsüzlüğün olduğu zalimkar bir dünya insanlığı.

Aşk, insanı kendinden alır da geri vermez, bir kayıba dönüştürür. Dönüşüm yoksa, Aşk nasıl olur? Aşk kadar ebedi, Aşk kadar daim yürekler, diridirler.

Aşkta kaybolmayan Aşk ile bütünleşmemiştir. Nereye baksa Hakikati göremeyen Aşkta değildir. Aşk başkalaşımdır, başkalaştırma özelliği vardır ve bu gerçekleşmemişse, Aşk yolunda değilsindir. Aşkın gücü öyle evrenseldir ki, baktığın her yerde Aşkı görürsün. Aşk, zahiri bedeninden çıkarak kendini bedende olduğun kudreti verir sana. Bedende olduğunu farkettirir ve bunu farkettiğin an ölümsüzleşirsin. Ölümsüzleşmek, çok zor değildir, bir özellik de değildir, ancak uykuda olanlar için mümkün de değildir. Uyanmak için gönlü farketmek, bedende olduğunun idrakine varmak ve Aşk yoluna düşmekle olacaktır.

"Aşk defterde, kitap sayfalarında yazılı değildir. Aşk, kendinde kendini bulmaktır." / Hz. Mevlâna Celâleddîn-i Rûmî, Divanı Kebir, cI, 395.

Kendinde kendini bulan kişi, Âşk yolundadır, yaşarken ölmüş, Hakkın ipine sıkı sıkı tutunmuştur. Ayakları insanoğlunun üzerine çıkmış, arzın çekim alanından, iğvasından kurtulmuş demektir. Kat edilmesi gereken en zor ancak en huzur verici yola girmiştir. Huzur verir çünkü kendi bedeninde kendini keşf etmiştir.

# MANSUR ŞARABI KAVRAYIŞI

İlim ve kudret sahibi olanlar için mey, gam ve kederden eser bırakmayan, Hakk sevgidir. Mey bir anlamı da şaraptır. Hakk şarabı, Mansur şarabı, Âşk şarabı da denir. Nefes alıp, kalbi atıyor ve yaşıyor iken, dünyada ve bedeninin içinde ancak, ruhsal olarak gönül gözü ile âlemleri dolaşan, kendini kendinden geçiren, kendi içine dalan, gönlündeki yoldan yol bulan mest olanlar için söylenmiştir. Kısacası alnını secdeye daya ve yaklaş! manâsı burada daha iyi anlayabiliriz. Alındaki, yaratılış esnasında burna üflenen ve burun köküne yerleşen, tüm dünyayı algılamamız için çalışan bezin işlevini arttırmak için, toprak ile temas ettirilmesi. Tam o esnada meydana gelen temasta ruhsal bir irtibat sağlanır.

Mansur mana itibari ile ölmeden henüz yaşarken Tanrıya ulaşan, Tanrılaşan manasındadır. Gönülde yol bulup yaklaşabildiği kadar yakınlaşan ve ayakları yerde iken, başı ile âlemleri an zamanda dolaşan ve özündeki tüm bilgileri anda hatırlayan ve döndüğünde ise tüm kâinat bilgisini tek bir cümleye sıkıştırılmış ve mana ile her anlayış düzeyine hitap eden kelâmları sarf edenlerdir. Hak'kın görünür kâinattaki elçileri, eli, ayağı, ayn bakışındaki gözü olanlardır. Aktaranlardır. İlahi alışverişin kilidi ve anahtarı olanlardır. Hak'tan aldığını insana, insandan aldığını Hak'ka aktaranlardır. Onlar sadık olanlardır, onlar Âşk yolunda olan, Âşka ulaşan ve Âşkın sahibi olanlardır.

Hz. Mevlâna Divanı Kebirde, üzerinde çok fazla düşündüğüm bir sözü şöyle dile getirmiştir.

"Tevhid sırlarını işaret ettiği için, Mansur halk tarafından darağacına çekildi. Hallac sağ olsaydı, sırlarımın azametinden, taşkınlığından ötürü, o beni darağacına çekerdi." / Hz. Mevlâna Celâleddîn-i Rûmî, Divan-ı Kebir, c. III. 1459.

Hallac el Mansur, Hakk ile birlendiği için En-el Hakk demiştir, bu yüzden anlaşılamadı ve dara çekildi. Çünkü "O Hakk idi" der Divan Kebir'de Hz. Mevlâna. "Hakk yolunda ten pamuğundan can esvabını ayıran o efendi Mansur idi, ben Hakk'ım demedi, son sözü Hakk dedi. En-el Hakk diyen Hakk idi." Hallac el Mansur, Tanrılaşan ve sırları ifşa eden biri olduğu için dara çekildi, sırları ifşa etmeseydi, normal bir insan olsaydı, ben (Hz. Mevlâna) sırları ifşa ettiğim için, beni dara çekenlerin yanında yer alacak ve o beni dara çekecekti. Çünkü kendisini dara çekenler gibi düşünecek ve beni dara çekecekti.

Burada üzerinde düşünülmesi gereken, ince bir nüans ve gizli bir açığa vurma sözü bulunmaktadır. Normal düşünen insan olmadıklarını, olsalardı ifşa edenleri cezalandıranlardan biri olacaklarını ve onların yanında yer alacaklarını vurguluyor. Ve Hallac ile kendisini (Hz. Mevlâna) Hakka ulaşan ve Hakkın bizzat insan olarak görünümünde olduğunu vurguluyor.

Hiçbir insan, Hakkın yeryüzünde yaşayabileceğine inanmak istemez. Yaratıcımız cennet yani daha süptil, daha dengeli, ilahi bir ortamında iken, yeryüzüne inerek bir insan bedeninde yaşamış ve eşi ile çoğalmış ve şu anki dünya insanlığının çokluğunu oluşturmuştur.

Hz. Mevlâna, ölmeden henüz yaşarken Mansur şarabından içmenin manasını anlatmıştır Divan-ı Kebirde:

"Sen, varlıklara can bağışlayan, arkasında gece bulunmayan gerçek sabahı ara! İşte o gerçek sabahtır ki, binlerce ermişe "Mansur şarabı" sunar, binlerce Hakk aşığına aman verir, kurtuluşa ulaştırır." / Hz. Mevlâna Celâleddîn-i Rûmî, Divan-ı Kebir, c. II. 568.

Varlıklara can veren ve arkasında gece bulunmayan manası, tam bir ateşleme sistemine sahip olan, kendi ilahi ateşi ile yanan, varlıklara can veren yaratıcıdan bahseder. Çünkü mum da, lamba da ışık verir ancak ışığın yansıdığı alt bölüm karanlıktır. Çünkü her gecenin karanlığından sonra aydınlık, her gündüzün aydınlığından sonra karanlık birbirini kovalar. Çünkü burası madde âlemi ve çokluk, farklılık ve çeşitlilik olan yerdir. Lamba da mum da, yaratılmış, keşf edilmiş, şekillenmiştir, kendi ışığı değil, zıtlarla varolan bir görüntüdür. Bu yüzden Hz. Mevlâna, arkasında gece bulunmayan gerçek sabah diye bahseder cümlesinde. O Hakkın kendisidir. Çünkü Hakk, kendi özündeki kudreti ile mevcuttur, tüm zıtları kendi bünyesinde barındırır ancak herhangi bir zıt ile varolmaz. Hak'kın zıttı ile varolmaya ihtiyacı yoktur. Çünkü o tüm zıtların bütünlüğü, birliğidir. Bu yüzden arkasında gece olmayan sabahtır. O sabah kavramı, karanlığı da içinde barındırır ve ışır.

İşte Hak'ka yani o kudrete iman edenlere Mansur şarabını sunar. Gönüllerinde ışığı bulan, yolu bulan, Âşk yolunda yol almaya liyakatli kişileri, Hakka yaklaşan insanlara tesir verir, seslenir ve onların yeryüzündeki kaynağı, o insanlar da Hakkın kendilerinden açığa vuran yeryüzündeki halifeleri olur.

"Üzüm şarabı İsa ümmetinindir, Mansur Şarabı da Muhammed ümmetine mahsustur. Bu Şarabın kadehi yoktur. Kadehsiz içilir. Mansur Şarabı üzüm şarabı gibi herkese her zaman sunulmaz. Mansur Şarabı ancak yatağını, yastığını devşirip kaldıran, gecesini uyku ile öldürmeyen Hakk Âşıkına seher vaktinde sunulur." / Hz. Mevlâna Celâleddîn-i Rûmî, Divan-ı Kebir, c.I, 81.

Âşıkların, Âşk yoluna girenlerin, Âşka ulaşmak için çabalayan liyakatlilerin, Âşka kavuşanların ve Âşkın şarabından içenlerin, beden kadehini Mansur şarabı ile dolduranların ulaşacakları mertebe Mansurdur. Mansur olarak adlandırılır. Çünkü Mansurların yaşamında ölüm, ölümünde yaşam vardır. Kendini seve seve sunarlar ölümün ellerine. Ölümsüz oldukları için, bedenlerini bırakmaktan korkmazlar. Çünkü testi kırılsa da, içindeki su kırılmaz, aslına kavuşur, gökyüzüne çıkar yine rahmet olarak yeryüzüne yağar, döngüye katılır. Kırılan testi de yine aslına döner toprak olur, her bedende can bulur. Canları ise ötelere gider, ait olduğu yere, Hakkına döner. Hakkın eli ile gerdiği yaydan fırlayan ok gibi arza düşerler doğmaksızın, yine o yaya gerilmek üzere geri dönerler ölmeksizin. Doğmadan ve ölmeden, yani daima diri olma manasına gelen bu sözler ile Mansur olurlar Hakk elinde.

Âşkın tılsımıyla sarhoş olmak, Mansur şarabından içmek herkese nasip değildir. Onlar ancak Hz. İsa'nın sözünde bahsettiği gibi: "Binlerin arasından biri, onbinlerin arasından ikidirler. Ancak onlar uyanarak, diğerlerini uyanışa çağıracak olanlardır."

Bu bir seçimdir. Yaşam sonsuzluktur. Hiçbir zaman baş ve son yoktur. Sonsuzlukta bir noktanın nasıl başı ve sonu olabilir. Tüm kâinat bir noktadır, nokta da o kâinatın içindedir.

Tabiat, tüm olan gücü ile tohumu toprağın derinliklerine gönderir, üstünü örter. Kat kat katmerlerin arasından yine gün ışığına kavuşmak için o narin, kırılgan bedeni ile çıkar, dimdik ayakta kalmaya çalışır, rüzgârlara ve yağmurlara meydan okurcasına. Çünkü liyakatlidir, seçilmiştir, bilir görünmeyen ilahi dokunuşun kudretini. Güvenir sonsuzca. Çünkü Sevgi var etmiştir varlıkları yoktan, O Varlıklar da yaratmıştır tüm görünen âlemleri. O âlemlerin koruyucusu ve diri kalmasını sağlayan, elbette koruyacaktır tohumu. Tohum bunu bilir, çünkü özüne güvenir, özündeki bilgiyi hatırlar. Bir salisede tüm kâinatın bilgisine sahip olur, güvenir Varlığına ve Yaratcısına. Oysa insan, en ufak bir esintide yıkılır, yiter gider çoğu kez...

Toprak bolca fidan ve tohum istiyor. Ebediyette sonsuzca dinlenecek ruhların dünyasında bolca hasata ihtiyaç var, elverdiği sürece.

# İNSAN, BEDEN, RUH ve CAN KAVRAYIŞI

"Beden mezarında sıkıştım kaldım. Ey ruhu darlıktan kurtaran, rahata kavuşturan! Gel, beni benden, beni bedenden kurtar!" / Hz. Mevlâna Celâleddîn-i Rûmî, Divan-ı Kebir C.1-16.

İnsan, bedene hapsolmuştur. Beden bir hapishanedir. Ve bunu çok azı farkeder. Farkedenler Âşk içine düşenlerdir. Diğerleri, beden hapishanesinde uykudadırlar ve uyanmaya da hiç niyetleri yoktur. Çünkü rahattırlar ve rahat insanın en büyük düşmanıdır. İnsanın kendi ile olan savaşı en kutsal savaşıdır. Ve Yaratıcının amacı, beden içindeki ruhun uyanması, hatırlaması ve arzda Yaratıcının eli ayağı olmasıdır. Ancak hapishane gerçeği bir hakikattir ve her devirde hatırlatıcı bilgi, Yaratıcı tarafından nakil edilmiştir. Buna rağmen insanlar sadece okumuş, ezberlemiş hatta çokça tekrar etmişlerdir. İdrak edemedikleri için de uyanış için hiçbir çaba harcamamışlardır. Çünkü uyanmak bir liyakat meselesidir. Liyakate erişen ancak uyanmak için çaba harcar.

Denizin dibinde yaşayan hiçbir şeyden haberi olmayan balıklar gibiyiz. Suyun içinde olan bir balığın, gökyüzünden, havadan, kuru toprağın kokusundan nasıl haberi olabilir. O denizin en dibinde hareketsiz bir şekilde uyumaya devam etmektedir. Oysa suyun dışına kafasını çıkarıp ne var diye merak bile etmemektedir. Çünkü bunu yaparsa, öleceğini düşünür, rahatının kaçacağından o kadar emindir ki. Soru sormak, uyanmaya liyakati olan içindir. Sorgulamak uyanışın belirtisidir. Binlerce yıldır dönen çarkın içerisine hapsolmuş insanlığın neden bu çarkın içerisinde dönüp durduğundan haberi var mıdır?

Hiç durmaksızın dönen, dünya çarkının dişlileri arasına giren çomak misali, yayından fırlamış bir oktan gayri ne'yim.

"Bilmiyorum ki ben benden, kendimden kurtulup nerelere gideyim? Bedenim bu kafesin içinde sevdalara düştü, yandı, yakıldı, fakat basım her an bu kafesten dışarılarda bulunuyor. Ben nerelere kaçayım bilmem ki?" / Hz. Mevlâna Celâleddîn-i Rûmî, Divan-ı Kebir, c. II, 1074.

Ayakları arzda, başı göğe yükselen kişiler, uyanışta olanlar ve uyandırmaya gelen seçilmişlerdir. Çok azı böyledir ve insanlık uyumaktadır. Hz. Mevlânanın bu sözü, beden içinde hissettiği korkunç ıstırabın dile gelmesidir. Beden içine hapsolmuştur çünkü bağlı bulunduğu plandan ayrı kalmış ve bir görev için dünyaya ışımıştır. Kaynağının özlemi, asl olan planından ayrılmışlığın verdiği ıstırap ve aynı anda arzda beden içinde görünümün bir görevi icra etmesinin bedelidir. Hz. Mevlânanın ıstırabı, anladığımız manâda bir acı çekme değildir. Kaynağından ışımanın verdiği özlem ve görevinin icrasının verdiği huzur karışımı bir ıstıraptır bu. İki duygunun bir bedende yaşanması, bedenin bir hapsolma yeri olduğunun farkedilmesi, zahiri bedeninin içindeki kısıtlanmış ve dondurulmuş bir çarka dâhil olma ve aynı anda çarkın dışına çıkarak farkındalığın en derin halini hissetmedir.

> "Ruh geldi bedene girdi. Beden ruh tarafına gitmedi. Gerçekten de, okun uçup gittigi yere yay gitmez." / Hz. Mevlâna Celâleddîn-i Rûmî, Divan-ı Kebir, c.I, 454.

Hz. Mevlânanın burada bahsettiği, yayda gerilen ok, arz âlemlerine doğru hızla ilerler. Ok, gelişmek isteyen ruh cevherinin yoğun olan ve arza doğru yol alan çok cüzi bir uzantısıdır. Yay ise Ruhun Öz kısmıdır. Yay Melâkut âleminde yani görünmeyen Rab katında kalmak ve Yaratıcılığına devam etmek zorundadır. Ancak önemli olan nokta Hz. Mevlânanın bahsettiği durum şudur? Peki! Yayın gerilmesine sebep olan şey nedir ve yayı kim germektedir?

Ol emri ile Mutlakın yani Sevginin yarattığı varlıklar arasında Ruh vardır. Ruh başlı başına varlıktır ve Yaratıcı Hakikattir. Madde de ilk yaratımdaki varlıktır ancak şekil alması için Ruhun kudretine ihtiyacı vardır. Bu yüzden ruhun ve maddenin ortaklaşa alanı olan insan bu şekli vermek ve gelişimin amacını oluşturmak için hedefi tam vurmuş ok misali arz âlemlerinde belirir. Ruh ve maddenin ortaklaşa alanıdır. Ruh sonsuzluktan gerilen yayın ucundaki okla, madde ortamlarına hızla akar ve tekâmülün amacını oluşturur.

## HZ. MEVLÂNA FELSEFESİNDE KARŞITLAR

Yayı geren ya da yayın gerilmesine sebep olan herhangi bir varlık ve sistem yoktur. Yayın gerilmesi tamamen varlık yaratıcısının kendi ateşleme sisteminden kaynaklanmaktadır. O bir ilahi organizasyondur. Hem yaydır hem de yayı gerendir. Ucundaki ok ise bir görev amacı ile maddeye gömülmek için yola çıkan sistemdir. Her sistem, madde platformlarındaki yaşam organizasyonların içine dâhil olur. Gömülür adeta. Ve unutur. O organizasyonun bir parçası olur. Kendi gerçekliğini hatırlamaz, Hakikatin ulaştığı ve vurduğu hedef olduğunu düşünür ve boğulur. Bu durumun dışına çıkabilen seçilmiş zatlar ise ıstırabın ve uyanışın belirtilerini gösterirler. Hz. Mevlâna Âşkla yanmış ve yanmanın ne olduğunu dizelerinde, şiirlerinde ve kitaplarında dile getirmiştir. Hiçbir zaman dönen çarkın içinde dâhil olmamış, olmak istememiş ve dışında kalmaya çalışmıştır. Ayakları yere ne kadar sağlam basıyorsa, başı o kadar gökyüzünü delerek âlemleri seyre dalmıştır. Ve her hissettiğini aktarmıştır.

Hz. Mevlâna beden içinde ancak dışında olmayı hisseden ve kendini bedende zuhur eden Hakikati fark eden, güçlü hatırlayan kişidir. Çünkü Hz. Mevlâna, tüm eserlerinde anlattığı felsefe Okuma ve Yazılma manasını içerir.

Okuma güçlü hatırlamadır. Varlığın tüm dünyasal etkilerden, beşeri iğvalardan arınıp, ilahi ve ruhi irtibatının en güçlü seviyeye ulaşmasıdır. Ene (Ben)nin kontrolü ne kadar güçlü ise o oranda açılım ve hatırlama, içten ruha doğru ve kâinatın kayıtlı levhasında dünya için olan Noktaya doğru olacaktır. Ve Hz. Mevlâna dünyada neden için ve ne için bulunduğunu hatırlayan bilen ve okuyan bir zattı. Görevinin bilincindeydi.

Yazılma, ihtiyaçlar oranında dengenin ve düzenin sağlanmasıdır. Kâinatın en büyük sırrı olan paylaşımın oluşturulması ve bilginin kâinat ruhuna aktarılmasıdır. Kâinat ruhu, Yüce bir beden bütünüdür. Her varlık bu bedenin bir hücresidir. Kâinat ruhu bütününde bir eşitsizlik ve dengesizlik mümkün değildir. Aksi kâinat zir ü zeber olur dağılır ve yok olurdu. Hz. Mevlânanın coşkulu anlatımında öz olarak mana şudur "Ayak olmaktan şikâyet ederken, şunu unutmamak gerek, ayak nereye giderse baş da oraya gider." Bütünlük ve birlik ancak bu anlayışla sağlanacaktır. İnsanlık ne yapacaksa bütünlük içinde yapacaktır. Yoksa seçilmiş olarak gelenlerin amacı boşa kürek çekmek değildir. Her insan nasibini ihtiyaçları oranında alır. Alamayan döngünün ve çarkın içinde tekrar eden sisteme dâhil olur ve devam eder. Kâinatta asla bir son, başlangıç ve bitiş yoktur. Ucu birbirine değmeyen halkalar bir açı ile sonsuzluğa uzanan helezonları oluşturur, yayın ilk kirişi ile bitişi aynıdır ve sonsuzdadır.

O, Tüm kâinatı nokta haline getirip insanın gönlüne yerleştirmiş, İnsanı da o kâinatın ortasına noktalamıştır. İnsan kâinatın en mükemmel zahir noktasıdır. Kâinat da insanın gönlündeki bulunamayan nokta!

Dünyada yaşayan her insan, bedene ve dünya kanunlarına tabidir. Bu bilincin verdiği mikanlar ile idare eder. Daha üst seviye için bedenlerin hazırlanması gerekir ki Yeni Çağ denilen zamanda bu durum meydana gelecektir. Yoksa yüksek titreşim frekansını kaldıramaz. Çünkü bedenler sınırlı ve vibrasyonu Ruhun enerjisine göre düşük seviyededir. Ruhun enerjisini, direkt olarak alamaz, darmadağın olur. Bedenli olan herkes eşit ve benzer durumdadır. Hiçkimse bir diğerinden daha üstün, daha güçlü değildir. Herkes kendi gücü ve yüce bağlantıyı açmayı ancak ve ancak kendisi yapabilir, bir başkası değil. Birbirimize yol gösterebilir, fikir verebilir, ışık tutabiliriz. Ancak çare olamayız. Çare bizatihi kendi gönüllerimizdedir. Her insan karanlıktadır ve Yaratıcının kendisini görmesi için gönül ışığını yakması gerekir. Karanlıkta kayıb olan insan, gönül ışığını yaktığında Yaratıcısından gelen ilahi nuru akıtmaya, arz âlemlerini beslemeye devam edecektir.

Milyonlarca boyutu olan ve her an hepsinden tesir alarak beslenen bir kâinatta yaşıyoruz. Hepsi ile An zamanda haberleşiyoruz. Önemli olan beslenilen kaynaktır. Takılıp kalmamak gerekir, girip çıkmak ancak yine kendini bilmek ile mümkün olacaktır. Neyle meşgul olursan ol, hangi boyutta gezersen gez, takılıp kalma, hepsinden yine kendin olarak çık ve kendini bil, asıl beslendiğin Hakk ve Rahmet kaynağını daima Hatırla.

# AKIL ve BİLGİ KAVRAYIŞI

O, aklın anahtarıdır. Akıl bir anahtar değildir, Rabbin tekâmül edici "belâ" ancak akılların anahtarıdır. Aklın anahtarı bizzat Rabdir, geliştirici unsurları ile her bir nimet ve rahmeti ile uyanışı tanzim eder.

# TEVHİD SIRLARI

Aynı bir taş ustası gibi, 99 defa taşa vuran ve taşta hiçbir hareket göremeyen, yüzüncü darbede taşı ikiye ayıran gibidir. Her bir belâ, nimet, rahmet, insanı geliştiren, aklını gönül ile yorumlaması için yönlendiren bir eğitimidir. Dünyamız da, bu tedrisata öncülük eden bir okuldur. Tüm yaşayan insanlar, hiçbir eşitsizlik gözetmeden bu okuldadırlar. Çünkü Rabbin terazisi her daim denktir ve şaşmaz. Eşitlik yaratımdadır, herkes eşit yaratılmıştır, fakat yaşanılan tecrübeler her ne kadar farklılık gösterse de, bir dahaki seferinde tamamlanma olmaktadır. Aynı bir dairenin başlaması ve başladığı nokta ile birleşmesi gibi. Ta ki tüm yaşamlar eşitlenene kadar bu döngü devam eder. Bu yüzden dünyada yaşayan beşer insanları, her zaman dünyada idiler ve dirilme yani uyanış ile hatırlayacaklardır. Ancak arada aramıza, Rabbin elinden gerilen yaydan fırlayan ok gibi, hedefini tam on ikiden vuran, erenler, ermişler, pirler, nebiler gelmişler ve öncülük etmişlerdir. Ancak hiçbiri yaptırım ve zorlama uygulamadan. Onlar ışık tutmuşlar, yol göstermişlerdir, her türlü bilgi akmıştır onların vasıtası ile insanlığa. Alabilen almış, alamayan döngüyü tamamlayana kadar devam edecektir. Çünkü sonsuzlukta dirilik hâkimdir, bir son asla olmayacaktır. Yaratılmışlar özgür iradeye sahiptir ve herkes yaptığından sorumludur. En ufak bir iyilik bile onlarla beraberdir, en ufak bir menfilik de onlarla beraber olacaktır. Çünkü insan yaptığını taşır. Ve yaşadığı her şey, o taşımanın eseridir. Yaratılmışlığın sırrı budur. Yaratılmışları, Varlıklardan ayıran budur. Yoktan var edilen Varlıklar kudretle donatılmış, Varlıkların yarattığı, Yaratılmışlar da sonsuz âlemlerde çokluk olarak yaşamı daim ettirirler. Tüm bunlar Mutlak'ın yani Sevgi'nin eseridir. Sevgi (Mutlak) tüm yoktan var ettiği Varlıklara kaynaktır. Varlıklar da Yaratılmışlara kaynaktır. Yaratılmışlar da kudretli varlıkların ortaklaşa kullandığı bedenlere kaynaktır. Her şey iç içe ve kaotiktir. Şaşmaz düzenin tek sahibi ise Mutlak'tır.

Akıl, insanı hayvanda ayırt eden en önemli unsurdur. İnsana bahşedilmiştir. Aklın yolu ile âlemleri tanıyabilir, yolumuzu bulabiliriz. Ancak akıl şu an sadece programa dâhil olan bilinç ile kısıtlanmış bir haldedir ve çok cuzzi bir kısmı kullanılmaktadır.

> "Sen, hiç bilgi nuruyla nurlanmış bir hayvan gördün mü? Beden de bir hayvandır." / Hz. Mevlâna Celâleddîn-i Rûmî, Divan-ı Kebir, c. III, 1602.

Beden bir hayvandır. Hayvansal bir yapı taşır. Her hücresi ve bütünü ile hayvandan hiçbir farkı yoktur. Eğer bize akıl yolu bahşedilmemiş olsaydı, insan da, beslenmek, barınmak ve üremekten öteye geçemeyecekti. Akıl Tanrısal bir kaynaktır. Ancak gönül ile beslenir. Tek başına aklı kullanmak da hayvandan bir üst mertebeye geçirebilir insanı. Beşer yapar. Ancak gönlünü kullanabilen ve oradan âlemlere açılan yolu keşf eden için Akıl ve Gönül birlikteliği ile ancak ulaşılabilir gerçek İnsan boyutuna.

> "Mecnun gibi sevgiye engel olan akıl perdesini yırtmak istiyorsan, cesur âşkı bul da, onun elinden kadehsiz verilen mekânsızlık sarabını al, iç." / Hz. Mevlâna Celâleddîn-i Rûmî, Divan-ı Kebir, c. II, 1023.

# TEVHİD SIRLARI

Akıl perdedir aslında tek başına. Sadece gördüğünü algılayan, dokunduğunu bilen, hisseden için sanal bir programdır. Dünya madde programına dâhil olmadır. Çünkü akıl olmadan yaşam daim olmaz. Akıl perdesinin yırtılması, ancak gönül gözünün açılması ile mümkün olabilir. Çünkü Rabbi ile insan arasına giren tüm perdeler akıl perdesidir. Akıl tek başına otomatik ve dondurulmuş, kısıtlanmış bir bilincin işaretidir.

> "Akl-ı küll, Allahın kudretinden ilk önce ortaya çıkan akıl, "Ars-ı a'zam, Cebrail, Hz. Muhammed'in nuru" olarak da düsünülür." / Hz. Mevlâna Celâleddîn-i Rûmî, Divan-ı Kebir, c. 111, 1130.

Akıl, Sevginin (Mutlak) yarattığı bir varlıktır, Tüm kudretlerin üzerindedir. Çünkü muazzam bir bilince ve sonsuz bir güce sahiptir. Levhi Mahfuz da bilginin açığa çıktığı akıl dolu bir kaynaktır. Tüm akıllar, gönül ile açığa çıkan yol ile bilgiden beslenebilirler. Bilgi ise, tüm Âşıkların ulaştığı sonsuz bir akıştır.

Hz. Mevlâna'nın, Bütünsel akıl (Akl-ı Küll) olarak tabir ettiği, Yaratıcımızın da kudretinin ötesinde olduğunu önemle vurgulamış ve Yaratıcımızın da Var edildiğini ortaya koymuştur. Çünkü Mutlak Yaratmıştır tüm varlıkları. Akıl da bilgi de bir varlıktır ve daha önceki konularda bahsettiğim gibi, tüm varlıklar ortaklaşa bir koordine olarak yaşam platformlarına hizmet ederler. Her biri kendi öz iradesi ve özgür salınımı ile sonsuz birer kudrettir, arkası gece olmayan ışık kaynağıdır. Bütünsel akıl tüm kâinatları, âlemleri, besler, kayıt altına alır, koordine eder ve tanzim eder. Çünkü Âlemlerin Rabbinin emirleri her an tüm kâinata iner ve diriliği, yaşamı, şaşmaz düzeni tanzim eder. Bunu ancak akıl kudretli varlığı ile mümkün kılar.

Ancak insandaki akıl, matematiksel olarak ifade bile edilemeyecek düzeyde çok cüzzidir. Bu insanı hayvandan ayıran en önemli unsurdur. Ancak akıl, gönül birlikteliği ile Küll Aklına bağlanabilir. Bağlanmadığı sürece de insan beşer olarak varlığını arz âlemlerinde sürdürür. Hep oradadır ve hiçbir yere gitmez. Ne zaman aklın gönül ile koordinesini kurabilir işte o zaman ışıyan bir kaynağa dönüşür.

Tek bir akıllının dahi kalmayacağı, akıl ile gönülün koordineli ortaklaşa birliğinden meydana gelecek olan üstün insan modeli, Hz. Mevlâna'ya göre, Âşıkların yolu olacaktır ve uyanmış insan modelini oluşturacaktır. O zaman beden de titreşimsel olarak daha üst boyutlara geçecek ve vaad edilen cennet yani huzur hayatı daim olabilecektir.

Uyanış, Âşıkların yolu ateştendir, ıstıraplıdır. Çünkü sadece akıl ile hareket eden insan için, gönül ile aklı kullanmanın ıstırabı, kendini bilmeye ve tanımaya götürecek en emin yoldur. Hz. Mevlâna böyle bir okulun mensubu olduğunu, her anının akıl ve gönül birlikteliği ile Âşıkların kutsanmış yolu olduğunu, ateşten yollarda ilerlediğini, Âşka kavuştuğunu ve Âşkın sahibi olduğunu anlatmaktadır.

"Güzellik, Hakk'tan haberi olan bilgi sahiplerinin güzelliğidir. O hal ariflerin halidir. Onu görecek göz nerede? Nerede mana bilgisi? Nerede gül bahçesi? Nerede gül bahçesindeki güllerden ask kokusunu alacak burun? Sen, su bedeni benden al da, beni bedenden kurtar." / Hz. Mevlâna Celâleddîn-i Rûmî, Divan-ı Kebir, c. III, 1382.

# TEVHİD SIRLARI

Gönül gözünü aklı ile birleştiren insan, her yerde zaten var olan Hak'kı görmeye başlar. İşte o zaman gören gözleri göz, duyan kulakları kulak, nefes ve koku alan burnu burun olabilecektir. Hayvandan ayıran en önemli unsurları daha işlevsel, dondurulmuş ve kısıtlanmış bilincin daha ötesinde bir anlayış ile kâinatı âlemleri yorumlayabilecek, gerçek bilginin kaynağı olan Levhi Mahfuz denilen kayıtlar levhasından akışı sağlayabilecektir. Çünkü tüm organlar, insana bir amaç için verilmiştir. Akıl yolu ile anlamayı, gönül yolu ile idrak etmeyi ve Hak'kı her yerde her zerrede görebilmeyi ve bilgiyi alabildiği gibi nakl etmesini bilmeyi başarabilecek uyanmış insan olacaktır.

Yoktan var etmek ile yaratım farklıdır. Yoktan Var olma durumu, Gizemin görünür olması, Batının Zahir olmasıdır. Yoktan var olma kusursuz ve sonsuzdur. Var olan varlıkların yaratımı ise mükemmelliğin göstergesidir. Yaratım mükemmel ve sonsuzdur. Çünkü her varlık, yarattığını kendi suretinden yaratır. Kendi suretinden yaratım ise mükemmel ve sonsuzdur. Ancak mükemmelliğin tek sorunu bilinmez oluşudur. Yaratım mükemmeldir ancak bilinmezdir. Yaratım gizemdir, gizemlidir, yaratımda bilinmezlik vardır. Varlığın yaratımı kusurludur bir bakıma çünkü bilinmezdir. Eğer yaratımda her şey bilinir olsaydı, yaratımın amacı olmazdı. Yaratımın amacı bilinmez oluşunda gizlidir ve sırlı olması bundan dolayıdır. Yoktan var olan varlıkların bir araya gelmesi âlemleri, evrenleri, kâinatı ve boyutları meydana gelir. Her meydana geliş kusursuz da olsa, bilinmez olduğundan sonucun ne olduğu gizemle doludur. En basitinden örnek, dünyamız üzerinde yüzlerce kavim yaratıldı ancak birçoğu helak edildi. Çünkü yaratımda gizem vardır ve ne olacağı asla bilinmez, hatta yaratıcı tarafından da bilinmez. Yaratıcının yarattıkları kusurludur, çünkü gizemli ve bilinmezdir. Gizemli ve bilinmez oluşu kusurlu oluşundandır. Tek sorun budur. Yaratıcı, yarattıkları ile arasındaki gizem, yaratılanların yol almasında ve bir sonrakindeki bilinmezlik bir sorundur. Ancak sonsuzlukta bunun çok fazla bir önemi yoktur. Çünkü her yaratım bir sonrakini yaratır, böylece yaratım bir sonraki için görünmez ve bilinmezdir. Bir sonrakini görür ancak olacakları bilemez. Gidişatta özgür irade vardır. Çünkü O(Hu) Mutlak, Sevgi olarak adlandırılan bulunamayan nokta, yoktan var etmiştir kendi suretinde, yani sonsuzluğunda ve daim diriliğinde. Yoktan var olan Varlıklar ise yaratım halini daim ettirmişlerdir kendi suretlerinde, bir araya gelişlerde mükemmellik ve sonsuzluk korunmuştur. Ancak oluşumlar gizemlidir ve bilinmezdir. Tüm mükemmellikler ve kusursuzlar bir aradalığı yaşam platformlarını oluşturur. Yaşam platformlarında gidişat bilinmezdir. Çünkü her zaman ve mekân kesişiminde ne olacağı asla belli değildir. Bu da mükemmelliğin ve kusursuzluğun en önemli sorunudur. Bilinmezlik ve gizem Mutlak'ın Özünde vardır. Mutlak yoktan var ettiklerinde ve varlıkların yaratımında kendi sureti gizlidir yani gizem ve bilinmezlik. Bu olduğu sürece de, kâinat en mükemmel hale gelene kadar yaşam sonsuzca devam edecektir. Tek mükemmel ve kusursuz olan Mutlaktır. Onun dışında olan her şey kusurludur. Ve bu kusurdan dolayı tekâmül etmek ve gelişmek varlıklara ve yarattıklarına aittir. Varlıkların ve yaratılanların varoluş süreci tekâmül etmek ve gelişmek, en mükemmel ve kusursuz hale gelmesidir.

Her şey suretten yaratılır. Yaratım mükemmel ve kusursuzdur. Ancak kusursuzluğun ve mükemmelliğin sorunu, döngülerin bilinmezliği ve gizemindedir. O bilinmezdir, bilinmezliğin suretini yaratımın hamuruna katmıştır. Yaratılanlar da, belirli noktalardaki bilinirliğin dışında bilinmezlikle doludur. Tüm gidişat ve döngü, Varlıkların iradeleridir. Bu yüzden her yaratılan döngüdeki yerinden ve yerine getirdiklerinin yani kendi yaratımlarından sorumludur.

Çok daha anlaşılır hale gelmesi için, insan dünyada yaşarken, yaşamı boyunca en mükemmeli arar, gerçeği arar da bazen çok uzakta sanır. Oysa gerçeklik ve mükemmellik burnunun dibindedir de fark edemez. Fark etmesi için uyanması gerekir. Uyanması için de dünyanın çekim alanından kurtulması, yaşarken ölmesi, ölmeden ölmesi gerekir. Gerçekliğin çok yakınında hatta kendisinde saklı olduğunu görmesi için uyanması gerekir, gönül gözü ile aklını bir arada kullanmasını öğrenmelidir.

# REENKARNASYON ve ENKARNASYON KAVRAYIŞI

Bir zamanlar beden yoktu; ben, tamamıyla candan ibaret idim, seninle göklerde beraber idim! O zamanlar birbirimizle konuşamıyorduk; ne benim söz söylemem vardı, ne de söz işitmem." / Hz. Mevlâna Celâleddîn-i Rûmî, Divan-ı Kebir c.IV 1822.

## HZ. MEVLÂNA FELSEFESİNDE KARŞITLAR

Doğmadan önce neredeysem, öldükten sonra da oradayım. Her sona yaklaştıkça, başa dönerim. İşte tüm sır burada. Ne ruhtan dolayı beden, ne de bedenden dolayı ruh. Ne ruh bedenin içine girer, ne de beden ruhu hapseder. Ruh da madde de mükemmel, her ikisi de sonsuz, ölümsüz ve her daim diri. Oysaki insanoğlu dar görüşüyle her daim kayıp olmaktan ileri geçemez. Bu dünyanın hakkını vermeden, dünya maddesinin manyetik alanından, çekim kuvvetinden etkilenmeyecek hale gelmeden, ruhsal ışığı olabildiğince dünya planetinde yansıtamadan, hep burada olmaya devam edeceğiz.

"Ey ruh âleminden bu dünyaya doğup gelenler! Ölüm gelince ürkmeyin, korkmayın! Bu, ölüm degil, bu ikinci bir doğumdur; doğun, doğun." / Hz. Mevlâna Celâleddîn-i Rûmî, Divan-ı Kebir cII. 656.

Tüm nedenlerin tek bir nedeni var. Ve o tek nedeni sınırlılık içinde anlayabilmen mümkün müdür? Sınırsız olmalısın ki sınırsız olanı, sonsuz olanı anlayabilesin. Fani dünyada, ölümlü bedende, ölümsüzlüğü ve sonsuzluğu anlayamazsın. Çünkü dünyanın sınırları olduğu gibi, bedenin de sınırı var.

Şimdi, ya da an'ın enerjisini yakalayabilmek belki çok ama çok zordur, ama o kadar da basittir. Çünkü her şey basitlikte. Anı yaşayarak, anın enerjisini almak muhteşem bir enerji ile beslenmeyi de beraberinde getirir. Zor ama basit olan bu zaman-mekân çakıştırmasını yapabilen, minimum da olsa, her zaman değil, ama yapmaya bile çalışan, sıradanlıktan kurtulur ve kendisi olur. Kendisi olan, Âşk'la bütünleşir ve Âşk'ın enerjisini de hisseder, sonunda ÂŞK olur. Evren görülen ve görülmeyen, varolan her şeyiyle, tümüyle canlı bir organizasyondur.

Her birimiz çok önemli kayıplarız ve yalnızız, bu dünyada olduğu kadar bu evrende de yalnızız, çünkü yalnız olmayı seçiyoruz. Yön duygumuzu kaybetmişiz, ne yaptığımızın farkında değiliz. Karanlıkta el yordamıyla arayışlarımız kısır döngü içerisinde ve yavaş ilerlemekte. Karanlıktan ışığa açılacak yolu, dişimizle ve tırnağımızla bulmaya çalışıyoruz. Kayıbız çünkü ışığa giden yolda yalnız bırakıldık, yalnız olmayı seçtik. Bu bizim seçimimiz. Etrafımızda yüzlerce insan varken bile bizler tek tek yalnız ve Kayıb varlıklarız. Bütünlüğün içinde önemsiz bir insanız ama değerliyiz. Hayal edilemeyecek kadar geniş, büyük ve sonsuz evrende önemsiz bir dünya gezegeniyiz ama değerliyiz. Bütünün değerli bir parçasıyız. Ne kadar küçük, ne kadar önemsiz de olsa değerliyiz. Çok büyük bir bedenin bir hücresi, bir atomuyuz ama değerliyiz. Bir tanesinin eksikliği tüm bütünlüğü alt üst edecek kadar önemli ve değerli olan parçalarız. Yalnızız ve Kayıbız. Ne kadar kayıp da olsak bizler bütün bir ilahi iradenin değerli parçalarıyız. Ve kayıplık içerisinde arayışlarımız sonsuza kadar devam edecek. Ve hiç son bulmayacak.

Kendi gücümüzün farkına varma zamanı geldi. Kimse bize sihirli değnekle dokunmayacak. O dokunuşu kendi kendimize yapacağız. Kendi değerimizi anlayarak, eğer bir kurtuluştan bahsetmek gerekiyorsa, bu kurtuluşu kendimiz gerçekleştireceğiz. Kimse dışardan müdahale etmeyecek. Kendi kendimizin bütünlüğünü anladıktan sonra ancak bu gerçekleşecek. KA'yıb varlıklar olduğumuz gerçeğini anladıktan ve aslında kayıp olmadığımız gerçeğini idrak ettikten sonra yaşanacak yeni zamanda yolumuza kaldığımız yerden farklı anlayışlarla devam edeceğiz.

Birliğin gücünü hissetmediğimiz sürece, KA'yıb olarak kalacağız, kayıp ve yalnız. Yüzlerce insanın içinde yalnız, milyarlarca gezegenin içinde yalnız yaşam gezegeni olarak. Birliğin gücü yalnızlığın giderilmesini, kayıplıktan çıkmayı ve bulunmayı da beraberinde getirecek.

Belki de beklediğimiz tüm mucize bu. Belki de evrene açılacak kapının anahtarı birliğin enerjisi. Farklılığın değil, birliğin enerjisi. Birlik enerjisi.

İnançlar farklı, renkler farklı, ırklar farklı, diller farklı, kıtalar farklı, düşünceler farklı olabilir, çeşitlilik olabilir, fakat tüm bunlar birlik ve bütün olmayı engelleyemez. Birlik ve bütünlük ancak, herkesin çeşitlilikten dolayı birbirine saygı göstermesi ile birbirini bu çeşitlilikten dolayı sevmesiyle gerçekleşecektir.

Belki de milyarlarca yıldan beri dünya üzerinde oluşması beklenen enerji alanı birlik enerji alanıydı. Birlik ve bütünlüğün enerji alanının yaratılması. Bu bir anahtardır ve evrende yalnız olmadığımız, KA'yıb olmadığımız gerçeğini bize gösterecek kapının açılması gerekli anahtar budur. Bu anahtarı birlik ve bütünlük içerisinde oluşturabilir ve kapıyı açabiliriz. Yalnız ve KA'yıb olmadığımızı o zaman anlayabiliriz. Bu da bir son değil, hatta ve hatta büyük bir başlangıcın basamaklarından olacaktır.

O basamağı birlik enerjisi ile çıkabiliriz. Tek tek değil. Bencilce değil, birbirimizi öldürerek, yok ederek değil. Sevgi ve saygıyla, ama farklılığın çeşitliliğin, yüce ilahın, yüce yaradanın enerjisi ile.

Ruh enerjisinin sonsuzluğu, madde enerjisinin sonsuzluğu ortak alanı ölümsüz insan ve onun yansıması beşer varlığı ölümlü insanoğlu.

Ruh enerjisinin sonsuzluğu yaşam enerjisini, madde enerjisinin sonsuzluğu yaşam çeşitliliğini ve alanlarını oluşturuyor. Ruh enerjisi titreşimini kabalaştırarak, madde enerjisi titreşimini süptilleştirerek ortak alanlar yaratıyorlar ve yaşam alanları tüm kâinatta sınırsız ve sonsuz sayıda mevcut buluyor. Her iki enerjinin bütünlüğünden ölümlü insan ortak alanı oluşuyor.

Ne ruhtan dolayı beden, ne de bedenden dolayı ruh var diyebiliriz. Ne ruh bedenin içine giriyor, ne de beden ruhu hapsediyor.

Ruh ve madde zaten aynı şey. Sadece titreşimleri farklı. Her ikisi de mükemmel, her ikisi de sonsuz, ölümsüz ve her daim diri.

Oysaki insan dar görüşüyle her daim "KA'yıb".

Yaşam, her boyutta, her titreşimde devam ediyor ve edecek. Dünya dört milyar yıldır yaşıyor ve üzerinde çok çeşitli yaşamlara misafirlik etmiş ve her daim etmeye de devam edecek. Ta ki dünya üzerinde, bir tek inanan kalmayana, bir tek doğum olmayana ve bir tek emziren "ana" olmayana kadar. Bu da mümkün olmayacağına göre, yaşam devam edecek ve etmeye devam edecektir. Her ne kadar korkunç senaryolar çizilmeye devam etse de, yüce yaradan'ın ismini zikr etmeyen hiçbir canlı kalmayana dek, yaşam devam edecektir. Her canlı o'nun ismini zikr ettiği müddetçe de, mevcudiyet ve yaşam her daim devam edecektir.

Bu ebediyette, yaşamak üzere kalacak olanlar yani cehennemde kalacak olanlar, alması gerekenleri alamayarak bir sonraki yaşam ebediyetine kalabilirler. Bu seçim onların. Bu hiçbir zaman kötü ve acımasızlık anlamına gelmemelidir. Ruh varlığı için sonsuz seçenekler vardır. Görevi neredeyse oraya doğacaktır. Biz sadece güneşin yani cehennemin sekarın, çekim alanına dâhiliz ve dünya yaşam platformuna doğuşlar yaşıyor ve bu maddi dünyanın enerjisini, bilgisini ve tecrübesini almaya çalışıyor ve aynı zamanda da, maddenin Tanrısallığı enerjisini yükseltmek ve tekâmülünü yani gelişimini sağlamak amacıyla bir alış veriş halini koruyoruz. Madde ve ruhun alışverişidir aslında yaşam. Gelişim ve tekâmül bir alışveriştir. Madde ruhtan, ruh maddeden bilgi edinmek için yaşam platformları hazırlar. Güneş gibi yıldızlar da ona hayat verir can verir. Bu hiçbir zaman korkulacak bir durum değildir.

Ruhun madde ile olan alışverişinden üçüncü bir cevher, insan olmaktadır. Belki de maddenin ruh ile olan alışverişinden farklı yaşam türleri de oluşmuştur. Binlerce seçenek mevcuttur vardır ve biz görmüyoruz bilmiyoruz diye de yok saymamız mümkün değildir.

İnsan hem ruhun hem de maddenin bir araya gelişinden muazzam bir varlık olarak ortaya çıkmıştır. Kimbilir, maddenin ruha olan uzantısından nasıl varlıklar ve yaşam biçimleri oluşmaktadır. Bu aklımızın alamayacağı seçeneklerdir.

Çünkü katı madde olarak görünen madde, ruhun en kaba titreşim halidir. Ruh ve madde birdir, bütündür, ayrı değildir. Biri en uçtaki süptil yani ince seviyedeki halidir, diğeri diğer uçtadır ve en kaba titreşimde görünen katı durumdur. Aynı bir buz gibi düşünelim, buz hali ve görünmeyen buhar hali gibi. Kademe kademe gerçekleşen buzdan sıvıya oradan gaz haline dönüşme durumları, suyun gerçekliğini varoluşunu değiştirmez yalnızca hal ve durum değiştirir. Orjinalliğini bozmaz. Bu yüzden ruh da madde gibi, madde de ruh gibi orjinaldir sadece biri görünen diğeri görünmeyen durumdur, fakat birdir ve tektir. Bakış açımıza uygun olarak ikili ayrıymış gibi görüyor ve algılıyoruz.

Yüce yaradan, insanın sembolü ve tüm insanlığın tek bir can olduğu Âdem'e, yani mutlak birlik ve bütünlüğün sembolüne, varlıkların isimlerini öğretti. Varlık derken, dünya kâinatında olan tüm varlıklar, varlık, yani meydana gelmiş, vücut bulmuş. Demek ki, Âdemden önce yaratılmış ve var olmuş olan varlıklar var. Ve bunların tüm anlamlarını Âdem'e yani insanlığın tek canına öğretiyor. Âdemden önce, yani insandan önce, varlıklar yaratıldı ve her şey muazzam olarak varoluyordu. Ve gelişimin tamamlanması için, ruh ve madde varlığının ortak Noktası, ortak titreşim alanı insanın da yaratılması mümkün olmalıydı. Çünkü ruh tek başına ve madde de tek başına bir işe yaramayacaktı. İkisi de muazzam enerji ve ikisi de varolan en yüce değerler. Fakat ortak Noktası yani insanın da hem madde hem ruh olarak mevcut bulması, ortaya çıkması ve ortak Noktası olmalıydı. Maddenin ruha olan uzantısı, ruhun maddeye olan uzantısı olarak insan yani Âdem yaratıldı. Ve Âdem'e, her iki varlık için de ruh ve maddenin tüm özellikleri anlatıldı öğretildi. Tüm kanunlardan, tüm yasalardan haberdar edildi.

"Ben neyim? Ben apaçık ortadayım ama aynı zamanda gizliyim!" / Hz. Mevlâna Celâleddîn-i Rûmî, Divan-ı Kebir c.IV 1759)

"Bir tane canım var ama yüzbin bedenim." der Hz. Mevlâna Divan-ı Kebirde. Can olarak bahsedilen ruhtur, ruh bir bütündür, öz ve cevherden oluşan. Öz, ham bilginin bütünü, can ise bizim anlayışımızda bedenleri yöneten, bilginin tatbikatını yaparak cevhere aktaran, cevherin küçük bir yüzdesi, bölümüdür. Beden bırakıldığında aslına dönen toprağa, can da dönecektir kendi aslına. Her şey aslına döner çünkü. Ait olduğu yere, hiç kopmamıştır ancak kendine verilen bir süre için, gerilen yaydan süzülür, tam onikiden vurur arz âlemlerini. Sonra yine her şey aslına döner.

"Ben yüzlerce can verdim de bu belâyı satın aldım." / Hz. Mevlâna Celâleddîn-i Rûmî, Divan-ı Kebir, c.III, 1372.

Belâ olarak bahsedilen, Yaratıcıdan gelen rahmettir. Mansur şarabının, ten kadehine dolumudur. Hz. Mevlânanın bahsettiği belâ aslında hayır ve şerrin ortak birliği ve bütünlüğüdür. O artık gönül gözüyle, ruh gözüyle gördüğü ve her şeyi bir olarak yorumladığı ve "Hakk" bildiği için, belâ da onun için kutsaldır. Belâ bir rahmettir. Defalarca bedenlerde tatbikat yaptığını ve bu rahmete erişebilmek için kaç can verdiğini sembolik olarak açıklamasıdır.

# TEVHİD SIRLARI

Derler ki, uyanışa yakın bir zamanda, göklerde bir ışıma olacak ve herkes Rabbi yani Yaratıcısını görecek. Hep şöyle düşünürüz, peki o gören insanlık ne kadar şanslı da, geçmiş nesillerdeki insanlara haksızlık olmadı mı diye. Kutsal kitaplarda da, mahşer günü olarak bilinir ve tüm geçmişte yaşayanların dirileceğini ve Rablerini göreceklerini belirtir ayetlerde.

Herkes toprağın içine girip yok olmaz, su da toprağın derinliklerine girer ancak çağlayan olup tekrar yeryüzüne çıkar. İşte tüm insanlık zaten her zaman yeryüzünde idi. Hiç ayrılmadı ki. Dünyanın yani arzın çekim kuvvetinden kurtulamaz hiçbir can. Her can tekrarlar döngüsünü. Ta ki satın alana kadar belâyı. Belâ rahmettir. Uyanıştır. Satın alınan belâ için yani uyanış için, kaç yüzbinlerce bedel ödenir, her seferinde, her nefeste. Kaç hayatlar boyu feda edilir, ancak hiçbir yere gidilmez. Ancak belâ sahip olunduğunda, yani içilen Mansur şarabı ile doldurulan beden artık seçilmiş olur, yücelere erer. Ölmeden önce kavuşur Hak'ka. Nereye baksa O'nun yüzünü görür. Doğu batı diye birşey kalmaz. Heryer iki doğu ve iki batı olur. Çünkü Doğuda batıyı, Batıda doğuyu görür ve her yerde, her zerrede Yaratıcının izlerini görür. Çünkü yaratıcı da var edilmiştir Sevginin yani Mutlağın Kün emri ile. Yoğrulmuştur Sevginin zerresi ile kudreti ile. Varlıklar her biri sonsuz kudrete sahip O'ndandırlar. Ancak insan hiçbir zaman O'ndan değildir. İnsan yaratıcısının eseridir. Kudretli Varlıkların ortaklaşa alanıdır İnsan. Ruh varlığı, Madde varlığı ve bizim bilmediğimiz çok çeşitli varlıkların, ortak alanıdır. Ve arz âlemlerindeki halifesidir Yaratıcının.

HZ. MEVLÂNA FELSEFESİNDE KARŞITLAR

Yüzbin beden olarak kendini açığa vuran Hz. Mevlâna bize çok açık bir gerçeği sunmaktadır. Zaten hiçbir yere gitmiyoruz, daima dünyada idik, ta ki uyanışa kadar, bir bedeldi bu. Âşk şarabını tatmak için. Ancak bunu çok azı yapabilirdi. Herkes Âşk şarabından içemez, herkes Ene'l Hakk kadehini dolduramaz, Nara ulaşamaz, cennete eremez. Bu ancak seçilmişlerin, nebilerin yoludur, Erenlerin yoludur. Âşk yolu çetindir, Âşk yolu yorucudur, bu yüzden ancak liyakatli olanlar bu yola baş koyarlar, can verirler, ölümsüzleşirler. Ölmeden önce ulaşanlardır onlar. An saniyesinde toplaşırlar ve yine kendi planlarına ait oldukları Asl olana kavuşurlar. Âşk kadar ebedi olurlar. Âşk yolunda yol olurlar, ta ki Âşkın sahibi olana kadar.

Doğum ve ölüm her insanın eşit ve denk olduğu tek dünyasal durumdur. Bunun dışında hiçbir insan eşit ve denk değildir. Ancak Yaratıcının terazisi her daim eşit ve denktir. Eşitlik sırrı Yaradana aittir. Tüm sır gizem, perdelerin arkasında gizlidir. Gizem Yaratıcının sırrıdır.

# NEFSANİYET KAVRAYIŞI

Ayağını başının üstüne koyunca yıldızların üstüne ayak basarsın, nefsanî arzularını, şehveti yendiğin zaman havada yürürsün; haydi adımını at, ayağını havanın üstüne koy da yüksel!" / Hz. Mevlâna Celâleddîn-i Rûmî, Divan-ı Kebir, cI. 19.

Ayakların insanoğlunun başının üzerine çıktığında yıldızlara ulaşırsın. Başın üzerinde durduğunda, tüm dünyasal etkilerden, dünyanın çekim alanından ve kader takıntısından kurtulursun, işte o zaman her türlü batın sana zahir olur. Gönül âlemi kapısı sana ardına kadar açılır ve Rabbin o kutsanmış görkemli dairesine ulaşırsın.

Ancak, ayakların yerden insanoğlu başı üzerine çıkabilmesi için, o görünürdeki kısa mesafe, görünmeyende binlerce yıl ile eş değerdir. Çünkü bu Âşkın yoludur. Âşkın yolu her zaman ateştendir ve nefsani arzuların etinden bedeninden sıyrılması acı ve ıstırab doludur. Nefs insana bir zırhtır. Dünyada yaşaması için gerekli olan korunma elbisesidir. Oysa kontrol edilmesi gereken yerde, insanı ele geçirmiş sarıp sarmalamıştır. Ne vakit ki nefsaniyet kisvesinden soyunursun, Rabbin yoluna, Âşkın yoluna, Gönül yolu ile yıldızlara ulaşırsın.

> "Eğer kendini, gerçek varlığını bulmak istiyorsan, kötü huylarından, nefsanî arzularından kurtul!" / Hz. Mevlâna Celâleddîn-i Rûmî, Divan-ı Kebir, IIII. Rubailer 58.

Kendini tanı demiştir, yüzyıllar öncesinden Descartes. Hz. Mevlâna'da Divan Kebir'de, nefsaniyeti kurtulunması gerektiği üzerinde durmuştur. Bunun içinde kendini tanı, kendini bil kavramları karşımıza çıkmaktadır. İnsan ancak kayıb olduğunun farkına varırsa, görünen bedenini fark ederse uyanışa geçecek, kendini gerçek anlamda tanıyacaktır. Dünyasal programa dâhil olduğunun farkına varacak olan insan, dondurulmuş ve kısıtlanmış bilincinin, plan ve programının dışına çıkacaktır.

Divan Kebirde, Hz. Mevlâna, nefsin tüm dünyayı hatta kâinatı yese de daha var mı diye sorduğunu anlatır. Nefsi doymak bilmeyen bir ejderha olarak nitelendirir. Nefse kapılanın cehennemde yaşadığını da belirtir. Gerçek kafir ise, nefsine yenik düşen, nefsaniyet kisvesinden kurtulamayandır. İşte onlar "ebedi cehennemliktirler" diye vahyeder Kutsal Kur'an-ı Kerim'de. Ebedi cehennemde kalacak olanlar, daima uyuyanlar, uyanmak istemeyenler, nefs çemberinden çıkamayanlar, nefsaniyet kıyafetinden soyunamayanlar içindir. Çünkü nefs ağırlık yapar ve toprağa doğru çeker. Nefs ayaklarından tutup çekse de toprağa derinden, ellerinle Rabbin ipine tutunup, var gücünle yıldızlara ulaşmaya çabala.

# UYANIŞ KAVRAYIŞI

Adam eğilir kumsaldan denizyıldızlarından birini alır ve denize fırlatır. Binlerce denizyıldızından biri kurtulmuştur. Belki de binler binler için değil, Bir'i içindir her şey. O birinin kudretli eli alacaktır insanoğullarını, O'nun görkemli dairesine. O dairenin kapısı yoktur, ancak uzanacak ele ihtiyaç vardır.

Yavaşça aklın kulağına dedim ki:"İnat etme, beni bırak git." / Hz. Mevlâna Celâleddîn-i Rûmî, Divan-ı Kebir, c. 11,913.

Gönüller uyanmadıkça, insanlar, tenden, bedenden ibarettir.

Ten ve beden kafesine haps olmuş insanlar. Gönlün uyanmaması, uyanışa geçemeyen insan sadece hayvani bedenden ibarettir der Hz. Mevlâna. Et ve kemikten oluşmuş beden içinde haps olmuş ve sadece dürtüleri ile hareket eden bir beşer, insani boyuttadır. Tek başına akıl, insanı perdeler ve tenden kemikten düşünme mantığı içine hapseder. Oysa gönül yolu keşf edilmedikçe uyanış gerçekleşmeyecektir.

İnsan ancak zahir bedenini fark ederse, batın bedenini, batındaki yani gizlideki sırları keşf edebilecektir. İnsanın evveli surettendir. Çünkü insan Yaratıcısının suretinden yaratılmıştır. Suret batındaki yani görünmeyendeki sırdır. Bu sır, Yaratıcının iki rahmet direği arasındaki sonsuza yayılan çokluk görünen yansımasıdır. İki direk arasında birbirinin yansımasından sonsuzca çokluğa ulaşan görünen zahirdir. İşte beşer, yansımaların ortasında duran yaratıcısının batındaki yüzünü gördüğünde gerçek Beninin ne olduğunu anlayacaktır. Önce uyanması, görünendekinin bir yansıma, batındaki yani görünmeyendeki gerçekliğin farkına varacaktır. Suretten maksat, çokluk olarak yayılmadır. İki rahmet direği arasında zamansız ve mekânsızlıkta var olan yaratıcının yansıması suretlerdir. O suret gerçekliktir, batındaki tekliktir. Tektir, birdir ve bütündür. Oysa madde âlemlerine çokluk olarak yayılan insaniler ise görüntüden ibarettir. Zamansızlık ve mekânsızlıktaki (batındaki) yaratıcının, yansımaları beslemesi de can, manevî güzellik ve ahlak güzelliği olarak yorumlanır Hz. Mevlâna tarafından. Çünkü Yaratıcı erdem sahibidir, en yüksek ahlak ve en yüce erdeme sahiptir. Bu erdemi ve yüksek ahlakı, can kanalı ile gönüllere akıtır ve tüm görünen çokluk âlemleri, canlılık kazanır, can bulur ve nefes alır. Diri olandan, can ile bahşedilen yaşamdır. Gönlünden yol bulup, ana kaynağa ulaşanlar için diri olanın kapısı açılmış ve beslenme başlamıştır. Yüksek ahlaka ve erdeme ulaşan insan ise seçilmişlerdendir, Âşk yolunda olan, Âşkın yolu olan, Âşka ulaşanlardandır artık.

# ZAMAN KAVRAYIŞI

Kıyamet zamanı, dünya zamanı, uyanış zamanı, ahir zaman gibi kelimeler zamanı vurgular. Dikkat edilirse "zaman"ı vurgular. Günü ayı ve yılı, saatleri, saniyeleri değil. Hiçbir kutsal ayette zaman belirlenirken, gün ay yıl saat belirlenmez.

Günler, aylar, yıllar, ancak ve ancak dünya programına kodlanmıştır. Dünya yaşamında yaşayabilmek için bağlı kalınan bir zaman dilimidir. Kodlama ile tayin edilmiştir. Ancak zaman sonsuzluktur. Zaman içinde herhangi bir nokta belirlemek mümkün değildir. Çünkü zaman akışkan ya da akıp giden bir varlık değildir. Zaman bir bütünlüktür, çemberin, dairenin içinde aldığınız noktanın, bütüne bir etkisi olmayacaktır. Çünkü o nokta da dairenin içindedir. Zaman başlayıp biten bir yol, düz bir satıh değildir. Zaman bir bütünlüktür ve başlangıç da son da aynı noktadır.

"Sen zamanın emrindesin, onun hükmü altındasın. Sonunda öyle bir hale gelirsin ki, mekân da, zaman da; mekândakiler de, zamandakiler de sana bir sey yapamazlar. Çünkü sen mekân ve zaman kaydından kurtulursun." / Hz. Mevlâna Celâleddîn-i Rûmî, Divan-ı Kebir, c.III, 1155.

Zaman ve mekân belirlenen bir ölçüttür. Kayıtlar dünyasında olması gereken şekilde programlanmıştır. Ve insanlar da mekânda olduklarını ve bir zamana dâhil olduklarını düşünürler. Saliseler, saatler, ay, gün ve yıllar belirlerler. Çünkü program böyle çalışmaktadır. Bilinç dünyasında yaşayabilmek için bu gereklidir.

Oysa mekân ne kadar sabit olsa da zaman ile paraleldir. Sonsuzdur. Tüm zamanlar ve mekânlar aynı zamanda var olurlar, ancak boyutsal olarak farklıdırlar. Hiçbiri kaybolmazlar, yok olmazlar. Çünkü varoluşta bir yok oluş söz konusu değildir. Her şey varolduğu andan itibaren varlığını sonsuz boyutta sürdürür. Bu boyutları görebilen, hissedebilenler vardır, göremiyorsan hissedemiyorsan bunun bir amacı vardır, yok diye yadsımak olmamalıdır.

Zamanın emrine dâhil olan insan o hüküm altında bilinç dünyasının ve mekânının sunduğu gerçeklik ile yaşamını sürdürür. Fakat Hz. Mevlâna, öyle bir hale gelirsin ki der, öyle bir hal diye bahseder. Hal burada anlayış, kavrayıştır. Bu yüzden uyanışın, kıyametin bir vakti yoktur. Her an olur. Bir insanın seksen yıllık ömrü sadece dünya için geçerlidir, oysa sonsuzlukta bir salise bile değildir. Dünyanın dört milyarlık ömrü, sadece dünya için belirlenen bir vakittir, sonsuzlukta bir andan ibarettir.

Zaman rölativ yasasına dâhildir. Bize göre değişkendir. Bir saniyede binlerce ömür yaşayabilir ve uyanış kıyama ulaşılır. Anlıktır. Ve hiçbir veli, Peygamber, ermiş, kesinlikle belirli bir gün, ay yıl vermemişlerdir. Çünkü zaman kavramı onların zihinlerinde yüzde yüz oranında mevcuttur. Ancak halk için, insan için zaman kavramı hep belirlidir. Belirli olmak zorundadır. Bu yüzden insan için zaman kavramı sonsuzlukta bir noktadır ve o noktanın üzerinde yer alır. Ne zaman o noktanın dışına çıkar işte zaman kavramı sonsuzluk değerine ulaşır. Bu ulaşmaya Hz. Mevlâna "hal" olarak yorumlar. Öyle bir hale gelirsin ki, dünya zamanının hükmünden kurtulursun. Uyanırsın, ayakların başının üzerine çıkar ve sen olmadan sen olursun. Gerçek "sen"e kavuşursun. Zaman ve mekândakiler sana birşey yapamazlar demek ise, dünya için belirlenen programın dışına çıkacaksın manasındadır. Dünya kod ve bilinç için belirlenen kodlamalar ve programlar insana birşey yapar. O birşey bizim anlayabileceğimiz türden, dünya kaderidir. Dünya kader programına dâhil olmaktır. Ancak sen başının üzerine ayaklarını koyabildiğinde, zaman ve mekândakiler sana birşey yapamazlar. Çünkü sen ölmeden ölümsüzleşirsin. Ölmeden ölmek konusu gerçek anlamda budur. Dünyada uyurken, dünyada uyanırsın. Zaman ve mekânının sana hükmü kalmaz. İşte erenlerin, nebilerin, ulu Zatların yolu budur. Onlar zaman ve mekânın dışındadırlar. Hiçbir dünyasal ya da arzsal etki onları hükmü altına alamaz. Doğmamış ve doğrulmamış kelimesi bundan ibarettir. Çünkü doğum ve ölüm ancak dünya programında yer alır. Onlar doğmazlar ve ölmezler. Ölümsüzdürler, daima diri olanlardır. Zaman ve mekân görünürdeki zaman ve mekândır ve görünürdür, zahirdir. Peki görünmeyendeki. Çünkü bu bize ayet olarak verilmiştir ve her görünenin görünmeyenini de yorumlamamız uygundur. Görünmeyen mekân ve zaman sonsuzluktur. Görünen ise sadece çok küçük, sınırlı ve kısıtlı olandır. Görünmeyenin ise ucu bucağı yoktur. Zaman ve mekânın dışına çıkabilen tüm bedenliler, gönül gözleri ve akılları ile sonsuzlukta salınırlar.

> "İçinde yaşadığımız zaman, bir eskicidir; hep eskiler alır satar! Sen, orada ölümsüzlük arama; ölümsüz yaşayış yaylasını, zamanın dışında ara!" / Hz. Mevlâna Celâleddîn-i Rûmî, Divan-ı Kebir c IV, 1821.

Ölümlüler dünyasında, belirlenen süreye hapis olanlar, beden ve tene sıkıştırılmışlar için kavranılması zor olan hallerdir. Ve Hz. Mevlânanın belirttiği gibi, öyle bir hal alınır ki, bir ayağı toprağa saplanır, pergel gibi diğer ayağı ile an zamanda, tüm âlemleri gezinebilir. İşte Hz. Mevlâna'nın batın tarafı budur. Hz. Mevlâna, zaman ve mekân dışına çıkabilmiş, bedenli iken ayaklarını başının üzerine kopabilmiş ve ölümsüzleşmiştir.

> "Yüzlerce güneş, yüzlerce ay, senin nurundan alınmış birer parıltıdır. Senin günesin manevî olduğu için, hiçbir zaman batmaz." / Hz. Mevlâna Celâleddîn-i Rûmî, Divan-ı Kebir, c.III 1206.

# HZ. MEVLÂNA FELSEFESİNDE KARŞITLAR

Hz. Mevlâna, batın tarafı, ölümsüz olmasa idi, yüzlerce yıl öncesinden, yüzlerce güneşin, ayın olduğunu nereden bilecekti. Dünyada yaşarken, henüz hiçbir şey keşf edilmemişken bunları bilmesi mümkün olabilir miydi? Ve güneşlerin, manevî olduğunu önemle belirtmiştir ve hiçbir zaman batmadığını da. Güneş hiçbir zaman batmaz, battığını sanan insandır. Çünkü zaman programına dâhil olduğu için "doğdu ve battı" kavramını kullanır. Ayın doğdum ve öldüm kavramları gibi. Oysa hiçbir zaman doğum ve ölüm yoktur. Doğum ve ölüm de zaman içinde alınan bir noktadır. Ve o nokta içine sıkışıp kalan insan bilincidir. Oysa sonsuzlukta bir nokta yoktur, heryer noktadır. Tüm çizgilerin kaynağı noktadır. Ve sonsuzluk noktalar bütünüdür. Tek bir noktada kalan için, sınırlılık hâkimdir ve o noktanın zamanı ve mekânı hükmü altına girmek mümkündür. Oysa Hz. Mevlâna nokta dünyasının zaman ve mekânının dışına çıkabilmiş ve tüm kâinatı manevî olarak algılamış ve ölümsüzleşmiştir. Çünkü maddenin batın tarafını ancak batın tarafını keşf edebilen bir Zat görebilir. Görünen tarafın görünen olduğunu anladığı an, görünmeyen tarafını da keşf edebilen bir insandır. Zahirin zahir olduğunu anladığın an uyanır, batın tarafını keşf edersin. Uyanış her andır, kıyam her andır. Bir vakti ve saati yoktur. Bu yüzden günümüzde, kıyametin şu yılda kopacağı, ya da uyanışın ikibin bilmem kaç yıllarında gerçekleşeceği diye rakamlar vermek en mantıksız durumdur. Çünkü hiçbir nebi de dâhil, bunun için bir tarih veremezler. Zaman kavramı anlıktır. Her andır. O her an'dadır. Uyanış ve kıyam her an'dır.

TEVHİD SIRLARI

# DÜNYA HAYATI ve KADER KAVRAYIŞI

> Bizler de kaza ve kaderin oğullarıyız. Herkesin anası
> kaza ve kaderdir. Hepimiz çocuklar gibi kaza ve kaderin
> peşinde koşup duruyoruz." / Hz. Mevlâna Celâleddîn-i
> Rûmî, Divan-ı Kebir c.I, 200.

Doğum ve ölüm, tüm dünya insanlarının değişmeyen ortak kaderi! Bunun dışında arada kalan ve bizim ona hayat, yaşam dediğimiz mesafede yaşananlar ise herkesin kendi kaderi, kendi hayatı, kendi yaşamı mı gerçekten?. Tek başımıza mı paylaşıyoruz kaderimizi, yoksa ortak kader alanları, kader dönüm Noktaları mevcut mu? Kader dönüm Noktalarının yaptığı basınç önceden farkedilebilir ve müdahale edilebilir mi?

Toplumsal olarak ortak paydası olan bir kelimedir kader. Herkesin anlayabileceği bir anlam içeriyor olması nedeniyle, bu bölümde, kader olarak bahsetmeyi uygun gördüm. Yoksa kader, hayat planı, doğmadan önce belirlenmiş hayat planı, seçimlerin ortak alanı da diyebiliriz.

Ruhsal boyuttaki isteklerimiz bizim hayat planımızı oluşturur. Daha doğrusu doğmadan önceki ruhsal boyutumuzdaki istek ve arzularımız, bizim dogma sebebimizi oluşturur ve belirler. Bu belirleniş, hayalini kuramayacağımız kadar geniş bir plana uygun olur. İlahi irade yasalarına.

Oysaki dünya yaşamında ise, biraz daha refah ve bencil olmaya yakın isteklerimiz vardır. Dünyasal ihtiyaçlarımız diye düşünürüz ve daima mutlu olmayı hedefleriz.

216

# HZ. MEVLÂNA FELSEFESİNDE KARŞITLAR

Yani kimse fakir olmak istemez, kimse acı çekmek istemez. Ruhsal ihtiyacımız doğrultusunda yaşadıklarımıza karşı tepkimizi, kader olarak yorumlarız. Sürekli kadere karşı bir boyun eğiş söz konusu olur. Kader ele geçirilemeyen, zapdedilemeyen, dizginlenemeyen, hiçbir zaman kontrol edemeyeceğimiz ve değiştiremeyeceğimiz bir kölelik ya da boyunduruk altında olmak gibi algılanır. Oysa yaşadığımız tüm gerçekliği, biz ruhsal ihtiyaçlarımız doğrultusunda seçiyoruz ve planlıyoruzdur. Tahayyül bile edemeyeceğimiz, geniş bir perspektifte yapılan seçimler, kapalı şuurla algılanması en zor nedenleri oluşturur. Ruhsal boyutta yapılan seçim, dünyasal boyutta kader olarak yorumlanır. Oysaki seçen de yaşayan da bizizdir. Açık şuurla yapılan seçimler, dünyada kapalı şuurla sanki ilahi bir yaradanın istekleri doğrultusunda seçimleri yaşamak olarak algılanır.

Tekâmül yani gelişim çizgisini hep lineer yani düz bir hat üzerinde ilerleme olarak düşünürüz. Oysaki düz bir hat üzerinde lineer bir gidiş ya da yukarıdan aşağı bir çıkış olarak olmadığını düşünmemiz gerekir. Bu düşünce, akla ve mantığa uygun olması için yüzyıllardır anlatılageldi. Oysaki bir kürenin içinde yukarı aşağı ve düz bir hat yoktur. Her yer aynıdır, her Nokta aynıdır. İşte bu duruma kaotik anlayış denir. Kader, hayat planı, yaşam planı, tekâmül yani gelişim kaotik işler. Bugün kötüyüz yarın iyi olacağız ve sonsuza kadar mutlu olacağız diye bir şey söz konusu değildir. Her an her yaşanılan durum ruhsal ihtiyaca uygun olarak varolur. Bu varoluşlarda yukarısı aşağısı, ya da düz bir hat söz konusu değildir. Kaotik bir durum mevzubahistir.

Dünyada yaşarken ise, planımızı unuttuğumuz için "niye ben" "bu benim kaderim" gibi cümleler kurarız doğal olarak.

Bu duygusal ikilemi, daha imanla ve kalple bir etmek için farkındalık çalışmaları yapıp kendimizi gözlemleriz. Değiştiremediğimiz her durumun bizim planımız, kaderimiz, hayat seçimlerimiz olduğunu anlayabiliriz.

Aslında yaşadıklarımız bir bakıma bizim ruhsal ihtiyaçlarımızdır. Dünyada ikilem olarak, acı, tatlı, güzel çirkin, iyi kötü diye düşündüğümüz her şey, ruhsal boyutta aslında bir'dir.

"Kader terzisi!" / Hz. Mevlâna Celâleddîn-i Rûmî, Divan-ı Kebir c.1, 216.

Değişmesini istediğin, tüm çabalarına rağmen değiştiremediğin her ne varsa, senin kaderin, senin hayat planın, senin doğmadan önce belirlediğin yaşam planındır. Sabırlı ol, çünkü sana anlatmak istediği çok önemli bir şifre var orada. Seni aşama aşama olgunluğa eriştirecek olaylar zinciri içindesin. Şifresini al, zincirlerini kır ve çıkışını yap.

Her insanın yaşamsal bir kaderi vardır. Fakat bu kaderin önceden her anının belirlenmiş olması değil de, belli kader dönüm Noktalarının olduğunu düşünebiliriz.

Bunu nasıl anlayabiliriz ve nasıl farkedebiliriz: kaderin dönüm Noktasına yaklaştıkça, olayların mizanseni değişmeye ve yeni "insanlar" hayatımıza katılmaya ya da hayatımızdan uzaklaşmaya başlar. Hayatımızın tamamı bir kadere bağlı değil, bazı kaderi dönüm Noktaları mevcut ve o dönüm Noktalarındaki mücadelemiz ve kararlılığımız dönüm Noktasına fazlasıyla etki ediyor.

Kaderin dönüm Noktasının yayın yapan enerjisi olayları değiştirme gücüne sahip bir enerji. Burada yapılması gereken en önemli şey, sabırlı, sakin kalmak ve endişeyi uzak tutmaktır. Değişimi hissetmek için olayların gidişatını gözlemek ve kararlı olmak gerekiyor.

"Kader dönüm Noktaları yaklaştıkça, onun enerjisinin boşalması için belki de bizim olumsuz dediğimiz durumlar oluşmaya başlıyor. İşte burada en önemli duruş sabırdır."

Bu kaderi durum çoğu kez tek kişilik olmuyor. Birçok insanı etkiliyor. Başta aile içindeki kişiler, hayata katılan kişiler ve yeni oluşum içine dâhil olan kişiler. Yani kapsamlı. O zaman tek bir kişinin kaderi değil de, tekâmül için gerekli grup kaderi gibi.

Yani kaderin dönüm Noktası, bir grupsal kader dönüm Noktası gibi! Ve tüm küçük küçük grupsal kader dönüm Noktaları birleşip dünyanın gelişiminin kaderini oluşturuyor.

Sürekli farkında olmak ve kendini bilme çalışmalarında bahsedildiği gibi "uyanık" kalmak imkânsız. Ancak o uyanıklığı sağlayan birtakım belirtilerin olduğu aşikârdır. Örneğin, iç sesi, vicdan sesi, olayların seyri, akışı, rüyalar ve belki de görüntü olarak vizyonlar. Hatta bazen, hiç ummadığınız anda, bir arkadaşınızın sohbet anında kurduğu cümle, bilmeyerek yapılır bu genelde. Ama birden dersiniz ki, "söylediğin şey, zihnimde tam yerine oturdu." Fakat bir de gerçekten çok önemli anlar vardır ki, bir kelime bile hayatınızı değiştirir. Bir seçim yapmak durumundasınızdır fakat seçiminizin nasıl sonuçlanacağını bilemezsiniz. Birkaç seçeneği eleyip eleyip, iki seçeneğe indirirsiniz ve vereceğiniz karar belki de sizin kaderinizi hepten değiştirecek bir kelimeye bağlıdır. Hâkimin karşısında boşanmak üzere verilen bir "evet" ile evlendirme memurunun cevabına verdiğiniz "evet" kader dönüm Noktasıdır. Çok iyi düşünmek, çok yönlü düşünmek, kader dönüm Noktalarında önemli! Çünkü vereceğiniz karar ve seçeceğiniz seçenek yine tek başınıza sizi ilgilendirmiyor. Ailenizi, varsa çocuklarınızı, arkadaşlarınızı da etkileyeceği için, yine grupsal bir kaderi dönüm Noktası ortaya çıkıyor.

"Zahirde, batında; hayır, şer ne varsa, hepsi Allah'ın hükmünden, kaza kaderindendir." / Hz. Mevlâna Celâleddîn-i Rûmî, Divan-ı Kebir, Rubailer 161.

Geleceğin kader dönüm Noktalarının basıncı var. O basıncı boşaltmak gerekir. Basıncı minimuma indirmenin en önemli yönü de sanırım bizim birtakım düşüncelerimizin basınç yaratan etkilerini azaltmak. Çünkü düşüncelerimiz adım adım o kader dönüm Noktasına yaklaşıyor ve bir olay gerçekleşecek. Bunu çevirebiliriz. İyi ya da kötü, dönüştürebiliriz.

Bir basınç etkisi var, grizu patlaması gibi. Biriken enerjinin yoğunluğunun basıncı! O basıncı boşaltmanın birkaç yolu var, eskiler başımın gözümün sadakası diye eski eşyalarını hibe ederlerdi. Yine birtakım talihsiz olayları üst üste yaşadıklarında "bir uğursuzluk var, hayırlara vesile olsun" diyerek sadaka verirler, zekât verirler. Birkaç çocuk sevindirirlerdi. Gelecek dönüm Noktalarının basıncını boşaltmanın bir yolu da insanlara iyilik yapmaktır.

Bu dönüm Noktalarının yarattığı basınç bize hisler, rüyalar, sezgiler ya da ufak uyarılar tarzında geliyor. Her insan, inancına göre farklı algılamalar yaşıyor. Onları iyi yakalamak ve peşinden gitmek, hatta yorumlarken objektif kalabilmek lazım! Uyarılar yapılır dedik, evrenin bizimle konuşma dili olaylardır. Yaşadığımız olayları takip etmek, bizi uyanıklığa götürecek adımlardan sadece biridir.

"Senin başına gelen bütün üzüntüler, belâlar, üzüm gibi kaderin ayakları altında ezilerek benlikten kurtulmak ve mana şarabı olmaktır." / Hz. Mevlâna Celâleddîn-i Rûmî, Divan-ı Kebir, c. II, 624.

Kâinatın kaderi ile dünyanın kaderi farklıdır. Kâinatın hangi noktasında görev icap etse, kader yayında gerilen Oksundur artık ve nişan alıp âlemlerin içinden geçer, o arza saplanırsın.

Bir bilgisayarın içindeki kablolar gibi, biri eksik olsa bilgisayar çalışmaz. Tüm kaderler birbiriyle ilintili. Grup kaderlerin de birbiri aralarında ilintileri mevcut. Hepsi birbiriyle koordineli. İşte bu yüzden kaderimiz kendi ellerimizde olsaydı, bu ilinti mevcut olamazdı. Bu kadar ince, süptil, yüce bir gidişatın insan ellerine bırakılması düşünülebilir mi? Her şey birbiriyle ilintili ise kişi kaderi yoktur, birbiriyle iletişim ve koordineli kaderler vardır. Güneş özgür iradesini kullanarak, çekim gücünden vazgeçse, ortada dünya yaşamı kalır mıydı? Dünya ben artık dönmekten vazgeçtim dese, yaşam olur muydu? Ağaçlar artık karbondioksiti oksijene çevirmekten vazgeçtik diyerek özgür iradesini kullanabilir mi? Bu yüzden kaderimizi kendimiz yaratıyoruz, düşüncenin gücü, iste-olsun, hep bana aksın, gelsin gibi çalışmaları biraz daha hayata yayarak ve çalışarak çaba göstererek, gözlemleyerek, farkındalık yaratmamız daha mantıklı olacaktır.

Bu dünyada, doğum ve ölüm konusunda eşitiz bu konuda hemfikiriz tüm insanlık adına. Bu elimizdeki iki gerçek! Bunun dışında insanlık tarihi henüz başka bir gerçekle tanışmadı. Doğuyoruz ve ölüyoruz bu iki kavramın dışında bildiğimiz bir gerçek yok. Diğer edindiğimiz her şey bir rüya, bir yanılsama, illüzyon, hayal. Yani gerçeklik bize henüz tam verilmedi. Beş duyumuzla gördüğümüz duyduğumuz ya da hissettiğimizin dışına çıkamıyoruz. Elimizde başka bir veri yok. Doğmadan önce seçtik diyoruz metapsişik anlamda ama kesin bir kanıt yok. Öldükten sonra neler oluyor bilmiyoruz. Doğmadan önce nerdeydik onu da bilmiyoruz.

꘏

Şimdi de kader anlayışının biraz daha farklı bir anlayışla yorumlamaya çalışalım:

Dünyanın gelişim tarihine baktığımızda, dünya kaderinin, düz bir çizgi üzerinde yürüdüğünü düşünürüz. İlkel insanlık, gelişmeye yönelik insanlık ve teknolojinin en üst sınırına ulaştığı günümüz insanlık dünyası. Teknolojinin ileri boyutlara ulaşması, hızlı trenler, cep telefonları, İnternet, 3G gelişmişliğin bir göstergesi mi, yoksa ilkelliğin ulaştığı son nokta mı? Her şey bir düğmeye mi bağlı?

Atalarımız, bu bizim şu an teknoloji ile yapıklarımızı beyin gücü ile yapabiliyorlardı. Bizim dünyamız, atalarımızın hayalleri düşünceleri doğrultusunda şekillendi. Onların yanlışları yüzünden, beyin gücü ile yaptıkları, insanlığın elinden alındı ve dünyanın kaderi bir anda değişti, daha doğrusu dünya kodlama programında değişiklik yapıldı. Bu yüzden, onların geçmişte düşünce enerjisi ile yaptıklarını biz elimizdeki aletlerle yapmaktayız.

Şu anki insanlık, göz açıp kapayana kadar dünyanın neresinde olursa olsun herhangi bir haberi yayın olarak seyredebiliyor mu?

Dünyanın neresinde olursa olsun, herhangi birinin sesini cep telefonundan, göz açıp kapayana kadar duyabiliyor mu?

Ataların zamanında üstün yetenekler ile yaptıklarını, biz teknolojinin ve aletlerin sayesinde yapabiliyoruz. Herhangi bir fark yok. Çünkü her ikisi de hayali bir görüntü, beyin içinde programa dâhil olan bir oluşum.

Şu anki dünya geçmişteki insanların hayali ve düşüncelerinin ürünüdür. Düşüncelerdeki tüm gizlilikleri temizle. Çünkü o senin değil, senden sonraki nesilde açığa çıkacak olandır. Geçmişteki atalarımızın tüm gizli düşüncelerinin sonucu değil midir bu yozlaşma?

Sadece kendi hayatımızdan sorumlu değiliz, bundan sonra gelecek nesillerden de sorumluyuz. Düşünce kirliliği, kuantum düşünce temizliği kendimiz için gerekli bencilce bir istek değil, tüm nesil için gerekli olan bir istek olmalıdır. Eğer düşünce temizliğinden bahsediyorsak, bencilce düşünce temizliğinden ötelere geçmeli, yeni nesilleri düşünerek hareket edilmelidir. Çünkü sonraki nesiller de biziz.

Bilinç seviyesi olarak, yüksek planların bilgilerine ihtiyaç duymaktayız. Çünkü plan ve program böyledir.

Gelişim düzeyimiz öyle hale gelecek ki, başka boyutlardan bizim bilgimize ihtiyaç duyar hale de gelinecektir.

Ve beslenme kaynağı da olacak bir dünyaya doğru ilerliyoruz. Hiçbir şey göründüğü gibi değildir. Her şey hayra doğru akar. Hz. Mevlâna'nın dediği budur, hayır da şer de Allahın hükmüdür, yani dünyanın kanunlarına tabi olunma, dünyanın kaderinin içine dâhil olmaktır.

Nereden biliyorsun altının üstünden daha iyi olacağını? Her zaman şunu düşünüyoruz, gelişen bir dünya ve sınanan insanlık. Elbette her şeyin bir bedeli, her yapılanın bir karşılığı vardır. Menfi gibi görünen her şeyin geri planında neler olduğunu kimse bilemez. Çünkü görünen yüzün bir de görünmeyen yüzü vardır. Burada menfi gibi görünen her şey zıddı ile daimdir ve yüksek bir gelişmişliğin yolunu açmaktadır. Zamanı gelince beslenme kaynağı olan yüksek bilinçli bir dünya insanlığı oluşacaktır.

Her yeni için, insan, insanlık, dünya bir bedel öder. Bin yıldan fazladır, henüz oluşmayan yeni için bedel, ağır bir şekilde ödeniyor. Önce bedelini ödedik, şimdi hak ettiğimiz yeni oluşumu bekliyoruz. Her şeyle iç içeyiz ancak farkında değiliz. Uyanmanın ne olduğunu ya da bir zamanı olduğunu mu düşünüyoruz. Tüm işaretler var ancak gönül gözlerimiz henüz kapalı.

Tüm yaşantımız boyunca içinde bulunduğumuz her durum bizim hayat planımızdır.

Bir türlü zincirini kıramadığımız, tüm çabaya rağmen değişmeyen bazı durumlar da bizim kaderimizdir. Güneş milyarlarca yıl sönmeden parıldar, gece gündüzü ardı sıra kovalar, aynı toprakta fasulye ve domates yetişir, çünkü dünyanın programı yani Allahın hükümleri böyledir. Her şey programa dâhildir. Kayıtlar öyle şaşmaz bir düzendedir ki, kodlamalar, prototipler değişmez ancak mutasyona uğrar. Ve şu da bir gerçek ki, çok sıkı takip edilir, koordine edilir. Bu tamamen bir programdır, şaşmaz bir düzenle tıkır tıkır işler. Bu bizim beynimizin damarları içine kodlanmış, nöronların elektriksel işlevlerinde haberleşmesi ve algının kodlamalar ve program dâhilinde aktarılması ile gerçekleşir. Eğer programda isek, çarkın içinde dönüyoruzdur. Program dışına çıkabilirsek yani daha doğrusu, okyanus dibinde yaşayan bir balık iken, başımızı biraz suyun dışına çıkarıp güneşin yakıcılığını hissedebiliyorsak çarkın dışına çıkabiliriz. İnsanlığın milyonlarca yıldır, kader olarak adlandırdığı, ilahi programa dâhil olmak da, program dışına çıkabilmek de bir liyakat meselesidir. Ve özgür irade ile ilintilidir. Çarkın bir program olduğunu hissedenler, delilleri takip edip keşf edenler için uyanışın başlangıcı oluşmuştur. Çünkü kader ağına takılmak, kader terzisinin diktiği elbiseyi giymek, kaderi kör talih olarak zihinlerinde imaj olarak görenleredir. Bu yaptırımın, kader kodlamasının dışına çıkabilenler için kozmik dokunuşlar mümkündür. Hepimiz aynı dünyada yaşıyoruz, ancak hepimiz farklı boyutlarda hissiyatlar içinde kendi dünyamızdayızdır. Farklı anlayışlara sahip olup, hala aynı mekânda yani bedende kalarak, ayaklarımız tam tamına yerde, başımız ise kader takıntısının dışına çıkmış, âlemleri dolaşmaktadır. Bu çok mu zordur. Aslında çok zor değildir.

# TEVHİD SIRLARI

Bizler, enerji ile beslenmekteyiz. Hava soluyarak yaşadığımızı sanıyoruz. Bir dakika nefes almasak öleceğimiz kodlanmıştır çünkü beynimizin hücrelerine. Dünya programı böyledir. Oysa beslendiğimiz kaynak, formlar, kodlamalar, düşünce ve yaşamsal formlardır. İnsan nefes almadan yaşayabilir, yemek yemeden de hayatta kalabilir, yürümeden de ulaşabilir. Donmuş ve kodlanmış tüm bilgileri fark ederek, içindeki yaşamsal gücün noktasına erişip açığa çıkararak. Tıpkı bu bahsettiklerimizi daha önceki nesillerin yaptığı gibi! Onlar bu yazılanların hepsini yapıyorlardı, ancak akıllarının menfi yönlendirmeleri ve bu gücü yanlış kullanmaları sonucu ellerinden alındı ve şu anki örtüler ardına gizlenmiş, kısıtlı bir bilinç ile otomatik hareket eden, bedene hapis olmuş bir insanlık ve insanlar ortaya çıkmıştır.

> "Ötelerde, arş üstünde pek mutlu olduğun yerlerde iken kaza ve kader îcabı uçtun, şu kirli yeryüzüne düştün. O güzelim kanatlarını verdin de iki üç tane yem satın aldın." / Hz. Mevlâna Celâleddîn-i Rûmî, Divan-ı Kebir, c. VI,2626.

Biz üçbeş yeme tabi olmadık. Bizler, gerilen yaydaki ok, yayı geren rahmetli eller, yayın gerilme şiddetini ayarlayan ve tam on ikiden vurulan arz âlemlerine ışıdık. Ok, yay kaderinde gerilir ve arzı tam on ikiden vurur. Bu yay kaderi çok daha yüksek planların, algılarımızın çok ötesinde ilahi dokunuşların rahmetidir.

Dünya kader çarkının dişlileri arasına giren bir çomak misali, uzak diyarlardan fırlayan ok olaraktan, arada inecekler var diyenlerin sesini duyuyoruz, inmek isteyenlere uzanan yardım ellerini tutanlar gün geçtikçe çoğalıyor. İşte programın dışına çıkmak isteyenler için nice eller uzanmakta ve o elleri tutmak için bilincin sınırlarını açmaya çalışan, başını suyun içinden çıkarıp yeni dünyaları da görebilen, Âşk kadar ebedi gönüller, uyanışın ilk adımlarını atmaktadırlar. Uyanışın ne zamanı ne de mekânı vardır. Uyanış her an mümkündür, işaretleri takip etmek yeterlidir.

İnsan her an bedenindeyken ölümsüzleşebilir. Ebedi hayata beden içindeyken de kavuşabilir. Çok zor gibi görünse de, aslında bir anlık bir liyakattır. Görünen bedenini farkettiği an ölümsüzleşecektir. Ancak fark edebilmesi için, kodlamaların dışına çıkabilmesi gerekmektedir. Oysa insan, korkar, gelişmeyi istemez, ürkütücü gelir bu ona.

# KERAMET ve SIRLAR KAVRAYIŞI

"Aslında söylediğimiz sözler bizim değildir. Bizim ötemizde bulunan, bize o sözleri söyletiyor." / Hz. Mevlâna Celâleddîn-i Rûmî, Divan-ı Kebir c. II, 1077.

Hz. Mevlâna'nın burada açıkça bahsettiği, batında olan yani görünmeyende olanın seslenişidir. Liyakatli olanlardan ve seçilmişlerden gelen Âşk dolu yüce sözler, Yüksek planların, Dünya Yöneticilerin, seçilmişler vasıtası ile aktardıkları olarak yorumlanmalıdır. O'nlar herkesten konuşmazlar, ancak konuşmak için vazifelilerden seslenirler. Vazifeli liyakatliler de Hz. Mevlâna'nın belirttiği gibi, ötelerden, batından, görünmeyenden sleniştir. Çünkü dünya maddesini, dünya insanının buna ihtiyacı vardır. Kör karanlığında yolu bulmasına yarayacak bilgilerdir. Ancak yol göstermedir, asla yönlendirme değildir. Çünkü herkes, tek tek, birey birey kendi yolunu kendi bulacaktır. Kendi karanlığını aydınlatacak ışığı kendi yöntemi ile farklılık da arz etse, kendi keşf edecektir. Gündüz aydınlığı, O'nun Nurudur. Gece karanlığı ise bizzat kendisi!

O'na gece karanlığında yöneliniz. Çünkü o gece yarısında, sessizlikte, kimsenin olmadığı uzak yerlerde, çöllerde, deniz kıyılarında, dağlarda ve mağaralardadır. O insanın en karanlık yerinde kendi gönlündedir. Batındaki tüm gizem, insanın gönlüne gizlenmiştir. Bir noktadır. Öyle bir noktadır ki, tüm kâinat bilgisini içinde barındıran. Ancak o noktaya ulaşmak o kadar kolay değildir. Ulaşmak için Hz. Mevlâna gibi "yandım" manası ile "bir" olabilmek gerekir.

"Gece yarıları sevgili ile buluşmanın ateşi, tan yerini aydınlatır, ışıklandırır!" / Hz. Mevlâna Celâleddîn-i Rûmî, Divan-ı Kebir IV. 2110.

Gece karanlığın aydınlığa kavuşması, güneşin doğuşu, sevgililerin buluşması benzetmesini akla getirir. Sevgililerin buluşmasındaki hararet, Âşk ateşi, karanlığı deler ve aydınlığı getirir, ışıklandırır.

Kur'anda, şah damarından yakın ayeti ile ilişkilendirerek, Hz. Mevlâna, Hakk ile Kâmil İnsanların gönülleri arasına hiçbir varlığın giremeyeceğini anlatmaktadır. Gayret sarf et der iken ise, çok önemli bir noktayı anlatmaktadır. Sadece ermişler, pirler nurlar Hakkın elçileridir. Ancak her insan, gayret sarfederek, bu Âşk yoluna ulaşabilir ve Hakk yoluna erebilir. Gayret ise, tasavvufun aşamalarında çok açık olarak anlatılmaktadır. Yine de, her an uyanış gerçekleşebilir. Her an kıyam etme oluşabilir. İnsan ile Rabbi arasındaki irtibat her an gerçekleşebilir. Bu içten dışa doğru bir genişleme ve gerçek ve sonsuz bilginin keşfidir. Kendi gönlünden yol bulabilen, kendi özündeki sonsuz bilgiye erişebilir. Batındaki bilginin zerresi bile zahirdeki tüm kâinatın açıklanmasında ortaya çıkacak bilgiden daha öte ve derin manalıdır. Çünkü batının zerre bilgisi, zahirin kül bilgisini tamamiyle içine alır, kuşatır ve açığa çıkarır.

> "Allah Velilerinin eriştikleri yakınlıkta yüzlerce keramet, yüzlerce iş güç var. Meselâ demir, Davud'un elinde mum oluyor. Halbuki senin elinde mum, demir kesiliyor! Yaratma ve rızık verme yakınlığında herkes müsavidir, bu sıfatlar herkeste var. Fakat bu ulular, Allah Âşkının vahyi yakınlığına sahip olurlar. Babacığım, yakınlık da çeşit, çeşittir. Güneş dağa da vurur, altına da! Fakat güneşin altına bir yakınlığı var ki söğüdün bundan haberi bile yok! Kuru dal da güneşe yakındır, yaş dal da. Güneş hiç ikisinden de gizlenir mi ki? Fakat yaş taze dalın yakınlığı nerede? O daldan olgun meyveler devşirmede, olgun meyveler yemedesin. Fakat bir de bak, kuru dal, güneşe yakınlığından kuruluktan başka ne bulabilir?" / Hz. Mevlâna Celâleddîn-i Rûmî, Mesnevi III. 700-705.

Kerametlerin ortaya çıkışı, sadece ulu Zatlara, nebilere ve erenlere ait değildir. Tüm temiz gönüllerde gizli mucize kerametler gerçekleşebilir demektedir Hz. Mevlâna. Temiz gönlü olanlar için, şans ve mucize, tesadüf kavramları anlamını yitirir. Artık her gün onlar için bir nimet, herkes onlar için Hızır olmaktadır. Hz. Mevlâna, gönül gözünü açabilen, içinden dışarı doğru taşabilenler için, kerametlerin mucizeliğinin görünür olmasını anlatır. Çünkü güneş her zerreye eşit olarak yansır. Ancak kendi özünde liyakatli olanlar güneş ışığından yararlanır, diğerleri kavrulur işe yaramaz. Sadece sebeplenir. Kutsal Kur'an-ı Kerim'de "Secde et ve yaklaş" ayeti ile Hz. Mevlâna'nın bu sözü çok ilişkilidir. Yakınlık ile yaklaşma, batındaki nimetlerin kullanılması, enerjilerin arz âlemine indirilmesi ile kerametlerin, mucizelerin gerçekleşmesidir. Güneş ile yakınlık kurabilen ağaç, güneşin nimetini, olgun meyveler olarak açığa çıkarır. Yaklaşan ve secde eden insan için, batındaki enerjinin akışı ile İnsan-ı Kâmil açığa çıkar. Açığa çıkan, keramet, mucize, gizli olanlar, ancak ve ancak yaklaşanlar ve yakınlaşanlar içindir, yani gönülleri, kalpleri, akılları ve sözleri bir olanlar, birleştirenler ve açığa çıkaranlar, güçlü hatırlayanlar içindir.

# GECE KAVRAYIŞI

"Varlık âleminde asıl yaşayış, duyuş Âşktır. "Sen hamuş ol, macerayı, çeşm-i giryan söylesin." / Hz. Mevlâna Celâleddîn-i Rûmî, Divan-ı Kebir, cV 2265.

Varlık âleminde gerçek yaşayışın Âşk olduğunu bahsediyor Hz. Mevlâna. Varlık âleminde diyor, dünya yaşamında değil. Çünkü varlık âlemi, gerçekliğin, hakikatin, hakkın olduğu gerçek dünya. Varlıklar âlemi. Oysa dünya yaşamı, tamamen yanılsama, yansıma, gölgeler dünyası. Yoktan Var olan varlıklar âleminde yaşayış hakikattir, hakikatin yansımasıdır. Oysa gölgeler, dijital dünya yani bizim yaşadığımız şu anki dünya tamamen bir yalan dünyası, gerçekler yok, bilinmezlik hâkim.

Hamuş kelimesi Osmanlıca bir kelimedir. Suskunluk ve susma manasına gelir. Gönül sesinin konuşmasıdır, sessizlikteki konuşmadır bu. Ruhların konuşması, ruhların akışkanlığıdır. Batın tarafın konuşmasıdır. Hz. Mevlâna burada batın tarafının konuşmasından bahseder. Ancak bu konuşmada ne dil vardır, ne ağız, ne de ses. Orada sadece gönül konuşur, ruhlar konuşur. Seslenme yoktur, çünkü ses ancak bir yere çarptığında duyulur hale gelir. Seslenince akis edecek, çarpacak bir cisim yoktur. Çünkü batında heryer bütündür, birdir. Bütünlükte ayrı olan cismani yoktur ki, ses duyulsun. Batında konuşan Hz. Mevlâna, gönül sesinin dile gelmesinden bahsetmektedir. Arapça anlamı ile hamuş, yanmaktır. Kavrulmaktır. Hz. Mevlâna'nın hamdım, piştim yandım kelimesinin, hamuş olma manasını içermektedir. Yanmak, kül olmak, hatta geriye hiçbir kalıntı bırakmadan yok olup erimek ve batın olmaktır. Ve bunun beden içinde olması ise, ölmeden ölme, yaşarken batın ile birliği yakalayabilmektir. Yanış hali, zerre olan beden içindeki kâinatı keşf etmektir. Kâinatla bir olmak, kâinat ile bir anda nefes alabilmek, Varlıkların aynı anda batındaki konuşmalarını duyabilmektir, görebilmektir. Bu duyuş ve görüş, gönülden yol alan Âşka ulaşanların liyakatindedir. Çünkü gönül yolundan Âşka ulaşan, vicdan ışığını gören, Rabbi ile irtibatı sağlayanların liyakatidir.

# TEVHİD SIRLARI

"Gönlüm, sevgilinin gönlü ile beraber, dilsiz, dudaksız olarak feryad edip duruyor. "Susarak konuşma", işte böyle olur." / Hz. Mevlâna Celâleddîn-i Rûmî, Divan-ı Kebir c. 11, 685.

Susarak konuşma derken Hz. Mevlâna'nın anlatmak istediği, dünyevi bir takım dürtülerden, istek ve arzulardan arınma, münzevi bir yaşam, çekilme, el etek çekme, yaşarken kendi ile başbaşa kalma, "halvet" olma durumu. İçine dönme, içi ile meşgul olma, derinliğe dalma, tüm karanlıklardan daha da karanlık olan iç âlemin içinde, dürreyi yani inciyi, vicdan sesini, gönül ışığını, Rab ışığını keşf edebilmedir. Suskunluk, bilirken dile gelmemesi, varken yok görülmesi, uzanmışken alınmaması, vazgeçme, yok oluş halidir. Suskunluk bir içe dönüştür. Fihi Ma Fih, "ne varsa, içindedir" manasındadır. Ancak daha derin manaları ise "hiçbir karanlığa benzemeyen, karanlığındaki vicdan ışığını, dürreyi farket, yol bulup Âşka ulaş". Arapça bir kelime olan "halvet" kelimesi en iyi anlatan durumdur. Kendi yalnızlığın ile başbaşa kalabilmek ve derinlere karanlığa inebilmek ve orada dürreyi keşf edebilmektir. Vicdani kanalın keşfidir. Vicdan kanalı ise, Âlemlerin Rabbi ile olan bağlantı, gönül yolu, Âşkın yoludur.

"Ey gece, neşelisin, hep böyle neşeli gel, neşeli gel! Ömrün bitmesin, kıyamete kadar uzasın gitsin, dostun yüzünün güzelliğinden, hatırında öyle bir ateş var ki, ey üzüntü, eğer cesaretin varsa gel, benim hatırıma gir." / Hz. Mevlâna Celâleddîn-i Rûmî, Divan-ı Kebir 4. II Rubailer.

# HZ. MEVLÂNA FELSEFESİNDE KARŞITLAR

Karanlıklar, çöller, mağaralar, dağlar, gece karanlığı. Kendi ile başbaşa kalınan, Rab ile konuşulan, irtibat kurulan en önemli yerlerdir. Nebiler çölleri geçmişler, mağaralara sığınmışlar, dağlara çıkmışlar, karanlıklarda almışlardır vahiylerini. Hz. Musa gece karanlığında dağlarda, çölleri aştıktan sonra ulaşmıştır Rabbine. Rabbi ona "Ben benim" demiştir. Son Nebi, çölleri aşmış, dağda, mağarada almıştır tüm kutsal ayetleri vahiy yolu ile. Hz. İsa'nın da yolu, çöllerden geçmiş, dağlara ulaşmıştır. Hz. Mevlâna ise, çölleri aşmadan, dağlara ulaşmadan, kendi içinde keşf etmiştir gerçekliğin gerçekliğini. Çünkü gerçekliğe giden en emin yol, kendi içindeki kör karanlıktır, çünkü en kör karanlıkta çok cılız olan ışık görülebilir. Aydınlıkta görülmez. Vicdan sesi, çok cılız bir ışıktır ve ancak kör karanlıkta görülebilir ve Âşka ulaşılan en emin yoldur.

Hepsi aynı yolun, farklı görünümleriydi. Herkes kendi yolunda ancak dürresini, vicdan sesini keşf edebilir. Ancak Hz. Mevlâna "hamuş" dedi ve karanlığa gömüldü, gömüldüğü yerde vicdan sesini, yani Şemsi keşf etti ve Âşkı buldu, Âşk yolundan ilerledi. Kimse uzun süre sessiz kalamaz, kimse karanlıklarda uzun süre kendi Âşkını arayıp bulamaz. Bunun için gerçek bir liyakat gereklidir, bu yüzden dünya yaşamında gerçek anlamda suskun kalarak, çölleri aşarak, kendi gerçekliğin gerçekliğine ulaşan çok azdır. Hamuş demek ve Âşka ulaşmak için liyakatli olmak gerekir. Bu da Hz. Mevlâna'nın kerametlerinden biridir. Kendisi nebi değildir ancak Âşk yolunda bir suskundur.

233

"Gece geldi. Şu gönüldeki yanışın acaba sebebi nedir? Ben sanıyorum ki, tanyeri ağardı, acaba gündüz mü oldu? Şaşılacak şey! Âşkın gözüne ne gece sığar, ne de gündüz... Şu Âşkın gözü acaba, gözleri mi bağlıyor... însanı görmez hale sokuyor." / Hz. Mevlâna Celâleddîn-i Rûmî, Divan-ı Kebir 4. II Rubailer.

Gönüldeki dürre, vicdan ışığı, cılızdır ancak görmek istedikçe gönül gözüyle, öyle bir ışır ki, artık vazgeçilmez olur. Gece aydınlık olur, hatta gündüzün aydınlığı bile sönük kalır. Âşkın ışığı insanı öyle bir kör eder ki, artık dünya yaşamında hiçbir şeyi görmez olur, her şeyin görünmeyen manasında gerçekliğin gerçekliğini görmeye başlar. Çünkü dünyevi gözleri kör olmuştur, o artık gönül gözüyle görmektedir.

"Her gece kendi kendimi kucaklayınca, kendimde sevgilimin kokusunu bulurum." / Hz. Mevlâna Celâleddîn-i Rûmî, Divan-ı Kebir c.II, 1077.

Her gece, kendi kendini kucaklayınca diyor Hz. Mevlâna. Burada anlatmak istediği kendi ruh varlığının gerçek benliğine kavuştuğu ile ilgili bir anlatımdır. Ruhun özü, cevherin tekâmülü ve dünya yaşamına beden ile kavuşan çok küçük bir kısmı. O küçük kısım, gece, kendi yüksek benliği ile buluşuyor, Vicdan sesi yolu ile gerçekliğin gerçekliğine ulaşmadır bu. Ve Hz. Mevlâna, kendimde sevgilimin kokusunu bulur diye devam eder. Sevgili yine kendidir, kendi de kendidir, artık kokladığı burun, dünyevi burun değildir, o görünenin ardındaki görünmeyen gerçekliğin gerçekliğinin kokusunu almıştır. İlk yaratımda kudretinden burun köküne yerleşen kodlama ve bilinç algısının ötesine geçen için geçerlidir bu. Bu bilinç ve kodlama algısı, ancak kendisine verilen kadarını görebilir, daha ötesini görmek için, gece karanlığında dürreyi keşf etmek ve gönül gözünü açmakla liyakatlendirilmiştir.

"Ey nergis! Ben senin küçük gözün gibi ağzımı kapadım, sustum." / Hz. Mevlâna Celâleddîn-i Rûmî, Divan-ı Kebir c.III, 1167.

Susmak, Rabbi ile irtibata geçmektir. Bu da Hz. Mevlâna'nın bahsettiği gibi, ağızsız dudaksız, kadehsiz, gizlide, bilinmeyende, görünenin ardındaki görünmeyende içilen bir can şarabıdır. Mansur şarabıdır. Herkes kadeh arar durur da, kadehin kendi bedeni olduğunu bilmez. Mansur şarabının da Rabbin o görkemli enerjisi olduğunu bilmez. Bunlar hakikatin hakikatleridir. Hz. Mevlâna'nın kerametleridir.

*

# SONUÇ

Hz. Mevlâna aslının Âşk olduğunu belirtmektedir. Ölse de, çürüse de yine o Âşk'ım demektedir. Çünkü ölen, çürüyen bedenidir, oysa Can, yaratımın hamuruna katılmış Âşk ile yoğrulmuştur. Âşk, sonsuz kopuşlarda Varlıkların içtiği bir iksirdir. Ve bu iksir, Âşıklar tarafından şarap olarak manalandırılır. Zafere ulaşmanın, ölmeden ölmenin, nefsi yenip, gönlündeki ışığa ulaşmanın, yol bulup Rabbin ışığı ile gönül gözünün açılıp, mana denizinde bir damla olduğunun farkına varıp, bedende ışımanın anlamıdır Şarap. Hz. Mevlâna bunu Mansur Şarabı olarak ifade eder. Eserlerinde ötelerden geldiğini açıklamıştır. Ötelerin, mana âlemlerinin muhteşem görkemli Âşk'ının, bedende görünümüdür Hz. Mevlâna. Ve kendi gönlündeki, ruhundaki o Âşkı akıtmış, kelimelere dökmüş, yüzlerce yıla taşan bir anlayış, kavra-

TEVHİD SIRLARI

yış ve hoşgörü enerjisi ile yaptığı çağrı olan "gel" anahtarı, bilinçlerimizdeki nice kapıların açılmasına vesile olmuştur. Aşk insanı başkalaştırır, dönüştürür, uyanışın anahtarıdır. Çünkü insanın gönlüne AŞK düştü mü, ilahi mi, bedensel titreşim mi olduğu konusunda aklı, gidip gelir. Hz. Mevlâna, ilahi Aşk ile bedensel Aşk arasında bir fark olmadığını belirtir. Aşk Aşktır. Çünkü her zerreye sinmiştir Aşk ve insanın gönlüne düştüğünde, farkedilmemesi mümkün değildir.

Hallac el Mansur "İlahi olan AŞK'a mı yönelmeliyim, yoksa sevdiğim kişiye mi vermeliyim bu Aşkı" diyerek, gençliğinde uzun zaman süren bir şaşkınlık ve geçiş devresi yaşamıştır. Daha sonraları ise "Sonsuzluktaki ilk kopuşta, O'nun Aşk iksirinden içmiş varlıklar, çoğalmış yayılmışlar tüm âlemlere" olarak ifade etmiştir.

Sheakspear ise "Beğendiğiniz bedenlere hayalinizdeki ruhları koyup Aşk sanıyorsunuz" diyebilmiştir.

Ancak Hz. Mevlâna Aşkı ötelerden akarak, arz âlemlerinin her zerresini beslediğini vurgulamıştır.

"Aşk, bütün cihanı kaplamıştır ama sen onun rengini bile göremezsin. Fakat onun ışığı bedene vurunca Aşık olursun; betin benzin solar, sararırsın." / Hz. Mevlâna Celâleddîn-i Rûmî, Divan-ı Kebir 2. Cilt, 544.

Aşk ebedidir, yaratılmamıştır, O'nun Yüce Nurudur. İnsan arınma yolundadır. Arınma an be an gerçekleştikçe, an be an Aşkın ışığına ulaşılır. Aşka kavuşursa insan, işte o zaman ölümsüzleşir, işte o zaman ebedi olur. Aşk sarıp sarmalar, şifa olur tüm yaratılanlara, pınar olur akar tüm

# SONUÇ

kâinata. Yaratıcı Hakikatin parçası Aslına ulaşır. Âşk kadar ebediyim diyenlerin yolunda yol olur Âşk yoluna giren Âşıklar. Şems gelir Hz. Mevlâna'nın yüreği aydınlanır, kör olur maddeye bakan gözleri de, mana gözleri ile görür her zerreyi, her zerredeki Âşkın görkemli muhteşemliğini. Söylenecek tüm sözlerin tükendiği zamanda doğar Şems güneşi Hz. Mevlâna yüreğine, bir ateş gibi düşer, açığa çıkar Âşk zerreleri ve dağılır dünyamıza. Her bilgi, Şems değerine, gerçek değerine ulaşır. Alim iken bir Âşk insanı olur Hz. Mevlâna. Tüm ben'liği, ilahi benlik içinde yok olur erir gider. Tüm insanlar bir olur gönül gözünde. O göz ile çağrı yapar tüm insanlığa. Her ne olursan ol gel diyebilme liyakatine, en üstün anlayışına erişir, hiç ayırım yapmadan, kim olursa olsun diyerekten. Beden kadehini ilahi Âşk'ın Nuru ile doldurur, akıtır besler dünya maddesini ve insan zihinlerini. Yeni tohumlar yeşerir tüm bedenlerin titreşimlerinde. Her bir hücre Âşk ile doğar. Ancak insan öylesine nefsaniyet ile doldurmuştur ki beden kadehini yer bulamaz Âşk, açığa çıkamaz. Hz. Mevlâna tüm eserlerinde nefsaniyetini yenmenin Âşk ile dolu olmanın ancak kurtuluşa ve uyanışa götüreceğini de önemle vurgulamıştır ve biz de kitabımızda buna açıkça yer vermeye çalıştık.

Hz. Mevlâna bize, bakmak ile görmenin arasındaki en değerli farkın kavrayışına varabilecek formülleri verebilmiştir. Bu formülleri ve değerli sözlerini sizlerle paylaştık. Ve elimizden geldiğince de anlayışımız doğrultusunda yorumladık.

## TEVHİD SIRLARI

"İnsanın değerini olabildiğince aktarmış ve "İnsan şekli, arştan da üstündür, düşünceye de sığmaz"." / Hz. Mevlâna Celâleddîn-i Rûmî, Mesnevi, cilt 6, 1005.

Can olmasa, kâinat bir cesettir, can ise her zerrededir. Her zerre can taşır. Liyakati olan kendi hücrelerinden o Can'ı açığa çıkarır. Yoksayan, caydırıcı etkilerle, dünya çarkında dönüp durur da, taki hatırlayana kadar. Yüzünü maddeye dönen maddeye Âşıktır. Yüzünü Rabbe dönen ilahi Âşkla dopdolu olur ve nereye baksa Rabbin yüzünü görür her zerrede ve tüm yansımalarda kendini bulur. Âşk Âşktır, Âşk her yerdedir, Yaratan nezdinde, kulun Hakk ile Hakk oluşu sırdır. Kul ile Yaradanı arasında yaratılış gizemidir.

Hz. Mevlâna çok okundu, anlatıldı ancak anlaşılamadı. Eğer gerçekten anlaşılsa idi, gerçek değerine kavuşacaktı tüm aktardıkları. O zaman dünya gerçek Hakk ile yönetilecek, barış hâkim olacaktı. Hoşgörünün savunucusu ve bir Hoşgörü insanı olan Hz. Mevlâna, her seferinde tekrarladığı o görkemli ve muhteşem sözleri ile kendini ifade etmek ve Âşkın bedeninden, zihninden yol bulup akmasını, insanlara ilahi Âşkın zerrelerini, ilahi Âşkın ışığını yansıtmak için çok fazla gayret sarfetti. Ötelerden geldi ve ötelere doğru ışıdı. Kaynağına geri döndü ruhu. Bir çiçek gibi açtı ve dünya toprağına karıştı bedeni. Âşkı ise, işte o tamamen bizim yüreklerimizde yeşeriyor. Zamanı gelince, tam da Hz. Mevlâna'nın istediği, gönülden arzu ettiği şekilde yol bulup açığa çıkacaktır.

www.ingramcontent.com/pod-product-compliance
Lightning Source LLC
Chambersburg PA
CBHW060233050426
42448CB00009B/1425